Justin Fenton

We Own This City

我们拥有这座城

[美国] 贾斯廷·芬顿 著　方宇 译

震惊全美的警察腐败案

A True Story of Crime, Cops, and Corruption

译林出版社

图书在版编目（CIP）数据

我们拥有这座城 : 震惊全美的警察腐败案 /（美）贾斯廷·芬顿（Justin Fenton）著 ; 方宇译. -- 南京 : 译林出版社，2024.9. -- ISBN 978-7-5753-0189-3

Ⅰ. D771.235

中国国家版本馆CIP数据核字第2024TD1620号

We Own This City: A True Story of Crime, Cops, and Corruption by Justin Fenton
Copyright © 2021 by Justin Fenton
Simplified Chinese edition copyright © 2024 by Yilin Press, Ltd
All rights reserved.

著作权合同登记号　图字: 10 2022-92 号

我们拥有这座城：震惊全美的警察腐败案　　［美国］ 贾斯廷·芬顿／著　方宇／译

责任编辑	黄文娟
装帧设计	周伟伟
校　　对	戴小娥
责任印制	单　莉

原文出版	Random House, 2021
出版发行	译林出版社
地　　址	南京市湖南路1号A楼
邮　　箱	yilin@yilin.com
网　　址	www.yilin.com
市场热线	025-86633278
排　　版	南京展望文化发展有限公司
印　　刷	苏州市越洋印刷有限公司
开　　本	850毫米×1168毫米 1/32
印　　张	12.25
插　　页	4
版　　次	2024年9月第1版
印　　次	2024年9月第1次印刷
书　　号	ISBN 978-7-5753-0189-3
定　　价	88.00元

版权所有 · 侵权必究

译林版图书若有印装错误可向出版社调换。质量热线：025-83658316

出场人物

被调查人

韦恩·詹金斯警司

莫莫杜·贡多警探

伊沃迪奥·亨德里克斯警探

丹尼尔·赫斯勒警探

马库斯·泰勒警探

莫里斯·沃德警探

托马斯·阿勒斯警司

基思·格拉德斯通警司

调查人

利奥·怀斯助理检察官

德里克·海因斯助理检察官

埃丽卡·詹森特别探员

约翰·西拉基警司

戴维·麦克杜格尔警士
斯科特·基尔帕特里克警探

死者
肖恩·苏特警探

目　录

第一部分　收场

第一章　"敲门人" 3

第二章　不惜一切代价 10

第三章　持枪恶徒 26

第四章　耳目 40

第五章　"别这么死板" 49

第六章　立场转变 61

第七章　让我们并肩作战 67

第八章　脱罪 91

第二部分　调查

第九章　追踪器 105

第十章　英勇奖章 119

第十一章　"系上安全带" 130

第十二章　"怪物" 138

第十三章　监听器 152

第十四章　"马蜂窝" 162

第十五章　铸就伟大 174

第十六章　打猎 186

第十七章　读懂言外之意 199

第三部分　抓捕

第十八章　认知失调 213

第十九章　哈莱姆公园 229

第二十章　认罪 242

第二十一章　警察与强盗 248

第二十二章　可能与很可能 257

第二十三章　深渊回望 275

第二十四章　"我属于这里" 280

尾声......294

致谢......303

注释......307

索引......364

第一部分 收场

第一章 "敲门人"

2017年夏,巴尔的摩的一名联邦法官收到一封信。信寄自麦克道尔联邦惩教所,该惩教所位于西弗吉尼亚州中部的偏远之地,距巴尔的摩有六个多小时的车程。在信封的正面,这名囚犯写着"专递"两个字。

奥马尔·伯利的这封信写在横格纸上,字迹工整,笔触活泼,字母T上还加了波浪号。这是囚犯编号为43787-037的伯利第二次向法官求助,他请求法庭指派一名律师为其辩护。他的上一名律师已经退休,这名律师试着联系另一名同行,但没有得到答复。

"我含冤入狱,只能自证清白,您能想象这有多难吗?"伯利写道。

几个月前,伯利正待在俄克拉何马州一所联邦监狱的休闲厅,等着被送往麦克道尔联邦惩教所。这时有人喊他:"小巴尔的摩!小巴尔的摩!你看到了吗?"电视上正在播放伯利家乡的新闻。八名巴尔的摩警察被指控偷窃市民财物,并且在他们的案件中说谎。这些警察确实犯下了被指控的罪行,而当时联邦政府正就巴尔的摩市警察局是否侵犯公民权利对其展开调查，起因是一名年轻的黑人男子在被警察扣押期间受伤身亡。调查披露的内幕令人震惊，不过不完全可信。多年来，针对该市警察不当行为的指控——从非法脱衣搜查到致人骨折——从未停止，但许多指控缺乏确凿的证据，而且指控者前科累累，有充分的动机提出虚假指控。结果，这些真伪难辨的指控反倒常常对警方有利。由于阻力过大，大多数受害者甚至不愿再费力说出真相。毕竟在大多数情况下，他们确实持有毒品或枪支。警察可能在双方接触的细节上撒了谎，或者将搜到的部分钱财据为己有。不过，这里是巴尔的摩，这充其量被视为一个"肮脏的游戏"，目的被用来证明手段的正当性。

但此时，家乡的一起窃听案揭露了警察文化，而起诉这些警员的联邦检察官正在寻找更多的受害者。奥马尔·伯利正好有话要说。

伯利的故事发生在2010年4月28日早晨。一个便衣警察小队的成员被叫到街上列队点名。他们的警司告诉他们，自己会晚一点到，让他们原地待命。但韦恩·詹金斯警探不愿意在那里干等。他告诉其他人，巴尔的摩西北区的贝尔大道附近是犯罪高发区。

"我们走。"詹金斯说。

你可以让一些警察在电线杆下站十个小时。九个小时后去检查，他们还会站在那里。你可以让他们去格林芒特大道巡逻，命令他们不准停下来，他们甚至会把鞋底磨破。但是，有些人并不满足于此。他们想待在空屋子里用望远镜观察远方，或者在小巷里追踪犯罪嫌疑人。他们从早到晚工作，加班量惊人。这些人就是巴尔的摩市警察局的部门负责人赖以完成工作的"10%"。

这些人最有可能进入便衣警察组。便衣警察在城里被称为"敲门人"或"突然出现的家伙们",这指的是他们运用的富于攻击性的战术。便衣警察组的警员们经常在暗处工作,不过他们的工作不同于卧底行动。在卧底行动中,警察假扮成其他人,潜入犯罪组织。顾名思义,便衣警察着便装而非制服工作。他们驾驶着无标识警车,通常不会在某个固定的地点执勤,也不需要回应911报警电话。相反,他们会四处寻找不法之徒——毒贩或衣服里可能藏着枪的人——而且有很强的独立性。如果他们认为犯罪嫌疑人能够帮助他们抓到更有价值的目标,他们就可以放走犯罪嫌疑人。在全国范围内,便衣警察频频引发丑闻。但一直以来,警察局的负责人认为,对打击犯罪来说,他们至关重要——巴尔的摩的一名警长后来形容他们是"维京人",出去狩猎,带回"战利品"。

詹金斯似乎永远不知疲倦。这名白人前海军陆战队队员凭借自己的热忱,很快得以进入巴尔的摩市警察局中最精锐的小组。2010年,警龄不到七年的詹金斯,进入了新成立的暴力惯犯小队。这个小队由一群被精心挑选的警察组成,职责是追捕巴尔的摩最凶悍的犯罪者。警员们经常会得到一些难觅踪迹的犯罪嫌疑人的名字,然后被要求在30天内将其绳之以法。

詹金斯和他的队友来到格罗夫公园社区,这是一个位于巴尔的摩市和巴尔的摩县交界处的绿树成荫的社区,有独栋住宅和大量的公寓楼,由小路相连,路两旁种着樱桃树。就巴尔的摩的社区而言,这个社区明显不同于靠近城市核心区的密集的、无人关心的排屋社区,但这里并非没有犯罪。后来的法庭卷宗显示,警员们声称他们在帕克维尤大道3800街区看到奥马尔·伯利坐在他的本田讴歌车里,另一名男子拿着似乎是现金的东西走了过来，上了车。詹金斯写道："这时，根据我的训练和专业知识判断，我认为他们可能在交易毒品。"

和詹金斯一起待在车里的是瑞安·吉恩警探。吉恩虽然有爱尔兰和越南血统，但由于长相，他所负责的街区的人都叫他"波多黎各人"。吉恩伸手去拿无线电对讲机。

"嘿，肖恩，"他低声对坐在另一辆车里的另一名小队成员肖恩·苏特说道，"我们要拦下这辆雅阁。"

"知道了。我跟着你。"苏特答道。

几名警察展开抓捕。詹金斯和吉恩从前面拦住伯利的车，苏特挡在后面。詹金斯在起诉书中写道，他们打开警灯，"亮出"警徽。他说，警员们看到车里有动静，于是命令车里的人举起手来。吉恩跳下车，拔出枪，命令伯利不要动。而伯利驾车绕过警车，逃之夭夭。

"嘿，有一辆跑了，"吉恩通过无线电向其他警员报告，背景中可以听到詹金斯的声音，"经过西顿公园公寓。黑色讴歌。"

他报出了车牌号：1FYK08。

追逐过程持续了不到一分钟。伯利驶出不到一英里后，警员们听到一声巨响，似乎是炸弹爆炸。他们赶到贝尔大道和格温橡树大道的十字路口，看到车撞到消火栓上，水从消火栓中喷了出来。车的前保险杠脱落，引擎盖被撞坏。警员们刚想看看里面的人受了多重的伤，车里的人突然冲了出来。吉恩紧追坐在副驾驶座的布伦特·马修斯，詹金斯和苏特则跟着伯利。

一名旁观者打电话报警，完全没有提到有警察牵涉其中。

"车祸。贝尔和格温橡树。一个人……他们在跑，想要开枪射击对方。"

"你说他们想要开枪射击对方?" 911接话员问道。

"是的。车撞到消火栓,他们跳下车,开始跑,有一个人带着枪。"

伯利在车祸现场15米外被苏特抓住。"你为什么要跑?"据伯利说,苏特这么问道,"为什么不看看我们想干什么?"

"你们只要打开警灯……"伯利答道。

吉恩抓住那名乘客,乘客不肯就范。吉恩制伏了他,给他戴上手铐,押着他走回车祸现场。

"东西在车里。"詹金斯告诉吉恩。

苏特和一名巡警搜查了伯利的车,在车里发现了一个装有32克海洛因的袋子。

现场的人花了些时间来评估损失。但他们很快意识到,警员们和附近的人听到的巨响,并不是因为车撞上了消火栓。伯利的车先撞上了一对老夫妇驾驶的雪佛兰蒙特卡罗轿车,轿车正经过十字路口,被撞得飞过一排灌木。

附近一个正在做早餐的人(车祸造成了他的房子震动)跑到那对受伤的夫妇身旁,丈夫头部流血,妻子哭着求救。他告诉他们:"坚持住,救援就快到了。"

86岁的埃尔伯特·戴维斯和他的妻子、81岁的弗萨·凯恩当天早上外出看望他们的孩子——他们一共有十个孩子。这对夫妇被救护车送到市中心的马里兰大学休克创伤中心接受救治,吉恩跟着去查看他们的情况。后来他说,他在护士站听到戴维斯过世的消息。吉恩走进凯恩的病房,握住她的手。她问吉恩,她的丈夫是否安好。吉恩告诉她:"他们正在抢救。"吉恩设法让她冷静下来,直到医生过来宣布噩耗。

回到车祸现场。62岁的乔伊丝·富勒的家被车祸波及，她正斥责那个因为逃跑而造成车祸的人。

"我想把所有毒贩子装进一架货运飞机，把他们全部送到伊拉克，"她告诉记者，"那对夫妇受的真是无妄之灾。这实在是太不公平了。"

40岁的伯利再次入狱，他对监狱生活并不陌生。早在13岁时，他就因持有毒品被捕，当时他替一个他敬爱的叔叔承担了一项指控。不过，他和其他人有一个罕见的不同——他曾以持枪的罪名被起诉至联邦法院，但最终无罪释放。2007年，他遭警察拦截盘查，理由是"车窗贴膜不符合法律规定"。逮捕他的警员说闻到了酒味，在伸手拿车里的一个杯子时，看到车座扶手下露出一把手枪的枪托。警方后来称，伯利和车上的另一名男子"肯定知道"武器在那里，并指控他们持枪。因为这些指控，伯利被关了将近一年半，先是因为无力负担保释金，后来又遭到联邦审前羁押。直到另一个人承认枪是自己的，针对伯利的起诉才被撤销，他被释放。

这次，除了持有毒品，伯利还将被指控犯有非预谋杀人罪。这场车祸或许是一场意外，但携带毒品并逃离警察追捕的行为使其构成犯罪。持有毒品违反了联邦法律，负责起诉的联邦检察官办公室曾撤销过早先针对伯利的诉讼。伯利被羁押，候审期间不得保释。

但伯利对法庭为他指定的律师发誓说，那天车里没有毒品。一个被裁定杀害了伯利表兄弟的人那天将被宣判，伯利要去法院，而马修斯是在途中上车的。伯利以前中过两次枪。他说，当警察围住他的车并拔出枪时，他吓坏了。他说他慌了，于是夺路而逃。

伯利的律师告诉法官，他的当事人对"詹金斯警探的合理依据陈述书的大部分内容"提出异议。他说，警探们在没有法律依据的情况下扣押并逮捕了伯利，并以事后发现的毒品证明行动的正当性。

伯利的律师写道："执法部门声称看到一个非裔美国人在犯罪高发地区带着钱进入一辆停着的车里，这不构成合理依据。"伯利拒绝认罪，羁押候审。

吉恩后来说，他对这些人说的毒品是栽赃的说法不以为然，被捕者总是否认针对他们的指控。

但詹金斯似乎对这起案件很着迷。警察可以监听因犯从监狱打出的电话，而詹金斯一直在听伯利和乘客马修斯的电话。他们告诉其他人，海洛因是被栽赃的。

"如果这起案件开庭，"詹金斯告诉吉恩，"我不能做证。"

对于伯利来说，证明自己无罪的难度太大了。他有前科，驾驶执照已经被吊销，而且在逃离警察追踪时造成一名老人死亡，警察说他们在车上发现了海洛因。在认罪协议中，他将以持有毒品的罪名在联邦监狱服刑十年。州法院还要审理非预谋杀人罪的指控，他又被判处十年监禁，这是最高刑期。由于没有开庭，警员们不需要在法庭上讨论此案。伯利被送进监狱。

七年后，这起已经完结的案件将再起波澜，伯利将再次现身巴尔的摩的法庭。这次，他被提前释放，一位联邦法官走下法官席，亲自向他道歉并与他握手。与此同时，韦恩·詹金斯将很快被送往位于亚利桑那州图森市郊外沙漠的一座监狱，并将在那里服刑25年。肖恩·苏特则躺在西巴尔的摩的一条小巷里，头部中枪。

第二章　不惜一切代价

在一生中的大部分时间里，韦恩·詹金斯见证着巴尔的摩市的萎缩与挣扎。

经过20世纪40年代的战后"婴儿潮"，巴尔的摩的人口接近百万，达到顶峰。但随着20世纪50年代中期公立学校废除种族隔离，以及有轨电车和高速公路向城市周边扩展，白人家庭开始逃离市区，搬进居住面积更大、同质化程度更高的社区。20世纪60年代，随着犯罪和骚乱的增加，"白人群飞"现象愈演愈烈。1968年，马丁·路德·金的去世使巴尔的摩的混乱达到顶点。在随后的大骚乱中，1 000多家企业或遭抢劫或被破坏，6人死亡，700人受伤。1950年，该市的白人人口比例为76%；到1980年詹金斯出生时，这一比例已经降至44%。与此同时，巴尔的摩的总人口不断下降。截至1980年，该市人口已降至80万以下。

1980年6月，也就是詹金斯出生一个月前，该市在早已破败的码头区开设了海港购物中心，并且高调地宣布其为该市市区振兴的核心。长期担任市长的威廉·唐纳德·谢弗决心振衰起弊，将重心放在发展旅游业上，并大力提升市民的自豪感。"毫无疑问，我们必须让这个缺乏自豪感的城市重拾信心，"1979年，谢弗说道，"这样人们才不会羞于说自己是巴尔的摩人。"然而，"白人群飞"现象仍在继续。20世纪80年代，又有5万名居民离开了这座城市。

詹金斯在米德尔里弗长大，这是一个位于城市东部的近郊社区，环绕着切萨皮克湾北部的狭长水面。它的发展一方面是因为接纳了逃亡的白人，另一方面也得益于当地及附近的几个主要工业园区：马丁飞机制造厂就在米德尔里弗，它在战争期间雇用了5.3万名员工；南边是位于斯帕罗斯角的规模庞大的伯利恒钢铁公司，截至20世纪60年代中期，它是世界上最大的钢铁厂之一，有3万名员工；通用汽车公司就在城东，雇用了7 000名员工。

米德尔里弗社区安静而和睦，上述工厂和其他工厂提供了稳定的就业。一些警察住在这里，他们的车就停在车道上。但在詹金斯出生后的几年里，由于整座城市开启了去工业化进程，近郊的稳定性开始受到影响。从1978年到1982年，仅通用汽车公司和伯利恒钢铁公司就削减了1.2万个工作岗位。米德尔里弗虽然表面上仍是美国的模范社区，但背地里毒品文化已经生根发芽。该文化源自巴尔的摩市区，大多数家庭就是从那里逃离的。1987年，就在詹金斯所在街区的一栋房子里，抢劫犯为了17磅大麻，以处决的方式枪杀了一对怀有身孕的姐妹和她们的丈夫。毒品文化就这样突然进入公众视野。不过，当时此类暴力事件仍然罕见，警方的回应尚属温和。

詹金斯是五个兄弟姐妹中最小的一个，此外他的家庭还收留了两名表亲。他的父亲劳埃德·"李"·詹金斯曾在海军服役，后来在伯利恒钢铁厂工作，同时兼职做杂活。劳埃德经常直到深夜才归家。

韦恩不仅是最小的孩子，还不得不接受治疗以克服口吃——他的坚忍性格或许与此有关。"韦恩天不怕，地不怕，"安迪·亚诺维奇回忆说，他家和韦恩家隔了四户，他还记得韦恩会为其他孩子出头，"我总是较弱的一方，韦恩会保护我。""他不想找碴打架，"但总会迅速保护他人。亚诺维奇回忆说，詹金斯在很小的时候就得到了一副拳击手套。

詹金斯进入东部技术高中，在那里学习供暖、通风和空调方面的职业课程。东部技术高中是一所广受好评的学校，是全州仅有的11所"优秀蓝带学校"之一。虽然该校从巴尔的摩县最贫穷的一些地区招生，但在马里兰州的成绩单上，该校在每一项上都取得了优异的分数。

詹金斯与艺术教师鲍勃·布伦特关系密切，这令人意外。之所以这么说，是因为布伦特不教詹金斯。有一段时间，布伦特的开放课堂教室就在詹金斯上焊接课的教室旁边，而詹金斯经常被赶出课堂。布伦特为詹金斯提供了一个容身之所，还说詹金斯在课堂上因口出狂言而惹上麻烦后，会生自己的气。"我不是他的老师，所以我们能坐下来自然地交谈，"布伦特回忆道，"我记得他总是说自己后悔刚刚做的事情，但似乎总会重蹈覆辙。"布伦特回忆说，詹金斯曾告诉他"家里的事有点棘手"。

詹金斯从事两项运动——长曲棍球和橄榄球。他在两支球队虽然都不是首发，但因为具有极强的职业精神，被其他球员称为"鲁迪"——这是一个效力于圣母大学橄榄球队的陪练员的名字，他凭借额外努力赢得了以四年级生的身份参加最后一场比赛的机会。橄榄球教练尼克·阿米尼奥回忆说，詹金斯是一个勤奋的人，在特勤组[1]打球。"我认为他想成为团队的一员,和其他人一起成就些什么。"阿米尼奥说。

在东部技术高中,詹金斯开始与克丽丝蒂·迈尔斯约会。在毕业纪念册中,他感谢了自己的父母、布伦特和另一位老师,还对克丽丝蒂表白。最后,他抒发了毕业时的成就感:"我做到了。"

几个月后,也就是1998年8月24日,詹金斯像父亲一样加入了海军陆战队。新兵训练结束后,他被派往北卡罗来纳州杰克逊维尔的勒琼营——一个位于海边的占地面积庞大的训练基地。他结识了巴尔的摩同乡帕特里克·阿梅塔,二人成了室友。不过他们的性格迥异。阿梅塔那时喜欢参加聚会,而詹金斯就像军队宣传海报中的男孩,衣褶如剃刀般锋利,靴子一尘不染——一个"随时待命的海军陆战队队员"。"他总是说'伙计,你得擦擦那些靴子了'或者'你要把那块热石头(熨斗)放在制服上吗?'。韦恩总是引人注目。"阿梅塔回忆道。他说詹金斯当时膝盖有伤,列队跑步时有时会跌倒,但总能坚持下去。2000年,詹金斯晋升为下士,负责驾驶战术车和运送物资。大约20年后,他的中士说他是"在我为这个伟大的国家服役的20年间,遇到过的最完美的人"。这名中士还说詹金斯是"海军陆战队培养的优秀领导者的光辉榜样"。

不过,詹金斯最关心的或许是尽可能多地回到400英里外的老家,看望家人和克丽丝蒂。他开阿梅塔的车,自己负担油费。

2001年8月15日,也就是"9·11"事件一个月前,詹金斯从

---

[1] 特勤组,美式橄榄球队中,队员分为进攻组、防守组和特勤组三类。——译者注(本书页下注如无特别说明,均为译注,以下不再一一标明。)

海军陆战队光荣退伍。这个时间点改变了他的人生。如果留下来，他可能会参加反恐战争，或许会被派往交战区。而事实上，他在接下来的一年里辛苦地从事着低薪工作——铺瓷砖，还在邓多克的一家工厂做流水线工人。当一场热带风暴在附近地区引发洪水时，詹金斯带着船来到当地的志愿消防公司。"这是我的社区，"他说，"我能做些什么吗？"

他虽然退伍了，但仍想为公众服务，于是开始申请警察职位。2002年，马里兰州警察局拒绝了詹金斯的申请，理由是"未达测试标准"，不过确切原因目前还不清楚。他转而申请加入巴尔的摩市警察局。面试时，他承认自己犯过小错，比如在青少年时期吸过几次大麻，在默特尔比奇曾因横穿马路被捕。他的心理评估结果是C。但负责招聘的人对詹金斯在面试中的表现赞不绝口："到目前为止，该申请人是我面试过的人里最有礼貌的。他在每次回答完问题后都会说'是的，先生'或'不是，先生'。他非常尊重人。看得出来，他对这个职业非常感兴趣。"

他最终如愿以偿，于2003年2月成为一名警校学员。他的同学说他的从军经验和坚韧不拔的精神在警校体现得淋漓尽致。另一名新警员贾森·拉塞尔回忆说，一天晚上，全班同学去看他的拳击比赛。被选为班长的空军老兵丹·霍根说，詹金斯身高约一米八，有些瘦，下巴轮廓分明，是"一个名副其实的斗士。他喜欢拳击，心态是那种典型的海军陆战队队员的心态……让我们完成这个任务，而且要100%地完成它。别跟我说什么10%"。

詹金斯进入的是一个领导层不断变化，并试图采取新的执法策略的警队。从1985年到1993年，由于全国范围的快克大泛滥，巴尔的摩的暴力犯罪率上升了53%。20世纪90年代，即便人口下降，该市每年也仍有300多起谋杀案。在这十年中的前五年里，巴尔的摩市警察局在停止招募、士气不振的环境下，努力减少犯罪。警员们报告说，由于毒品泛滥和内部纪律的崩溃，警察的盗窃行为有所增加。一名警员在接受《巴尔的摩太阳报》的采访时说："毒品泛滥成灾，伴随着它的是大把大把的金钱。看到街头有那么多钱，很少有人不动心。"

与此同时，纽约市及其领导层在20世纪90年代成为全国明星，因为他们采用了基于"破窗理论"——"混乱滋生犯罪"——的强硬执法策略来打击犯罪。20世纪90年代末，巴尔的摩市警察局局长、西海岸出身的托马斯·弗雷泽警告说，这些政策"与骚扰和歧视的距离只在毫厘之间"，在巴尔的摩采用这些政策就像"把一个网球塞进花园浇花用的水管里"。但是，有领袖气质、渴望进军全国政坛的年轻市议员马丁·奥马利，希望自己的城市能有和纽约一样的犯罪率统计数据。1999年，他赢得市长竞选，承诺将在执政前六个月清理十个臭名昭著的毒品街角，而且将使穷人的社区和有钱人的社区一样安全。他不满足于仅仅复制纽约的政策，还招徕了一些纽约警察，如纽约市警察局的后起之秀、副局长埃德·诺里斯，奥马利于2000年任命其为巴尔的摩市警察局副局长。诺里斯是一名典型的警察，不想成为所谓的"持枪的社会工作者"——弗雷泽曾这么称呼自己。"我们是警察，"诺里斯说，"我们应该保护公众。如果我们不能使城市更加安全，如果每月仍有1 000人离开这里，我们将没有税收基础来支持任何城市服务。所以我认为，减少犯罪是我们的首要任务。"

马里兰州众议院的一名议员说自己曾因"黑人驾驶"[1]被拦下,这激起了黑人政治领袖对新执法策略的担忧。人们担心,在新的执法模式下,此类事件会层出不穷。奥马利与20名黑人州议员和市议员会面,向他们保证,在打击犯罪的同时将严格问责。奥马利告诉他们:"除非我们有一个正直的、愿意自我监督的警察局,否则我们不可能期待高效的警务工作。"

市长还聘请了纽约治安信息管理系统的设计者们,请他们对巴尔的摩市警察局做全面评估。他们最终于2000年4月发表了长达152页的报告,其中引用了居民的话,说警察似乎不愿意打击毒贩,而警员们则说,他们在执行任务时感到缺乏支援。该报告还有一个惊人的发现。在对3 200名警察的调查中,近四分之一的人说他们认为四分之一以上的警察偷过钱或毒品。在奥马利任期的前三年里,警察局的内务部发起了200多次调查,希望抓到执法时有不端行为的警员。警察局的发言人称,只有四名警员没有通过这样的"诚信调查"。2003年,奥马利说:"我们没碰到过纽约那样的窝案,即某个警区的一组轮值警察都参与了腐败。他们那里有几个出名的案例。"

同样是在2003年,就在詹金斯以见习警员身份进入警察局的头几个月,基思·格拉德斯通和托马斯·威尔逊——他们后来与詹金斯共事——遭联邦地区法院的安德烈·戴维斯法官斥责,他在两起案件中认定他们非法搜查。戴维斯愤怒地指责一起案件中警员们的宣誓书中"充斥着故意编造的谎言"。他说,当他读到警员们给犯罪嫌疑人戴上手铐,将其带回公寓,在没有搜查令的情况下,用他的钥匙开门

---

[1] "黑人驾驶",指黑人驾驶车辆时被白人警察无缘无故拦下,甚至遭受歧视的现象。

入内时,"我差点从椅子上摔下来"。在另一起案件中,警员们逮捕了一名男子,然后在凌晨4点去了他的母亲位于巴尔的摩西区的家,要求搜查她的住所。法官说,这种做法在该市较富裕的白人社区是绝对不会被容忍的。

"他们是从哪里学会这些招数的?"戴维斯法官说,"太可悲了。我们应该做得更好。"

负责此案的联邦检察官支持这些警员,说他们是好警察,在追捕坏人的过程中受到了不公正的质疑。"我想我们只是透过不同的棱镜来看相同的证据,"这名检察官对戴维斯说,"您可能觉得关于逮捕令的错误陈述证明警察缺乏诚信,但我认为这是警察在以一种仓促的方式做事,这么说还不够准确——这是一群过度工作的警察,在一个有六万名吸毒者的城市中履行他们的职责。"

法官不认可这种说法。"他们不是在办案,"戴维斯说,"他们不是在调查……他们只是在逮捕。他们只是在抓人。"

虽然警员的错误在警察局内部往往得到原谅,但联邦法官的斥责仍然非常罕见,它理应有些分量。在一些地方,它可能会毁掉一名警员的前途。但在巴尔的摩,它的效果仅仅相当于开车遇到了减速带。

法庭记录显示,在听证会后的几个月里,格拉德斯通和威尔逊在很短的时间里遭到冷处理。遭戴维斯斥责后的四个月里,威尔逊只参与了三次抓捕。不过在接下来的八个月里,他又回到街头,参与了230次抓捕,这个数字十分惊人。格拉德斯通一直与一个由精英组成的联邦特别工作组合作。

2003年11月,詹金斯从警校毕业。他的第一个任务是在纪念碑街巡逻,这是东巴尔的摩的主要街道,在约翰斯·霍普金斯医院以东一个商业区外。这条街道将密集的排屋社区一分为二。警校时期的班长霍根说，这名新警员早年的经历与众不同。"露天毒品市场太荒唐了，"他记得詹金斯这么说过，"你穿过一条小巷，看到空（建筑）的后院有40个人在等待'测试员'。他们看到你就走开了。还有什么地方会有这种事？想抓住他们简直易如反掌。"

此时担任警察局局长的凯文·P. 克拉克是第二位来自纽约的警察局局长。奥马利市长吹嘘说，犯罪率的下降幅度排名全国第三，但有人质疑统计数据的真实性，而且该市的谋杀案数量几乎没有变化。克拉克局长上任后，发誓要杜绝露天毒品交易，使其重回地下。他的第一项措施是训练更多的卧底警探购买毒品，这样他们就可以在法庭上证明自己购买了毒品，而不是单纯描述他们认为的毒品交易。第二项措施是不断骚扰被怀疑是毒贩的人，用"闲逛"这种轻微的违法行为传唤他们。一天晚上，在一名记者的陪同下，克拉克让一群便衣警察给坐在一栋空置建筑墙边的几个年轻人开传票。克拉克认为这些人是毒贩。警员们提出异议，理由是他们没有事先警告这些人。"记下违法行为！"克拉克吼道。

警方高层说，之所以要严厉缉毒，是因为大多数持续的街头暴力活动与毒品有关。2002年秋，该市发生一起爆炸，一家七口死于非命，包括43岁的卡内尔·道森、36岁的安杰拉·道森和他们的五个孩子。安杰拉·道森报警说有人在自己的街区交易毒品，这激怒了其21岁的邻居，后者踢开前门，在一楼泼汽油。五个孩子和安杰拉的葬礼同时举行——一共六口棺材，每口棺材上都摆着鲜花和死者的照片。卡内尔在一周后去世。"你们觉得你们已经收买了我们中的一半人，而其他人则会噤若寒蝉。但是你们不仅残忍，而且愚蠢，"在葬礼上，奥马利谈到毒贩时这样说，"只要巴尔的摩人还记得道森一家的惨剧，我们就永远不会屈服……这场斗争还没有结束。爱和正义将赢得最后的胜利。"

巴尔的摩的混乱只会进一步升级。

2003年12月，就在詹金斯加入警察局后不久，克拉克局长的前任诺里斯因在担任局长期间滥用账外支出账户而被起诉至联邦法院。他选择认罪，被判处六个月监禁。一年后，克拉克被奥马利革职，他被控家暴，其办公室遭特殊武器与战术部队突袭。

大约在那时，也就是2005年，一张标题为《别告密了》的DVD光盘开始在街头流传。在这张光盘中，同警察说话的人被称为"老鼠"或"婊子"。因为美国职业篮球联赛（NBA）球星、巴尔的摩人卡梅隆·安东尼客串，这张光盘获得了广泛关注。制作者希望传递的信息是，盗贼之间的荣誉准则值得尊重，罪犯应该安静地服刑，不要连累他人。但是，当这个标题被印在T恤衫上，当成千上万的盗版光盘流传到巴尔的摩之外时，官员们对其影响忧心忡忡。

这个光盘的视频中有这样一幕。一名男子抱怨说，在西巴尔的摩某个街角贩毒的毒贩没有"惹上官司"，没有被逮捕，因为他们得到了两名巴尔的摩警察的关照。

"据说他们为金和默里工作，"那个男子说，"没有人进监狱。"

威廉·金和安东尼奥·默里是警察局公共住房组的搭档，毒贩惧怕他们不按规矩行事的作风。一个17岁的年轻人成了他们的目标，他们向他提供毒品，条件是他与他们分享利润。最后，他们告诉他，他必须帮忙扳倒其他毒贩，否则将承担后果。这个年轻人感受到了压力，决定洗手不干，并向联邦调查局自首。在一次诱捕行动中，联邦调查局的特工将一袋假可卡因放在西巴尔的摩哈勒姆公园社区的一条小巷里，看着这两名警员将其拾起。

在法庭上，金做证说，自己在接受了纽约警察的培训后，改变了上交证据的方式。提供情报的人会被放走，警察局不仅默许这种事发生，甚至还会给他们毒品和钱，让他们继续工作并提供新情报。

"有时你上交（缴获的毒品和钱），"金说，"有时你不这样做。"

他断言，此类做法在巴尔的摩司空见惯，而且警察在上司的压力下，会为了业绩这么做。负责此案的联邦检察官和做证的警方高官都坚称警察局不允许使用这种手段。

联邦陪审团裁定针对金和默里的30多项指控成立，包括勒索、串谋贩毒和违反手枪管制。根据联邦量刑指南，金获刑315年零1个月，默里获刑139年。

然而，市政府官员将此案视为特例，并继续否认关于警察存在不当行为的指控。激进的执法理念带来了更多的逮捕。到2005年，这座人口约有63万的城市，拥有超过10万个拘留所。其中三分之一的案件，在刚刚逮捕犯罪嫌疑人时，检察官就表示拒绝起诉。这一年，一名男子告诉《巴尔的摩太阳报》，他在三个月内被警察逮捕了五次，而且是在离家不超过两个街区的范围内。他说，警察在一次缉毒行动中逮捕了他，当时他正在倒垃圾，另一次逮捕是由于他在自己家门口"闲逛"。"你怎么会因为待在自己家门口而被逮捕？"他问道。

市政府官员不接受这些批评。"我要说明的是，"在2006年1月的一次激烈的社区讨论中，2003年以87%的得票率成功连任的奥马利对居民说，"我们现在不鼓励，也从未鼓励过为逮捕而逮捕。我们没有，也永远不会鼓励警察滥用职权或违宪逮捕，也不会对这些行为视而不见。"但前警员们回忆说当时有一种追求数字的文化。前警员埃里克·科瓦尔奇克还记得,刚成为警察时,他参加了不同地区的点名会,上司在会上下达各种指示,比如"把那些穿着'摇摆风格'衣服的家伙都抓起来""每个人都要去,没有例外",以及"清理那些街角。我不在乎你们怎么做。把它们清理掉"。

"高层的意思很明确。不惜一切代价阻止暴力浪潮。不惜一切代价。"科瓦尔奇克在他出版于 2019 年的《危机政治》一书中写道。一名熟悉法律的警员能为各种情况下的逮捕找到依据。他说,另一个丑陋的事实是,逮捕所有人实际上可能是有效的——至少对警察局追求的短期效益而言。"暴力事件减少了,谋杀案也减少了。整个警察局都接受了这样的理念,于是你可以看到,我们在一年内实施了 10 万多次抓捕。"

根据法庭记录,仅在 2005 年,詹金斯亲自参与了 400 多次抓捕行动,有时一天 6 次。

2005 年 10 月初,一个周六的晚上,蒂姆·奥康纳和一个朋友前往位于巴尔的摩东南部的布鲁尔山酒吧,他们在那里一边喝酒,一边看橄榄球比赛。最后,酒保要求奥康纳离开,因为他喝得太多了。在外面的人行道上,他的朋友们试图把他哄到街上,这引起了一场小小的骚动。包括詹金斯在内的一群警察——他们当时在街对面的皇家农场便利店里——走过来查看是否需要干预。詹金斯的上司迈克尔·弗里斯警司认识奥康纳,二人一起参加过一个成人橄榄球联赛。奥康纳开始朝弗里斯大喊,没别的原因,只是因为喝醉了。

"去你的,迈克尔·弗里斯,"他说,"你这个废物。"

奥康纳被从背后拉倒在地。一名警员把警棍架在他的胸前,詹金斯则跳到他的身上，一拳打在他的脸上。"就像脸上挨了一锤子，"奥康纳后来做证说，他一只手握拳，对着另一只手的手掌砸了三次，"我没办法保护自己。"血从他的眼睛里溢出。他说："我这辈子都没有那么疼过。"他的眼眶骨折，需要手术，而且会旷工很长时间。

奥康纳的朋友叫来救护车，他被送到医院，他的妻子在那里报警，报告了当时的情况。詹金斯和弗里斯没有向上级汇报自己做了什么，也没有要求医疗救援。东南区[1]的一名警督接警后询问奥康纳发生了什么。"这是迈克尔·弗里斯和巴尔的摩市警察局干的。"奥康纳告诉他。

21　　2006年，奥康纳起诉詹金斯和弗里斯，要求赔偿。两年后，案件开庭。在法庭上，警员们说他们不知道奥康纳是怎么受伤的，他们没有看到，殴打奥康纳的肯定另有其人。他们还说，之所以没有打电话求助，是因为奥康纳的朋友们让他们走，他的朋友们只想把他送回家。

在整个庭审过程中，被告席上的詹金斯看起来很投入，也很紧张。他穿着一件稍显宽松的西装衬衫，系着领带。他对陪审团开玩笑说，他只在法庭和葬礼上穿正装。然而，在证人席上，他的表现截然不同。奥康纳的律师多梅尼克·亚梅莱指责詹金斯是"专业证人"，有着操纵陪审员的丰富经验，詹金斯则自信而愤怒地回答亚梅莱的问题。亚梅莱说，他注意到詹金斯尤其想要操纵一名女性陪审员。詹金斯转过身对陪审团微笑，举起双手，摆出"你在说谁？我吗？"的姿

---

1 东南区，巴尔的摩市警察局将全市分为九个巡逻区，包括中央区、东区、西区、南区、北区、东南区、东北区、西南区、西北区。

势,引来了陪审员的笑声。

"你一整天都想抓到我的把柄,但是你抓不到,因为我说的是实话,"詹金斯对亚梅莱说,"你什么都没抓到。"

虽然詹金斯表现出色,但陪审团还是裁定奥康纳胜诉,并判给他7.5万美元赔偿金。纳税人承担了这笔费用。但这件事没有被记入詹金斯的人事档案,他似乎没有受到任何影响。

2006年1月,就在奥康纳事件发生几个月后,詹金斯和弗里斯在约翰斯·霍普金斯医院以东几个街区外的麦克尔德里公园社区巡逻。他们从两名男子——查尔斯·李和罗伯特·李兄弟——身旁走过,二人正坐在其祖母家门前的台阶上喝啤酒。警方没有收到任何投诉,但两名警员让他们进屋。过了一会儿,詹金斯和弗里斯回到这里,发现二人还待在原地。警员们的权威受到了挑战。查尔斯·李开始往屋里走,但詹金斯从他的背后冲了过去,把他拉了回来。詹金斯和查尔斯从门前的台阶上摔了下去,摔在路边的人行道上。旁观的查尔斯的弟弟也被制伏。

查尔斯·李后来回忆说:"整件事毫无缘由。"这两名警察"之所以来,是因为他们没有别的事可做"。

路人乔治·斯尼德停下来旁观这场冲突。赶到现场的另一名警员罗伯特·奇雷洛突然向他跑去。斯尼德跑开了。奇雷洛追上他,把他摔倒在地,导致他下巴骨折。

斯尼德提起诉讼。事件发生四年后,法院开庭。警员们的说法是,斯尼德在街对面朝他们扔瓶子,还骂脏话,当时他们正试图平息紧张的局势。"我看到被告斯尼德扔了一个瓶子,"詹金斯在一份书面证词中说,"(然后)又扔了一个,那个瓶子向我们飞来。朝我们飞过来。我的意思是，它很快。它朝我们飞来。一名巡警赶到现场，警员们往后退。我让他们逮捕他。"

"他大喊'去你的，我要杀了你们所有警察，你们这群混蛋'。"弗里斯补充道。

不过，斯尼德的律师调出了街角的录像，录像证明这些说法都是子虚乌有。斯尼德走过去，安静地站着，胳膊放在身侧，看着正在发生的一切，直到奇雷洛朝他冲来。

"考虑到这份证据清楚地显示警员们的证词是虚假的，"根据卷宗，斯尼德的律师迈克尔·皮尔韦这样说道，"陪审团可以轻而易举地判定警员们编造了这个故事，以掩盖他们蓄意攻击和错误逮捕并监禁斯尼德先生的事实。"

虽然陪审团裁定奇雷洛败诉——因为他袭击了斯尼德，但詹金斯安然无恙。他的谎言第二次被拆穿，但他的人事档案仍然是干净的。

斯尼德的律师皮尔韦曾是巴尔的摩县的检察官，在20世纪80年代审理过一起发生在詹金斯所在街区的六尸命案。他说自己打心底里是信任警察的，但监控录像显示的针对斯尼德的攻击行为让他感到恶心。

"他们对待这些人像对待动物一样，"皮尔韦说，"而且起因是有人在台阶上喝啤酒。他们冲进这个人的房子里，难道只是为了抓一个喝啤酒的人？他们的心态是这样的：不能容忍任何轻微过失。我们在针对一切犯罪行为执法。我们就是法律。而且在他们的脑海里，他们是在阿富汗巡逻。"

在这件事后离开警察局的奇雷洛现在承认，对斯尼德的攻击是毫无根据的。现场的警察"命令我揍他一顿"。

"所以我揍了他。"奇雷洛说。

2007年前后，当弗里斯升职加入警察局的精英部门有组织犯罪部时，他评估了自己的下属，最后认定只有詹金斯值得提拔，其他人"毫无价值"，"没有达到（该组的）标准"。而詹金斯是"我手下最优秀的警员"。

詹金斯的个人生活同样一帆风顺。2005年底，他和克丽丝蒂花28.9万美元购买了一栋小型错层住宅（他们一直住在一起，并于2004年12月成婚）。这栋房子离詹金斯父母家不远，靠近甘保德河和一个州立公园。当他冒险进城激战时，这是建立家庭的好地方。

第三章　持枪恶徒

2007年执法策略的转变催生了一个新的组织：枪支追踪特别工作组。

逮捕人数的增加使警方和黑人社区之间长期紧张的关系进一步恶化，却没有如官员预想的那样减少谋杀案数量。马丁·奥马利将每年谋杀案数量降低到175起的目标仍然没有实现，而当他搬进安纳波利斯的州长官邸时（他于2007年当选马里兰州州长），枪支暴力重回20世纪90年代的水平，此后该市的谋杀案将再次突破每年300起。《巴尔的摩太阳报》将每天的谋杀案数字登载在头版的一个方框中。代理市长希拉·狄克逊解雇了警察局局长，继任者是长期在巴尔的摩毒品和凶杀组工作的弗雷德里克·H. 比勒菲尔德三世。

比勒菲尔德上任几个月后，狄克逊说新局长在情报会议上严厉质问各个部门负责人，这件事令她印象深刻。"我们将使这座城市变得安全，"比勒菲尔德在一次新闻发布会上说道，"这座城市的人民对警察局领导层的期望极高，他们理应如此。我不会掉以轻心。市民们要的是行动，市长也期待看到成果。"他说自己希望看到警察"直接面对黑帮分子,而不是坐在巡逻车上"。

比勒菲尔德希望警察局更多地关注枪支和持枪者。他说,长期以来,警方一直在追踪毒品,这完全是碰运气。毒品确实与暴力纠缠不清,但毒品案让法官们疲于奔命,导致他们对此类案件不够重视,因为他们无法分辨哪些是重要的。他希望他的手下少抓人,但要抓对人。他使巴尔的摩市警察局摆脱了前任的零容忍政策,逮捕人数开始大幅下降。最终,在美国公民自由联盟和全美有色人种协进会对零容忍政策提起的诉讼中,警察局与这两个组织达成和解,该市正式谴责了这种执法策略。

取而代之的是,警方表示,他们将重点关注有多次犯罪记录的"屡教不改的暴力犯"。比勒菲尔德声称,警方将不再追捕巴尔的摩的每一个人,而只追捕那些携带非法枪支的"持枪恶徒"。他们最可能朝人开枪,也最可能遭枪击。

为了证明自己不仅关注打击犯罪,还关心警察整体素质的提高,比勒菲尔德花了很大气力使警察局重视培训工作。这项工作的核心是一项名为"钻石标准"的培训计划,它的部分目的是向警员们灌输这样的理念:他们需要得到他们的服务对象的帮助和尊重。警员们轮流参加培训,离开街头一个月。

不过,在街头,警察局正以激进的姿态打击"持枪恶徒"。负责日常行动的是来自巴尔的摩西区的安东尼·巴克斯代尔,他从警的目的是清理祖父的社区。他成了纽约出身的警方高层的信徒,后者宣扬治安信息管理系统的理念——"把警力部署在点上",也就是说,把警察部署在已知的发生过犯罪的地方,并确保有责必究。巴克斯代尔认为,严厉的执法是必要的,而且只要通过该市的治安信息管理系统进行严格监督，警察局就可以实现自我监管。同时，内务部遭到排挤，如果他们不能对遭投诉的警察立案，业务部门就会不断嘲笑他们。"努力工作的警察会遭到投诉。有些人会说你对他做了这个，做了那个。这是工作的一部分。那些什么都不怕的人更喜欢投诉。你们必须弄清楚，这些警察到底是好警察，还是坏警察，"巴克斯代尔后来回忆说，"捕风捉影是不够的，我们必须有铁证。""我们承受着巨大的压力——政治压力、社会压力、来自警察局内部的压力，所有人都要求我们想办法降低谋杀率，它压倒一切，其他事情都要给它让路。"约翰·斯金纳补充说。他在2001年成为部门负责人，2014年以副局长的身份退休。

近300名最优秀的警探被调入一个名为"暴力犯罪影响部"的新成立的便衣警察组。在警方高层看来，这些人是一流的警员，是努力工作并且能够取得成果的前10%。在学界的帮助下，巴尔的摩市警察局分析了历史犯罪模式，确定了该市枪支暴力犯罪率最高的地区。这些警员不再被派到犯罪率飙升的地方四处救火，而是被命令一直待在这些地区。

枪击案和谋杀案的数量立即开始下降。不仅2007年谋杀案的数量没有达到标志性的300起（这一度看似不可避免），而且在三年内，谋杀案的受害者将自20世纪80年代初以来首次降至200人以下。多年来，全国的大城市一直呈这种下降趋势，但巴尔的摩是个例外。突然间，这座城市似乎有可能更为安全——不过潜在的社会学影响因素，即真正的进步风向标，并没有跟上步伐。巴尔的摩没有增加数以千计的就业机会，毒品问题也没有重大改善。犯罪率的下降到底是海市蜃楼，还是说巴尔的摩市警察局已经找到了更好的执法方式，可以在面对该市长期存在的挑战时有效遏制暴力？

虽然各种类型的犯罪在减少，但有一个趋势令人担忧——警察枪击事件激增，从2006年的15起增加到2007年的33起，超过费城和华盛顿的数量，只比拥有380万人口的洛杉矶少一起。警方虽然调查了每起枪击事件，以确定使用武器的合理性，但并没有审查警员们是否遵守了警察局规范，以及是否遵循了可以在第一时间避免开枪的培训。枪击事件发生后，警员们往往直接被送回工作岗位。"我不想要2 900个穿着警服的稻草人，"比勒菲尔德在一次警察枪击事件后说，"我要的是能出去做事的人。"

当时该市的首席检察官帕特里夏·C. 杰萨米很担心警察局自我监督的能力，因此在内部列了一份"禁止出庭"的名单，上面列着那些她的办公室知道有诚信问题，但仍在执法的警察的名字。她的办公室不传唤他们做证，这实际上意味着警察局不得不冷落这些人。警方可以继续让这份名单上的警察出警，但他们的案件会立即被驳回。警方高层和警察工会对此非常愤怒。

虽然现在其他城市也有这样的名单，但杰萨米或许是第一个这么做的人。警方"一直以来没有任何审查委员会，并拒绝认真对待任何针对不当行为的投诉"，1995年至2010年担任首席检察官的杰萨米后来回忆说："我只有这一张牌能打……这是我自己针对非常严重的警察可信度问题的解决方案。"

警察局通过若干举措来推动其枪支优先政策，如召开"枪支统计"会议，官员们在会上审查枪支扣押案件，并讨论建立枪支犯罪者档案，要求被定罪的枪支犯罪者向官方登记他们的地址并接受检查，以确保他们遵守与持枪和其他事项相关的规定。

另一个标志性项目是2007年成立的枪支追踪特别工作组。瑞安·吉恩警探是第一批成员之一，当时他在巴尔的摩南区调查枪击案、抢劫案等重大案件的自由。他在那里以缉毒警察的身份开始了职业生涯，并建立了强大的线人网络。吉恩喜欢分局警探的工作节奏，以及可以更有条理地处理案件。一天，他在市警察局的停车场被他的警司拉到一边，后者告诉他，比勒菲尔德局长给他们分派了一个新任务。

"这是市长的宝贝。它会是一个新的特别工作组，包括我们和附近的警区。"警司告诉他。

"我们不会又去做那些街头的破事儿吧？"吉恩问道。

"不会，没有街头的破事儿，"警司说，"这是命令。"

很快，吉恩和其他被选入该特别工作组的人一起来到比勒菲尔德的办公室。比勒菲尔德向他们重申，工作要有重点，要谨慎，然后把他们带到六楼的办公室，那里有一群将与他们共事的州警察。马里兰州警察局也派出了一些最优秀的警员加入枪支追踪特别工作组，其中一人当过州长的保镖，还有一人因为表现英勇而受到表彰，他在执行任务时受了伤。巴尔的摩县警察局和美国烟酒枪炮及爆炸物管理局也派出了警员。

这个特别工作组的任务是通过追查枪支找出它的卖家和非法代买者。他们要做的不是在街头打探风声，一次没收一把枪，而是通过追踪让枪支流入街头的人，成批地收缴武器。这项工作将使他们能够在全州范围内活动，他们可能会突袭位于东海岸或格伦伯尼城郊的某家典当行。

"我们就像一个大组，"吉恩回忆说，"我们去往四面八方。"

在该组成立后的第一年，特别工作组通过更少但更慎重的调查取得了重大成果，仅通过41次逮捕就缴获了268支枪。他们抓到一个在枪支展览上非法销售枪支的枪贩后，市警察局召开新闻发布会。警员们缴获的武器被摆在桌子上，供来自中大西洋地区的市长们——包括时任纽约市市长迈克尔·布隆伯格——参观。

詹金斯在便衣警察组激进的氛围中如鱼得水。他经常与其他进入联邦特别工作组的警探们合作，这是便衣警察最值得炫耀的经历。在一次庭审中，作为证人出庭的詹金斯被问及他受过什么样的培训。他回答说，通过实践和向他心目中的"传奇"警员学习，比如迈克尔·弗里斯和基思·格拉德斯通。"他们在职业生涯中查获的毒品超过任何一个缉毒警察查获的，"他说，"他们能一直获得'分量'。我说的'分量'指的是大批缴获大麻，大批缉获可卡因，缉获数百克的海洛因。"詹金斯说现在他自己成了楷模："我不断地、经常地在我们组缉获最多的毒品。经常。"2009年初，他和另一名后来留在禁毒署工作的警探在一辆平板卡车后面发现了41千克可卡因（价值300万美元）。比勒菲尔德局长在一场新闻发布会上说："不管以什么标准来看，查获41千克可卡因都是非同寻常的。"他面前的桌子上整齐地堆着包装好的"毒砖"。在该市历史上，这是在没有联邦支援的情况下查获的最多数量的可卡因。詹金斯为此获得了一枚铜星勋章。这是他两年来第二次受表彰。

一名警员回忆说，有一次，他在市警察局，站在提交证据的长长的队伍里，看着詹金斯"像金刚一样"狠狠地跺脚，训斥其他警员没有找到足够多的枪支。

"我弄到了两把枪，"据这名警员说，詹金斯当时得意地说道，"我还可以再弄一把。你们这些家伙在干什么？你们什么都没干。"

这名警员记得自己对詹金斯望而生畏，他说这种感觉就像在马克·麦奎尔和萨米·索萨追逐单季全垒打纪录那年观看他们的比赛一样："他是怎么做到的？为什么我不能像他一样？"

另一个人这样回忆詹金斯："那哥们儿就像毒品问题的救世主。你会听到一些故事，人们会说：'兄弟，我看到韦恩抓到一个吸毒者，把那家伙拽到卖给他毒品的人那里，又把那个毒贩拽到卖给他毒砖的人那里，一直找到源头。'所有这些都是在一天之内完成的。这真是太疯狂了。"这名警员还描述了他亲眼目睹詹金斯展示其能力的一次经历："我们的车开得飞快，我们离开分局停车场也就两分钟吧。他突然踩下刹车，说：'你看到了吗？那个人有一沓现金。'他做得太快了。他掉转车头……我当时在想：'这是怎么回事？你怎么看到的？'"

不过，也有人持怀疑态度。"以他的效率，他不可能照章办事，"一个人说，"如果你能离他远点，就离得远点。如果你能做到不受影响，那倒无所谓。"

这个曾经在高中橄榄球队中被称为"鲁迪"的口吃者不再是一个弱者。他把业余时间花在综合格斗上，得到了"银背"的绰号。作为业余选手，他的战绩是七比零。2009年，他赢得了"巴尔的摩之战"擒拿格斗冠军，并在一场名为"野蛮人格斗俱乐部"的笼斗比赛中仅用时38秒就击倒了对手。

"揍他，韦恩！"在发布到网上的比赛剪辑视频中，人群中的一名男子这样喊道，而剃着光头的詹金斯正对他的对手拳打脚踢。在詹金斯被宣布获胜后，他的一个年轻的亲戚披着美国国旗进入比赛场。

"我看到你在那里边跳边吼。现在这个人赢了，你有什么想法？"比赛的主持人问那个男孩。

男孩说完"他真棒"，就被詹金斯举到空中，男孩挥舞着拳头。

一名律师决心让詹金斯放慢速度。在理查德·C. B. 伍兹接手的两起案件中，当事人强烈反对詹金斯和其他便衣警察的说法。一起是联邦法院受理的刑事案件，另一起是该市地方法院受理的民事案件。首先开庭的是刑事案件。

2008年2月，一个细雨霏霏的下午，罗德尼·贝勒踏上巴尔的摩东北部一名女士家门前的台阶。当时是周五下午2点左右，他想在为马里兰州公路管理局剪草之余再找点副业。贝勒在评估这名女士的草坪状况时，听到了刺耳的急刹车声，紧接着是巨大的碰撞声。他转过身来，看到几名持枪男子跳出一辆蓝色的日产车，该车刚刚撞上了一辆讴歌运动型多用途车（SUV），而这辆SUV正驶入停车场。其中一名持枪男子用枪砸碎了SUV乘客席一侧的窗户，把司机拖出车外。

"我看到情况不妙，马上趴到地上，"贝勒说，"我以为他们要打劫那个人，或者朝他开枪。我没有看到警徽或任何东西。"

持枪的是詹金斯和包括丹尼尔·赫斯勒在内的其他警察，他们的目标是42岁的米基·奥克利。有人告诉他们，奥克利藏毒、贩毒。警员们抓住奥克利时，在一个纸袋里发现了400个海洛因胶囊。他们随后拿走奥克利的钥匙，搜查了他的公寓，在那里发现了枪支、更多的毒品和包装材料。奥克利说警员们在拿到搜查令之前就闯入了自己的公寓，而詹金斯说自己是在下午5点50分，也就是他们在街上抓住奥克利差不多四个小时后，带着搜查令进入公寓的。其他警员后来说，詹金斯只是把奥克利的钥匙插进门锁里试了试，看看能不能用，并没有进屋。

四个月后，奥克利以违反联邦毒品法的罪名被起诉。他虽然承认被捕时持有毒品，但坚持把官司打到底。他称警员们在陈述他们找到自己的原因以及逮捕的过程时撒了谎。詹金斯在一份宣誓书中写道，奥克利携带着一个棕色纸袋，一个线人之前告诉他，里面有海洛因。奥克利确实有这样一个袋子，但他坚称袋子在他的连帽衫里，警员们绝对看不见。犯罪嫌疑人承认自己持有毒品，还希望能胜诉，这几乎是闻所未闻的。但奥克利正打算这么做。他认为自己的罪行并不意味着警察可以绕过规则或捏造事实。

伍兹试图证明詹金斯的可信度有问题。他接手的另一起涉及詹金斯的案件的当事人声称，詹金斯在陈述如何搜查巴尔的摩西区的一家酒吧时，隐瞒了关键事实。在这起案件中，他们有视频证据。詹金斯等人扣押了酒吧里的所有人，根据詹金斯在证词中的说法，其中一个人交出了车钥匙。但视频显示，詹金斯搜查了他，打掉了他手中的手机后，从他的口袋里翻出了钥匙。这或许只是一个小小的谎言，但谎言就是谎言。

"犯罪嫌疑人并没有自愿交出钥匙，钥匙是在警察进入不久后从他的口袋里拿出来的。我把录像交给官方，因为我想让他们知道，这些问题是有充分依据的，"伍兹对审理奥克利案的法官说，"我认为这些问题与他对合理依据的陈述的真伪密切相关，我认为在当时的特定情况下，他编造了信息并将其写进宣誓陈述。"

当詹金斯出庭做证时,他对酒吧案相关问题不屑一顾。他说这只是一个简单的失误,警方和检察官已证明他在酒吧案中没有任何过失。

"据你所知,他们有没有调查你本人?"联邦检察官问詹金斯。

"调查了,女士。"

"他们对你的调查有什么结果?"

"内务部的案件是公开的,而且已经结案了。"詹金斯说。负责监督毒品组的市检察官也"证明我不是有意的",他补充道。

伍兹继续盘问警员们逮捕奥克利的过程,希望有人能说漏嘴。警员们统一口径,说他们没有去撞奥克利的车,而是奥克利在把一袋毒品扔出车窗前,倒车撞上了他们。

凯瑟琳·布莱克法官说,与警员们的说法相比,奥克利和贝勒的说法"根本不合逻辑"。

"看来如果要让人相信詹金斯警探在证词中编造了信息……那就得证明:不仅詹金斯警探的证词不准确,而且几乎所有其他警员的证词都是不准确的。"布莱克说。

沮丧的奥克利选择认罪,但在宣判时坚持自己的立场。

"我想说,我很后悔我过去做过的许多事,"奥克利说,"但并不是全部。因为我站出来说出了到底发生了什么,警察做了什么。我觉得如果我要为我做过的事负责,那么这些警员也应该为他们的错误负责。"

一年后,当酒吧案被提交给一个民事陪审团时,伍兹得到了另一次扳倒詹金斯的机会。警察突击搜查的目标安东尼奥·李在开庭两个月前遭人谋杀,不过,其他酒吧顾客仍然希望为这次无理的遭遇讨回公道。为詹金斯和他的同事辩护的律师告诉陪审员，这些警员是"精英中的精英"，他们"没有，也永远不会放弃对毒品的战争"。

33 　　伍兹慷慨激昂地予以反驳。他说，警察不能为了阻止犯罪而为所欲为。他说，这些警员已经被发现撒了"一个又一个的谎"。"你们想让这些精英中的精英得到一张可以肆意践踏宪法权利的通行证吗？你们，巴尔的摩的公民们，对他们说'不'。不！这些宪法权利是人民用鲜血和生命换来的，我们的政府正是肇基于此。我们如此珍视的公民自由，你们不能对它视而不见。你们不能因为一个人身处贫穷的社区，四周充斥着毒品和暴力，就假定他是一名罪犯。你们不能这么做！你们不能凭着看似合理的借口就去侵犯他的私人空间，去碰触他，去翻他的口袋。"

　　"你打碎一个人的下巴，骨头会愈合。你动摇了一个人的精神，夺走了他对自由的信念，剥夺了宪法赋予他的不受无理搜查和扣押的权利，你就会让他感到无力和屈辱，让他担心他看到的每名警察都会为所欲为。"

　　陪审团审议了诉讼提及的39项罪名，除了詹金斯的殴击罪[1]，在其他各项指控中都宣告警员们无罪。伍兹要求四名原告每人获赔25万美元。

　　最终，陪审团裁定赔偿金为一美元。

　　伍兹拿起包，把判决书塞进包里，合上包，伸手把包推开。他双手合十，低头看着地面。陪审团已经裁定这次事件只是毒品战争的附带伤害。

---

1 殴击罪，指对他人使用暴力行为的轻罪。

"以后他们可以无法无天了。"一名原告在宣判后说道。

吉恩一直在局长的枪支追踪特别工作组里工作,不过他还是同样受高层重视的新组织暴力惯犯小队的成员,该小队负责对高优先级的目标人物立案并起诉。詹金斯也被选入这个小队。吉恩和詹金斯此前从未合作过。吉恩说,詹金斯拒绝遵守规则,总是单独行动,同时参与不同的任务。

"有人告诉我,我不会喜欢韦恩的——他很傲慢,而且特别唠叨,"吉恩回忆说,"我从一开始就讨厌那个家伙。"

加入新小队的还有肖恩·苏特和基思·格拉德斯通。吉恩评论说,格拉德斯通"就像韦恩的导师"。

将奥马尔·伯利卷入其中的车祸,发生在他们加入新小队几周后。吉恩回忆说,此后詹金斯表现得神经兮兮的。除了监听伯利在监狱打的电话,詹金斯还声称,如果该案开庭,他不想做证。他说,有一辆车停在他家门口,在监视他。吉恩把这当作詹金斯的神经质行为。警察局高层似乎并没有花太多时间在伯利的案件上,因为这个小队接连有所斩获。8月,新任市长斯蒂芬妮·罗林斯-布莱克召开新闻发布会,宣传他们的成果。詹金斯、苏特和格拉德斯通刚刚突袭了巴尔的摩西北部的一家洗车场,报告说在那里缴获了两磅可卡因、包括一把轻型冲锋枪在内的六件武器、4 000美元现金和一艘七米多长的快艇。在市长的新闻发布会上,这些毒品和武器被摆在一张桌子上,这是为媒体准备的。"我们的目标是暴力犯罪者,"市长告诉记者们,"我们正在把毒品清理出街头。"

吉恩在那场重要的新闻发布会召开前不久离开了小队,他从一开始就被告知他的任期很短。他回到了枪支追踪特别工作组，但这里和他离开时已经截然不同了。新上任的部门负责人催促他们做更多的街头工作，这违背了特别工作组成立的初衷，即有选择性地打击枪支交易中的关键人物。马里兰州警察局和巴尔的摩县警察局不想让自己的人在街头游荡，于是把他们撤走了。这个特别工作组的人数从14人降至5人。这支曾经的精英队伍失去了昔日的地位。

这个时期与詹金斯共事过的一名警探说，詹金斯在审问犯罪嫌疑人时，会用一种特别的方式来打探警方应该把谁定为下一个目标。他不会问谁给他们供货，也不会问城里最大的玩家是谁。他问的是："如果你要打劫某个人，你会选谁？"这名警员猜测詹金斯只是想用犯罪嫌疑人能听懂的方式来提问，但事后看来，这个问题大有深意。

除了鲁莽冒进，詹金斯还痴迷于猜测其他警察做了坏事，并且不带任何挑衅意味地坚称自己是清白的。

2011年1月发生的一件离奇的事说明他很可能真的被监视了。便衣警察经常会被分配到新型租赁汽车，这样便于他们隐藏身份。詹金斯得到了一辆2010年产的道奇锋哲车来执行任务。五周后，这辆车突然在路中间熄火，詹金斯把它拖到一个车行。

当詹金斯打电话询问为什么维修时间这么长时，他被告知：汽车的电气系统坏了，机械师在车下发现了一个全球定位系统（GPS）追踪器。根据詹金斯当时的一名主管写的内部报告，该装置有钱包大小，有一根天线。机械师告诉詹金斯，这个装置是仓促安装的，布线造成了电气系统的故障和失灵。詹金斯问，这有没有可能是一个汽车防盗装置，是租赁公司为了追踪他们的财产而安装的。

根据这份报告，机械师答道："我在这行干了半辈子，从来没见过这样的装置。"

机械师后来告诉警方，第二天早上，一名神秘男子来到车行，声称自己是"安装部门"的人，是来回收装置的。这名男子径直走到车前，跪在地上，取下装置。詹金斯的主管在当时的内部报告中写道："他没说自己叫什么名字，为谁工作，也没说会为车损做些什么……机械师还说，这名男子似乎非常生气，因为这个装置被发现了。他取下装置后，把它藏在一个盒子里，然后匆忙冲出车行。机械师说整件事都很古怪，因为当该男子回到他的卡车上时，机械师看到卡车上写着白色的'K-9'[1]。"

一名当时与詹金斯关系不错的警员说，这件事让詹金斯坐立不安，他不知道是谁安装了这个装置，也不知道为什么要安装。詹金斯有理由怀疑可能是联邦调查局或内务部的人。这也许会让大多数警察胆战心惊，但詹金斯显然没有被吓到。

---

1 "K-9"，在美国的警察系统中，"K-9"一般代表管理警犬的部门。

第四章　耳目

在巴尔的摩市警察局的准军事体系中，承担最关键的监督职责的是警司。警司是现场警员的上司，能够观察他们，与他们互动，并将观察结果报告给警督，警督管理多个警司及其各自的小队。警督之上是警监，警监之上是区警长，区警长之上是高级警督，高级警督之上是高级警监，高级警监之上是副局长，副局长之上是局长。一名称职的警司可以确保信息能够传递到高层，但他们同样可以掩盖问题并阻止投诉传到上面。

2012年11月30日，韦恩·詹金斯晋升为警司，进入警察局的耳目之列。

巴尔的摩市警察局有一个传统，专案组的警察在晋升后会回到街头巡逻。就像十多年前刚加入警队时一样，詹金斯再次穿上制服，钻进巡逻车。重返街头巡逻的目的是使主管不要忘记作为警务工作基础的巡逻，并将主管的经验传播到新的地方。詹金斯被分配到东北区，对于这里的年轻警员来说，这是一个与警察局里最优秀的人一起工作的机会。

詹姆斯·科斯托普利斯在当年早些时候加入巴尔的摩市警察局。他来自新泽西北部，刚满20岁，本人看起来更加年轻。他出生在一个警察世家，父亲和兄弟都是警察。由于高中毕业时还太年轻，他先在商城当保安，与小偷斗智斗勇。科斯托普利斯从警后被分配到辖区面积大而且长期人手不足的东北区，他的第一个任务是在该巡逻区最忙碌、最艰苦的地区值夜班。这里位于东北区最南端，包括"四乘四社区"（这个小区域包括横向四条街和纵向四条街），以及被称为CHUM的科尔德斯特里姆-霍姆斯特德-蒙特贝洛社区等。不过，夜班通常很安静，警察的工作基本是巡逻和应答建筑物报警电话。几个月后，科斯托普利斯开出了他的第一张逮捕令，罪名是持枪。签发逮捕令被认为是更复杂的警务工作中的重要环节。他喜欢做这件事。

詹金斯教他怎么做，还给他介绍了警察局关于搜查和抓捕的一般规则，以及如何检查"消除冲突"数据库以确保没有其他警察在调查这个目标。夜班结束后，他们经常和其他警员一起吃早餐，继续谈论工作。

"他时刻待命，"科斯托普利斯在谈到自己的警司时说，"我以前没听说过这个人，但我一见到他，就听人们说'他很厉害'，而且他确实很厉害。他对毒品活动很敏感，不管在哪里都是这样。这种事他一看就知道了，而且能讲明白，我想这就是他成功的原因。"

当他们开车四处转的时候，詹金斯喜欢放另一名警员的播放列表中的旧式嘻哈音乐。科斯托普利斯还记得，当格托男孩的《我的大脑在耍我》响起时，詹金斯会让所有人收声，自己跟着哼唱那些讲述一个人虽然成功了，但变得疑神疑鬼的歌词（另一名多年后与詹金斯共事的警员也说詹金斯喜欢嘻哈音乐，"还会跟其他警员甚至市民来段即兴说唱对战")。

38 科斯托普利斯回忆说,一天晚上,他和詹金斯在这一带巡逻,寻找一名枪击案的犯罪嫌疑人的车。当他们发现这辆车时,司机跳下车,夺路而逃。詹金斯和科斯托普利斯分两路追了过去。这名男子带着一把大口径手枪——科斯托普利斯觉得可能是一把9毫米口径的"沙漠之鹰"——跑进一条小巷,扔掉了武器。科斯托普利斯追进小巷,这名男子突然停下脚步,转过身来。当时那里只有他和科斯托普利斯两个人。科斯托普利斯不确定这名男子有没有反抗的念头,也不知道他有没有其他武器。科斯托普利斯很紧张,为正面冲突做好了准备。突然,詹金斯不知从哪里冒了出来,从背后抓住那个人,并逮捕了他。知道自己可以信任前来支援的同伴,这是街头警察最珍贵的品质之一。

还有一次,他坐在汽车前排,和詹金斯去处理一起严重的车祸。这起车祸涉及其他警察,当时他们正在高速追逐一辆逃逸车辆,那辆车撞上了另一辆车。科斯托普利斯回忆说,当时火焰温度极高,他不得不挡住詹金斯,不让他爬进被撞的车里去救一名女性。

在情况没那么紧急的时候,科斯托普利斯回忆说,詹金斯会和他们拦下的毒贩聊天,而且很有技巧。詹金斯对街头的状况一清二楚,毒贩们知道这一点并尊重他。年轻的科斯托普利斯很想成为像詹金斯一样的人。

"作为新人,看到这些觉得太酷了。"他说。

科斯托普利斯记得詹金斯还给过他别的建议。

"我们第一次一起巡逻时,他说:'如果我们要共事,我有两条规矩,一条是我们不栽赃证据,另一条是我们不偷拿钱。'"

科斯托普利斯觉得这没什么问题。

升职两周后，詹金斯在特拉华公园赌场与世交小唐纳德·卡罗尔·斯特普玩完 21 点扑克游戏后，沿着 95 号州际公路开车回家。斯特普和詹金斯家相识已近 40 年，他在詹金斯的兄弟举办的得州扑克比赛上认识了韦恩（参加比赛的还有其他警察）。在从赌场回家的路上，詹金斯谈到了自己如何将毒品清出街头，还谈到了他办过的大案件。

说到这个话题，詹金斯有一个提议。

"如果他突然得到了一些东西"，他问斯特普知不知道该怎么办——潜台词是，斯特普是否愿意帮忙出售詹金斯在工作中缴获的毒品。这是纯利润，他们将分享收益。斯特普很感兴趣。

"我觉得这个想法不错，主要是因为我遇到的那些警察——在打牌的时候遇到了很多——在我看来，他们是这座城市的主宰，"斯特普后来说，"我算了算风险，觉得很划算。"

自 20 世纪 80 年代初以来，斯特普一直麻烦不断。从警 40 多年的前巴尔的摩县警察局局长詹姆斯·约翰逊说，斯特普甚至在小时候就很显眼。他记得他在斯特普 14 岁时逮捕过斯特普，理由是斯特普在感恩节闯入一家超市。约翰逊说，他后来把斯特普发展成了线人，但听说斯特普向那个本该被监视的人通风报信后，就放弃了斯特普。约翰逊还看到过斯特普与另一名警员一起坐在警车上巡逻，当时他觉得斯特普是一个"慕警者"，想钻研警察的战术。

斯特普沉迷可卡因和酒精，为了购买毒品而四处盗窃，在全州范围内作案，留下了长长的犯罪记录。2002 年，他出狱了，戒掉了毒瘾和酒瘾，努力开始新生活。在出狱几年后的一次减刑听证会上，他说他想做出改变。

"七年前，这个州想让我消失，所以他们让您把我扔进监狱，"斯特普对法官说，"一定有许多人站在您的面前。把人关进监狱很容易，整个州的许多法官想做的就是这个。检察官想给人定罪，法官想把人扔进监狱，但是他们从来不关心真正重要的问题。解决这个问题太难了。对于有毒瘾的人来说太难了……您对我说：'斯特普先生，这不重要。有了这样的犯罪记录，如果你在外面做了错事，不管在这个国家的什么地方触犯了法律，你的余生就彻底毁了。'您知道吗？从我被关起来的第一天起，我就知道这件事了。我知道这次出狱后，我必须做出真正的改变，而我做到了。

"许多人有同样的瘾。我就这么浑浑噩噩地过了20年。但今天，法官大人，我已经戒掉它了。今天，我过着一种完全不同的生活。要知道，我才刚刚开始生活。我很快就38岁了，才刚开始生活，这种感觉真好。"

法官评论道："在我近年来审理的所有案件中……你的成果很可能是最大的。"

斯特普先在工地上工作，随后在一家抵押贷款机构给人办理贷款。当时，房地产市场蓬勃发展，而且斯特普很擅长自己的工作。他成为该机构最优秀的信贷员，充满自信，并充分发挥了自己的口才。到2006年，他花了85万美元买下了一栋带私人码头的滨海住宅。他订了婚，还有了孩子。

然后，房地产市场崩溃了，马里兰州立法机构通过了一项法律，要求信贷员必须持照。由于有犯罪记录，斯特普无法获得执照。他仍然受雇于大都会公司，做些力所能及的事，但工资少了一半。

因为要还房贷，再加上前途黯淡，斯特普重操旧业，又开始贩卖毒品，还同哥伦比亚和多米尼加的毒品供应商建立了联系。

斯特普后来做证说："想联系上那些人，要花费数年时间。"

至少从 2011 年秋开始，斯特普一直想开一家保释公司。他在一个众包在线设计网站上，请人帮忙为一家名为"双 D 保释服务"的公司绘制标志。

"我想要一个独特的、原创的、性感的、让人过目不忘的公司标志，能够取得版权，也能注册成商标，"他写道，"你应该把心思花在双 D 的 D 上……目标客户是吸毒者、罪犯、皮条客、妓女、黑帮分子、毒贩，以及只是做了错事的好人。"

公司的宣传语是："人人爱双 D。"

（"我们公司的宣传语很性感。"）

斯特普所在的抵押贷款公司的老板丹尼斯·丹尼尔奇克在 2011 年夏注册了这家公司。到了秋天，该公司在巴尔的摩县的县治、位于巴尔的摩市北面的陶森市市中心有了一个店面。公司标志在当地引发了轩然大波。它是一个胸部极其丰满的女人，每个乳房上都写着一个"D"。当一个社区新闻网站的记者为报道该争议而登门拜访斯特普时，斯特普谈到了自己的计划，即通过与当地团体合作提供康复治疗和心理健康治疗来"彻底改变"保释行业。至于当地人对这个标志的担忧，他闪烁其词。

"我猜这里有一些女性主义者，"他告诉记者，"我想美国就是这样的。我们都必须容忍不同的生活方式，它并不是为了冒犯谁。"

为了正式接管保释公司，斯特普需要想办法取得豁免，让自己不再被犯罪记录拖累。在向州保险机构提交的申请材料中，他说自己已经彻底告别了过去，并希望通过新公司来做正确的事，以回馈社会。他说自己计划用自己和毒品打交道的经历来帮助客户获得治疗。

他在申请材料中附上了三封推荐信。一封是他的律师写的，另一封是丹尼尔奇克写的，第三封则是韦恩·詹金斯警司用印着巴尔的摩市警察局抬头的信纸写的。

在这封两页的信中，詹金斯称赞斯特普已经成为一名模范公民：

15年前，我肯定不会说唐尼·斯特普是个好人，但现在我可以这么说了。

在我们长大成人的过程中，我们两家都住在埃塞克斯，关系很好，唐尼和我的哥哥、姐姐们一起上学。那时他聪明、有趣，连一分钟都坐不住。他对每件事都感兴趣。他虽然总是三分钟热度，但只要下定决心做某件事，他就能把那件事做得很好。

后来，他沾染了毒品，而且毒瘾很重。像许多年轻人一样，他靠偷来的钱购买毒品。在那段日子里，我和他联系不多，但周遭的人都说他过得一团糟，不断进出监狱。我甚至一度觉得他必死无疑，顶多是苟延残喘。

我继续我的生活，成为一名警察，到现在为止已经在巴尔的摩市警察局工作了十年。在我的职业生涯中，我花了很多时间抓捕像唐尼这样的人，或者更准确地说，像过去的他那样的人。

自从唐尼上次出狱后，十多年过去了，那时我刚从海军陆战队光荣退伍。我听人说，他已经戒掉了毒瘾，彻底告别了毒品。我很怀疑，因为我知道能做到这件事的人少之又少。但随着时间的推移，人们一直在说他真的变了。最后，我碰到了他，有机会亲自验证真伪。

　　起初我很警惕，因为我还是保持着在街头工作时的心态。但没过多久，我发现他真的变了，站在法律正确的一边。我们两家开始聚会。这很难说清楚，因为很少有人能真正逃出那个泥潭，但唐尼身上的某些东西让人确信他不再是过去的那个人了……

　　我希望您能考虑给唐尼发放营业执照。他确实改过自新了，而且已经戒毒16年了。我把我的孩子托付给他。我愿意把我的钱交给他。我放心地让他待在我的家里。我根本不会再考虑他是否值得信任这个问题了。他现在就是唐尼，我的朋友，一个好人。

2013年4月，斯特普作为一名持照保释人接手了这门生意。人们可以看到他开着一辆黑色的福特猛禽皮卡，车上贴着"双D保释服务"的宣传画，上面写着"便宜1%""24小时服务"，还有他的电话号码和公司网址。

　　2012年底，在特拉华公园赌场之旅结束几个月后，也就是斯特普的豁免申请被批准的几个月前，詹金斯经常把少量毒品拿给斯特普，而斯特普会给詹金斯数百美元作为分成。有时，他会和詹金斯相约吃午餐或早餐。其他时候，如果是深夜，詹金斯会把毒品放在斯特普家门口的简易房里，或者让他打开车库。斯特普有一个可卡因的客户群，但詹金斯最终送来了各式各样的麻醉品，这超出了斯特普的处理能力。"实在太多了，"斯特普说，"什么都有，只要能想到的都有。我甚至不知道其中一些到底是什么。实在太多了，我根本不知道这是怎么回事。"

毒品生意看起来进展得不错。合伙几个月后，詹金斯和斯特普飞往新奥尔良，观看巴尔的摩乌鸦队在第47届"超级碗"上击败旧金山49人队的比赛。斯特普拍了一张二人穿着乌鸦队球衣、戴着串珠项链微笑的自拍照。

但詹金斯又在玩火了。自2012年春以来，县警察一直在悄悄地调查斯特普。两名警探分别从线人那里得知，斯特普是巴尔的摩县东部的一个大可卡因经销商。调查人员不仅监视了他的公司，还监视了他的家，而且两次在夜里悄悄翻他的垃圾堆，寻找与毒品相关的证据。他们甚至从法官那里获得了一份"捕获和跟踪装置"搜查令，以审查他做生意用的手机的通话记录。在搜查令中，斯特普被称为"高级毒贩"。

斯特普被盯上了。

第五章 "别这么死板"

2014年1月,奥马尔·伯利被押送到位于巴尔的摩市中心的法庭。他的双手被铐在身前,用双臂和前胸夹着一个装满文件的牛皮纸袋。四年前,他驾车躲避詹金斯、苏特和吉恩的追踪时,撞上了另一辆车。虽然伯利私下里一直坚称自己的车里没有毒品,但面对州检察官和联邦检察官咄咄逼人的攻势,他还是选择了认罪,此时正在马里兰州西部的一所监狱里服刑。

他当时精神萎靡。母亲因癌症去世后——他在病床旁照顾她,看着她咽下最后一口气,他成了一具行尸走肉。他有一个孙女,但拒绝让她来探视,因为不想让她看到自己被关在监狱里的样子。"爷爷,我从来没有见过你,你为什么不在家?为什么我从来没有见过你?"她在电话里问道。他试着打起精神,尽量不要浪费在狱中的时间。他梳理思路,重新关注对自己来说重要的事,还帮忙辅导其他囚犯。最终,他将被转移到联邦拘留所完成最后几年服刑,而且他希望可以在那里上诉,以推翻定罪判决或争取减刑。

埃尔伯特·戴维斯的六名成年子女和他们的两名律师在法庭旁

听，他们正在为父亲的死亡索赔。没有人坐在伯利身边。一场帮派斗殴导致监狱被封锁了一段时间，期间不能打电话，不能见访客，也不能进图书馆。他也找不到为自己辩护的人。他甚至不清楚这场听证会是关于什么的。

约翰·卡罗尔·伯恩斯法官已经退休了，但仍在审理案件。他在诉讼程序开始时宣布，他们将依据几个月前缺席审判的结果，评估伯利需要赔偿的金额。

"什么是'缺席审判'？"伯利打断法官，问道。

"首先，先生，在这起民事诉讼中，你有律师或者任何为你辩护的人吗？"

"我是来请求推迟或延期审理这起案件的，因为我不理解法律的术语和实质内容，也不知道摆在我面前的这些东西是什么，"伯利说，"还有，我希望能'完好'（他想说的是"改善"）我的居住条件，我因为这个到现在为止还没找到律师。"伯利以为像在刑事法庭上一样，法庭会给他指派一名律师。

伯利不知道，他已经输掉了官司。伯恩斯说，伯利没有应诉，法庭已经做出缺席审判，判戴维斯的子女胜诉。

"你知道缺席审判已经判你输掉官司了吗？"

"我都不知道缺席审判到底是什么，"伯利重申道，"这起官司太复杂了，据我所知，它不仅现在会影响我，还会影响我的一生。这是大事，所以我请求法庭给我指派一名律师。"

"在像这样的案件中，你确实有理由觉得你能够得到一名免费的律师，"伯恩斯说，"但答案是没有。"

伯恩斯继续解释审判程序。

"你能听懂我说的话吗?"伯恩斯问伯利,"我没问你是否同意我说的,我问你听没听懂。"

"我没听懂。"

"哪里没听懂,先生。"

"一句话都没听懂。"

"我觉得你听懂了,因为我说的其实没那么复杂。"法官说道。

伯利的脸色不大对劲。他不时抖一下腿。他还戴着手铐,仍然用身体夹着文件夹。

"是不是有一个'预料到的情况',或者类似的说法?"伯利问道。他想说的是"预料不到的情况"。

伯恩斯避而不答,催促伯利赶紧宣誓。

"从现在开始,你说的每一句话都将受誓言的约束,如果你说谎,那意味着犯伪证罪——对任何提供信息的人都是如此——这是犯罪。所以好好听书记员所说的话。"伯恩斯说道。

法庭的书记员站起来,让伯利举起右手。

"等等。"伯利说。

"可以了。"伯恩斯对书记员说。

"我根本不知道我们现在在干什么。"伯利抗议道。

"先生,你要宣誓了。让我们一步步来。第一步已经做完了,接下来你要跟着书记员宣誓……这很简单。"伯恩斯说。

"我在想,本来是我在问您,我们怎么变成走到这步的……"

"你不需要理解我们是怎么走到这步的,"伯恩斯说,"是你走到这步的。就我所知,你的右手现在正举在空中。"伯利的右手在桌子下面。

书记员宣读誓词,让伯利说"我愿意"。伯利一言不发。

"先生，你打算宣誓吗？"伯恩斯问道。

伯利受够了。在他看来，整个过程如同儿戏。他没有发言的机会，但已经输了官司。直到此时，他还是没有律师，法官却让他宣誓，而这很可能给他带来更多的处罚。伯利想说些什么，让听证会停下来。

"我援引第五修正案。"伯利说。

"什么？"法官身体前倾，问道。

"我援引第五修正案。"

"好的，"伯恩斯说，"警员，你可以把他带回去了。祝你好运，先生。"

法官说完这句话后，伯利站起身来，被带出法庭。戴维斯的家人和他们的律师留下来和伯恩斯讨论赔偿金，伯利将用余生偿还这笔钱。

戴维斯的家人对接下来的诉讼有所争议——遗嘱执行人想起诉警察局，以追究警察在高速追逐过程中的责任，但其他兄弟姐妹想起诉伯利。最后遗嘱执行人妥协了，伯利被要求赔偿109.25万美元。

第二天，伯利待在牢房里，伯恩斯在起草一份法庭指令以记录这个金额，书记员让戴维斯的家人轮流签字。在等待这一刻的四年里，戴维斯的子女分成了几派。伯恩斯说，为了他们的父亲，现在是时候团结一心了，忘记这场磨难吧。

伯恩斯说："你们在第二页下方签上名字，这样所有人都会开心。"

罗林斯-布莱克市长决定再次改变该市警察局的执法方式。随着谋杀案和枪击案的数量呈下降趋势，她打算削减数百个警察岗位——这是该市数十年来首次大幅削减警察人数。虽然暴力犯罪影响部被认为是犯罪率下降的关键，但市长在社区会议上不断听到人们抱怨警探们激进的战术。每当有居民提及担心被无缘无故拦下，然后遭到粗暴对待时，人们都会指责"敲门人"。2012年，比勒菲尔德卸任警察局局长，罗林斯-布莱克看到了让一切从头再来的机会。她没有选择副局长巴克斯代尔作为其后继者，而是请来了安东尼·巴茨，后者曾在加利福尼亚州奥克兰市担任警察局局长，当时那里的警察局正按照联邦的命令推行改革。

巴尔的摩市警察局不知为何避开了类似的联邦审查，而阿尔伯克基、辛辛那提、克利夫兰、新奥尔良、匹兹堡、波特兰和西雅图等城市则进入了双方同意的判决执行阶段，这些城市的警察局将在一名法官的监督下施行改革。虽然巴茨称自己是一名具有改革意识的警察局局长，他常说的一句话是"我们必须对人的生命怀有敬畏之心"，但他并没有因为奥克兰的经历而对联邦监督抱有积极态度。巴茨之所以离开奥克兰，部分原因正是他不喜欢联邦法官的微观管理——与警察局运作相关的决定必须得到这名联邦法官的批准。"在奥克兰，我不能像以前那样快速反应，"他在接受北奥克兰新闻网的离职采访时说，"我必须问'妈妈，我能做这件事吗？'，并确保每个人都同意我打算做的事……所以我真的不能控制我所有的资源、我的数据和我的部署。"在巴尔的摩，巴茨想方设法证明警察局已经走上正轨，以免重蹈奥克兰的覆辙。但是他保留了一个以本地人为主的领导团队，体制的改变不会一蹴而就。

上任短短数月，巴茨便精简了暴力犯罪影响部的结构，并将其更名为"特别执法科"。它现在听命于各巡逻区，这意味着发号施令的是各个区的警长，而不是统一的便衣警察指挥部。至少计划是这样的。许多强硬人士留下了，詹金斯也不需要再去巡逻了。他被安排到特别执法科的一个小队，监督一队警员。

巴茨的另一项措施是成立一个新组，审查警察使用武器的案件。他们处理的第一批案件中，有一起与詹金斯有关。

德米特里克·西蒙在巴尔的摩东北区开着他的奥迪车时，看到一辆车在跟踪自己。这辆车虽然没有警察标识，但车里的人好像是警察。他停下车，开始步行。詹金斯在他身边停下车，说要和他谈谈。西蒙后来说，他起初以为车里的人是警察，不过"他们看起来好像有什么图谋"。他很紧张，匆匆跑开。本·弗里曼警探跳下车，詹金斯开着车，二人一起追踪西蒙。弗里曼在一个拐角跟丢了西蒙，但詹金斯看到了他。

西蒙沿街狂奔。他穿过一户人家的前院时，被詹金斯的车撞上了。他回忆说，他回头看到詹金斯的车四轮悬空，然后落到一户人家的台阶上。

"我在车下，车轮在我的脸旁打转。"他说。

西蒙没有武器。他说他抬头看到詹金斯和弗里曼站在他身边。他说弗里曼"看着詹金斯说'你为什么要撞他？'，詹金斯抓住他的手腕说'别对我这么死板'"。

西蒙说自己无法动弹，不过事后证明他并没有受重伤。"（詹金斯）一直在拍我，还一直问'你为什么要跑？'"西蒙说。

詹金斯联系了警察调度员。

"请给我派一名医生。我的一个'头号人物'被我的车撞了，男性。"他告诉调度员。调度员问该男子是否还有意识，詹金斯答道：

"是的,女士,是的,女士,他有……他稍微动了动。"

警察通过无线电听到詹金斯的声音,于是赶来保护现场,包括刚刚晋升为警司的瑞安·吉恩。他此时被调到东北区巡逻,事件就发生在那里。詹金斯本应在西区工作。

吉恩看到詹金斯的车停在街上,台阶旁有轮胎印。

"你干了什么?"吉恩说他是这么问詹金斯的。

"你这个笨蛋,我们试图阻止这个混蛋。他跑过那条街,然后用枪指着我,所以我用车撞了他。"吉恩说詹金斯是这么回答的。

如果詹金斯说的是真的,那么在这种情况下使用武力很可能会被认为是合理的,不过这将由其他人来判断。吉恩问枪在哪里。

"我不知道,它就在附近。他拿枪指着我。"詹金斯说。吉恩让一名巡警在附近寻找可能记录下该事件的摄像头。他说,詹金斯这时非常慌张,"像疯子一样跑来跑去"。吉恩问詹金斯,他的警督在哪里。詹金斯走开了,说要给基思·格拉德斯通警司打电话。

格拉德斯通当时正在一家秘鲁鸡肉店和自己小队的一名警员吃饭。他起身接了詹金斯的电话。惊慌失措的詹金斯向格拉德斯通解释了情况,说自己在追赶一名手无寸铁的男子时开车撞了他。

与格拉德斯通一起吃饭的警员给小队的另一名警员打电话,二人去了那名警员在巴尔的摩南区的家,拿了一把软气枪,然后开车去车祸现场。吉恩说,格拉德斯通从自己的身边走过,有三四分钟不在视线里。

格拉德斯通在吉恩能听得到的不远处告诉詹金斯:"它在卡车下面。"

通过无线电,其他人可以听到一名巡警说发现了一把枪。詹金斯随后通过无线电对讲机问道："你们真的找到了一把枪？""不要碰它，等犯罪实验室的人来！"詹金斯说——听得出来，他非常惊讶。

弗里曼后来两次告诉警察局的调查人员——他们负责评估警察开枪是否合理，他看到西蒙把手放到腰间，像是要掏枪，但他没有看到枪。

"在枪被找到前，我都没看到它。他从我身边跑开时，没有掏出枪。"弗里曼说。

西蒙被带到一家医院接受治疗，警方说医院工作人员在他的直肠里发现了毒品。他被带到中央拘留所，有人向他宣读了称他持枪的起诉书后，他打电话向内务部投诉，但后来拒绝配合调查。当时为他辩护的保罗·波兰斯基说，他们碰到了一个很实际的问题。任何一个处在西蒙的位置的人，都不得不做出一个艰难的选择，因为他们担心西蒙承认的任何东西都可能被用来在法庭上对付他。

"我告诉我的当事人，除非他们愿意为你提供某项对你有利的交易，否则就闭嘴。"波兰斯基说。

巴茨局长成立的新的武器调查小组的警探们负责审查此案。他们本应仔细审查，但在随后长达数月的调查与最终提交的500页左右的报告和现场照片中，格拉德斯通到过现场的事实只字未提。内务部的调查员称："收集不到任何与警探们向我解释的一连串事件相矛盾的信息。"詹金斯被认定没有任何过错。

31岁的州助理检察官莫莉·韦布并不这么认为。她被指派负责詹金斯和弗里曼在2014年2月提交的毒品案，被告是29岁的沃尔特·普赖斯。弗里曼在合理依据陈述书中写道，他在监视普赖斯时，看到后者把某样东西塞进了其面包车的顶棚。当他和詹金斯带着巡警来到面包车旁，要求普赖斯下车时，他们看到他将手伸向车顶棚。他说普赖斯随后允许他们搜查面包车，詹金斯在顶棚发现了一个装有7克可卡因的透明塑料袋。随后，基思·格拉德斯通警司带人突击搜查了普赖斯的家，警方说他们在多个地方发现了毒品。

韦布对一个向弗里曼提供了关于普赖斯的情报的"保密的可靠信息源"很感兴趣。当她追问弗里曼时，弗里曼告诉她，警方在几天前的一次突击搜查中逮捕了这个人，后者向警探提供了当地一些毒贩的信息。这个人同意给普赖斯设下圈套。他给普赖斯打电话，说要买八球（约3.5克）可卡因，而詹金斯和弗里曼在一旁监视。

弗里曼的解释让韦布多少感到疑惑。"保密的可靠消息源"通常指与警方建立了信任关系的人，而不会是一个几天前才被逮捕的人。不过她研究了这个问题后，决定让诉讼继续进行下去。

但是几天后，她得到了新证据，这使她变得更加担心。普赖斯的律师联系上她，说自己从市政府那里得到了关于这次拦截搜查和逮捕的闭路电视录像。警方没有把录像给韦布，这不是好事。普赖斯的律师说，这表明警察在这起案件上撒了谎。

录像显示，普赖斯被拦下，被推搡，被拉出车，然后被带进旁边一辆无标识警车里。詹金斯和其他警探在普赖斯的车上搜查了大约15分钟，但没有人表示发现了毒品。普赖斯在警探们的车里被盘问了一个小时。录像显示，即便如此，他们还是没有发现毒品。

"当我看到录像时，"韦布后来回忆说，"它和合理依据陈述书中的内容完全不一样。"

根据警方的无线电通话录音，詹金斯——而不是弗里曼——让巡警拦下普赖斯，谎称这与该地区的数起商场盗窃案有关。他们还扣留了同样在现场的普赖斯的女友和刚出生不久的孩子。

韦布让她的上司看这段录像，后者指示她不要与弗里曼联系，把所有资料转交给警察风纪科，这是一个负责调查警察的检察官部门。

检察官们开始让证人在大陪审团面前做证。2014年4月，普赖斯坐下来与检察官和内务部的人开了一次审前会议。虽然普赖斯在装修房子，还想让一家刚成立的科技公司步入正轨，但他承认自己仍然在贩毒，通常每次卖半盎司可卡因，交易额为150美元。他说自己会把毒品藏在口袋里或塞进直肠。普赖斯说，2月19日离家时，他看到一个"敲门人"在他的街区逗留。他很担心，便回到家中，将携带的半盎司可卡因塞进沙发扶手。

普赖斯说，他在车里被警察盘问了一个小时，警察想让他提供其他毒贩的信息。他说詹金斯中途下了车，然后带着一个装有半盎司可卡因的三明治包装袋回来，说是在普赖斯的车上发现的。调查人员说，普赖斯告诉他们，这"看起来像是他放在沙发扶手里的东西"。调查人员补充道，普赖斯还"报告说，他的车里没有任何麻醉品，也不知道警员从哪里找到了那些麻醉品"。

5月21日，两名警察风纪科的检察官谢利·格伦和珍妮弗·莱曼同州检察官格雷格·伯恩斯坦的办公室主任保罗·皮诺会面，讨论如何处理此案。他们讨论了如何尝试将一名不具名的警员——据信是弗里曼——转为污点证人，从他那里获得对詹金斯不利的证据。

"我认为他把想说的都说了，但我们还是没办法扳倒詹金斯。"莱曼说。

"你们讨论过窃听吗？"皮诺问道。

"没有。"莱曼答道。

皮诺想知道更多关于他们与这名警员的对话内容。"他说了什么，情况如何，"他说，"跟我说说吧。"

莱曼说，弗里曼说自己不知道这些毒品是从哪里来的。弗里曼告诉莱曼，自己只是在转述詹金斯的说法，但从过往的合作经历来看，这名警司总有办法找到毒品。莱曼说："他不停地吹嘘詹金斯警司。"

"哦，是的，他把那个人当成偶像。"格伦说。

莱曼再次转述弗里曼的话："他很可能是本市最好的缉毒警察。有很多次……犯罪嫌疑人说'毒品在车里'，我去找却找不到。然后詹金斯说：'你有没有看副仪表盘？'他拉开垫子，毒品果然在那里。有很多次，他在我搜查完后找到了毒品。"

"他说：'这都是我亲眼见过的，所以我不认为是栽赃。'"格伦说。

几天后，州检察官办公室认定证据不足，正式拒绝指控这些警员。

但詹金斯和弗里曼还没有完全摆脱麻烦，警察局的内务部将继续审查他们在普赖斯案中是否违反了局里的规定。

这两名警员在律师的陪同下分别接受了问询，并否认有任何不当行为。詹金斯事先看过录像。他坚称调查是按规矩来的，录像没有完整呈现事情的来龙去脉。詹金斯说，他们先虚张声势扣押了普赖斯，声称已经找到了八球可卡因，于是普赖斯迫不及待地同意合作。弗里曼一年前并不是这么对助理检察官说的，当时他告诉韦布，普赖斯"不肯合作"。詹金斯声称，从普赖斯那里得到情报后，他再次检查了车——在弗里曼已经检查过的地方——发现了可卡因。"我显然看漏了。"弗里曼在接受问询时说。这个过程没有被录下来,不过看过录像的人会知道,大约有 15 分钟,摄像头没有对着那辆面包车。

调查人员没有采信这种说法。2015 年 3 月 17 日,詹金斯被指控违反了多项内部规定,弗里曼也是如此。

在 12 年的职业生涯中,詹金斯一帆风顺,从来没有受过处罚。此时,他面临着可能对其造成影响的行政指控。

一直以来,巴尔的摩市警察局同样在逃避责任,并经常以自身的机能失调作为借口。资源太少,犯罪太多,像这样的抱怨从未停息。就在詹金斯遭指控不到一个月后,这座城市爆发了大规模骚乱。一场清算即将到来,这场清算将使巴尔的摩市警察局遭受前所未有的检视,也将彻底改变詹金斯案的走向。

第六章　立场转变

2014年,在巴尔的摩首席检察官的竞选中,候选人竞相标榜自己对犯罪的态度更为强硬,能更好地与警方合作。巴尔的摩的谋杀案数量在2011年降到30年来的最低点后不断攀升。年轻的玛丽莲·莫斯比曾是当地的检察官,她的丈夫是新晋市议员,代表巴尔的摩西区。她猛烈批判现任州检察官格雷格·伯恩斯坦,指责这位正处于第一个任期的首席检察官应为过高的犯罪率负责。

在宣布参加竞选的演讲中,莫斯比大谈巴尔的摩街头潜在的危险,对刑事司法体系的改革则只是轻描淡写。

"我经历过你们正在经历的。我锁上门。我攥紧我的钱包。"她说。她还把巴尔的摩称为"恐吓目击证人的乐园",说这里充斥着"不准告密的心态"。

她参加每周一次的"我们受够了"反暴力犯罪集会,带着喇叭上街游行。在一个电台节目中,一名听众说她的评论听起来"像共和党人的论调"。

伯恩斯坦废弃了前任的"禁止出庭"名单———一份列有问题警察

的名单——并拒绝起诉不久前的两个巴尔的摩警察致人死亡事件中的责任人，这两个事件备受瞩目。一个事件发生在 2013 年。44 岁的蒂龙·韦斯特在巴尔的摩东北区遭警察拦截搜查时，试图逃脱，随后死亡。围观者说警察打了他，而尸检的结论是他死于心力衰竭。社会活动家和他的家人反应激烈，后者每周都会领导一次名为"韦斯特周三"的抗议活动。另一个事件发生在 2012 年。46 岁的安东尼·安德森在巴尔的摩东区遭缉毒警察"熊抱"，被摔在地上，断了八根肋骨，其中一根刺穿了他的脾脏。警察在安德森路过一个停车场时拦下了他，怀疑他要吞下毒品，因此把他摔倒在地。伯恩斯坦在解释为什么这些警员不会面临刑事指控时说，对待执法人员的标准不同，因为他们常常要在工作中使用武力。"事实上，在处理涉及警察过度使用武力的调查时，"他说，"范式是完全不同的。"

不起诉这两起案件中的涉事警察和取消"禁止出庭"名单并没有成为竞选的议题。莫斯比公开称赞警察，说他们不是巴尔的摩打击犯罪的战争的问题所在。她强调自己在波士顿长大，出身于警察世家，以证明她明白执法是怎么回事，并能同警方合作解决案件和减少犯罪。

"我真诚地相信——不管我们可能怎么想或可能怎么认为——我市的警察正在履行他们的职责。我再说一遍，巴尔的摩市的警察正在履行他们的职责。"她说。

她说自己打击犯罪的决心源自个人经历。1994 年，她 17 岁的表弟遭谋杀，当时她的表弟正在骑自行车，另一个少年问他要钱。她大声问道，怎么才能让杀害她表弟的少年不要拿起枪，不在狱中度过一生。

不过，另一方面，莫斯比在竞选活动中淡化了她对种族不公的态度和响应行动主义的经历。六岁时，她参加了一个反对种族隔离的项目，该项目将波士顿的少数族裔学生送到较富裕的郊区的高中。她曾是学生报纸的编辑，并参与了马萨诸塞州的美国公民自由联盟组织的一个项目——带领高中生到南方开展平权运动之旅，参观重要的地点，并与长期投身运动的前辈见面。在1998年的高中年鉴中，毕业班的学生被要求预测他们未来会做什么。莫斯比写道："（我将是）下一个马尔科姆·X、马丁·路德·金和（路易斯·）法拉肯的合体，梳着脏辫，让全世界听我布道。"莫斯比是家里第一个上大学的人。她获得了塔斯基吉大学的奖学金，这是布克·T. 华盛顿在亚拉巴马州专门为黑人创办的大学，拥有悠久的历史。她在大学期间表现出色，以"极优等生"的身份毕业，最终被波士顿学院法学院录取。

莫斯比实际上是一个比她自己宣称的"出身于警察家庭，致力于打击犯罪的斗士"更加复杂的人。但她正在竞选，想要获胜，为此必须争取警察兄弟会的支持。

莫斯比拥有令人敬畏的气质，但履历稍显单薄。她先是在保险公司担任诉讼律师，然后做了六年一线检察官。在竞选州检察官的过程中，莫斯比虽然得到了大部分市议员，前全美有色人种协进会主席、国会议员奎西·姆富姆和包括服务业雇员国际工会、美国劳工总会与产业劳工组织在内的强大工会的支持，但她的竞选资金远远比不上伯恩斯坦的。她后来还透露说，有些人告诫她不要参加竞选——现在还轮不到她，时机还不成熟。

她提出了一个带有挑衅意味的竞选口号："我们的时机就是现在。"在2014年6月的初选日，她以将近9%的优势击败了伯恩斯坦，成为马里兰州最年轻的首席检察官。由于没有竞争对手,她将有六个月的时间来组建一个领导团队,并制订自己的管理计划。检察官办公室中许多经验丰富的检察官不敢相信,一个只有基层检察官履历的人居然成了自己的上司。同时,她已经打算为检察官办公室注入新鲜血液,并清除了几名职业检察官。

但从当年7月开始,警察暴力执法的问题引起了全国的关注。在纽约市,一名旁观者用手机录下了一个名叫埃里克·加纳的男子的死亡过程,加纳在斯塔滕岛被一名便衣警察"锁喉"。

"你们每次看到我,都要找麻烦。我受够了。这种事到此为止,"加纳说,"你随便问问这里的人,他们肯定会说我什么都没干。我什么都没卖。你们每次看到我,都想骚扰我。你们不想让我卖烟。我在做我自己的事,警员,我在做我自己的事。请不要来打扰我了。我最后一次跟你们说,请不要来打扰我了。"

警员丹尼尔·潘塔莱奥从背后抓住加纳,把他按倒在地。其他警员跟着上前。在视频中,加纳连说了11次"我无法呼吸"。

次月,也就是2014年8月,在密苏里州弗格森市,18岁的迈克尔·布朗被一名警察连开六枪打死,而布朗未持有任何武器。警员达伦·威尔逊接到抢劫报告。他在试图拦下布朗时,当街将其枪杀。这名警员说,布朗朝自己冲了过来,但当时和布朗在一起的朋友在接受采访时说,布朗的手一直举在空中。虽然司法部后来的报告没有采纳布朗的朋友的说法,但布朗之死和当局的处理方式激起了全美民众的愤怒,并触发了"黑人的命也是命"运动。新一代的社会活动家通过社交媒体和直接行动,抗议全国各地警察的暴力执法。

巴尔的摩发生过多起警察枪杀黑人男子的事件。詹金斯本人曾在2013年卷入一起致命枪击事件,不过他没有开枪。他和他的搭档说,他们在一个公共住宅区追逐一名据信携带武器的男子。詹金斯最后抓住这名男子,把他抱住。随后作为后援赶到的警员说,他们看到该男子伸手掏枪。詹金斯把他推开,其他警员朝他开枪。目击者对警方的部分说法提出异议。一名29岁的女子说:"他们在打他,试图把他(从围栏上)弄下来。接着,我看到他举起手,似乎想投降……他死的时候还举着手。"其他人说,他们看到他手里拿的不是枪,而是手机。几天后,这起案件逐渐平息。

加纳在纽约市的死亡发生在莫斯比赢得选举后的几周,警察问责制——在竞选过程中涌现的想法——正成为全国各地的中心议题,年轻人为此采取行动。在巴尔的摩,当弗格森市的检察官拒绝对枪杀迈克尔·布朗的警员提出指控时,数以百计的人走上街头,穿过市中心的街道,并封锁了市中心一条主要道路的入口。该市一年一度在市中心纪念碑处举行的灯光节活动因此取消。"这才是民主的应有之义!"抗议者一度躺在地上高呼。为了给死去的蒂龙·韦斯特伸张正义,新的支持者也加入其中。

与此同时,《巴尔的摩太阳报》发表了一系列文章,强调该市为解决与警员暴力执法相关的诉讼,已经支付了数百万美元赔偿金。该报在头版刊登了眼部瘀青、脸被打伤的受害者的照片。

自2012年底上任以来,警察局局长安东尼·巴茨一直试图在部门负责人会议上说服他们改弦更张。他多次询问其他人是否自认为是"战士或守护者",并就这个议题展开讨论。当本地出身的警员说这座城市希望他们成为战士时,他表达了不同意见。他开始更加公开地谈论滋生犯罪的系统性问题,包括识字率、辅导、精神疾病、性格的养成等，还开始反思警察的角色。"当我在市里巡视时，人们一直跟我说，孩子们在夏天无事可做。他们甚至没有吃的。他们甚至什么吃的都没有。你们要怎么解决这个问题？"他说种族主义是该市最棘手的问题。

"在西海岸，我处理了许多涉及多元化的问题，人们会讨论这个问题，"2015年初，他对一个警务委员会说，"当我来到东海岸的巴尔的摩，我处理的是20世纪50年代水平的黑白种族主义问题，甚至还不如那时——所有东西要么都是黑的，要么都是白的。我们这个社群正受这个问题的困扰，而我扮演的是搅局者的角色。我可以在'天字第一号讲坛'[1]提出这个问题，让人们开始讨论。"

巴茨不知道的是，留给他谈论这个问题的时间不多了。

2015年1月8日，莫斯比在巴尔的摩庄严的战争纪念馆宣誓就职。她在就职仪式上的讲话明显不同于她的竞选言论。她不再使用类似于失控的犯罪率、无条件支持警察等富有民粹主义色彩的说辞。她虽然谈及犯罪受害者，但也提到了无辜的人和明显受司法不公影响更大的有色人种。莫斯比在竞选期间宣传自己的定罪率以弥补自身履历单薄的缺陷，而在宣誓就职时则反复强调"公正"的重要性。

---

[1] "天字第一号讲坛"，此处指白宫。

第七章　让我们并肩作战

2015年4月11日早晨，25岁的弗雷迪·格雷和两个朋友一起穿过巴尔的摩西区的吉尔摩之家公共住宅区。自行车巡警加勒特·米勒和爱德华·尼罗穿着黄色背心，戴着头盔，骑车经过这里。他们在响应市检察官下达的加大执法力度和社区参与的指示。

对于西区而言，上一年（2014年）是这片区域有史以来最安全的年份之一：这一年，21个人在这里丧生。虽然这个数字在大多数城市并不值得夸耀，但相较于2013年的43人，显然已是很大的进步。然而，滋生暴力的社会问题和社会环境，比如房屋空置、吸毒和失业，仍然普遍存在。吉尔摩之家公共住宅区附近约半数儿童生活在贫困线以下，近四分之一的成年人没有工作。一项研究表明，关押在该州监狱里的人当中，来自这里的人比来自其他任何人口调查统计区的都要多。吉尔摩之家公共住宅区的发展史与种族主义密不可分：它的名字取自美国内战期间南方联盟国的一名骑兵军官（后来担任巴尔的摩市警察局局长），它是在二战期间为国防部雇用的黑人工人建造的，位于桑德顿-温彻斯特社区，目的是强化种族隔离。

2015年春，一名选民向新当选的州检察官玛丽莲·莫斯比抱怨该地区猖獗的毒品交易，而她新成立的罪案策略组的负责人将此人的关切告诉了警方。

"我附上了社区一名成员发给莫斯比女士的一些照片，"罪案策略组的负责人写道，在照片中，一群年轻男子聚集在一个辅导办公室外的街道上，"我知道我们现有的资源不足以展开长期调查，但值得庆幸的是，我们能将社区参与同马里兰州检察官办公室与巴尔的摩市警察局的合作结合起来，做出些成绩来。"

这封电子邮件被转发给值班的警督们，后者指示警员开始在该地区开展"每日缉毒行动"，并表示将监测他们的"每日可测数据"。

在警员的工具箱中，这种"可测数据"包括现场盘问、拦截盘查，以及利用人们的违法行为来获取情报。你接触的人越多，得到情报的可能性就越大。这被认为是好的警务工作，无数例子表明，这种做法确实能够带来为案件打开突破口。但在警察频繁出现的地区，这种做法助长了骚扰和"种族形象定性"[1]。当人们害怕警察时，每次接触都可能造成意外。

当米勒警员和尼罗警员在周日早晨看到格雷和他的朋友时，后者并没有做任何违法的事，但是双方都本能地做出了反应。格雷和他的朋友看到警察自然而然地开始逃跑，而警察看到有人逃跑就会追赶，目的是弄清楚他们逃跑的原因。

米勒先抓住格雷，把他按倒在地，戴上手铐，不过当时并没有显而易见的理由作为行事依据。在搜查格雷时，两名警员发现了一把折

---

[1] "种族形象定性"，执法人员仅仅因为某个人的种族而对其拦截、盘问、搜查或者逮捕。

叠刀。该地区的便利店经常卖这种刀，但它似乎违反了当地过时的弹簧刀管制条例的规定。患哮喘病的格雷要求得到一个吸入器。

格雷的朋友布兰登·罗斯来到格雷被抓的地方。罗斯走来走去，让一名邻居去问警员们的警察编号。"为什么你们要把他的腿拧成那个样子？"他问道。另一名居民凯文·穆尔后来说，警察把格雷"像螃蟹一样折叠起来，他看起来像日本折纸"。穆尔开始用手机录像，他的视频显示格雷在痛苦地呻吟。当警察把格雷抬到一辆面包车上时，他的腿似乎拖在地上。

"整个过程都被我录下来了！"罗斯说。

"拿去给媒体看吧。"抵达现场的警员威廉·波特说。

面包车开走了，但在一个街区外的贝克街和蒙特街的十字路口停了下来。警员们后来说，格雷发狂了，在面包车里乱踢乱踹，面包车司机想把他的腿铐起来。53岁的杰奎琳·杰克逊当时正在洗碗。她听到了一阵嘈杂声，掀开百叶窗，向窗外望去。她说格雷一动不动，警察迅速采取行动，把他带回车上，而包括罗斯在内的一群人在街上跑。"他们揪着他的裤子，把他抬起来，而他没有反应。他们把他扔进那辆警车里。"杰克逊说。罗斯借了一部手机，录下他看到的一切。这将是格雷生前的最后一段录像。在那段视频中，格雷脸朝下，躺在车里一动不动，腿露在车外。罗斯在附近见过波特，所以认识波特。他朝波特大喊："波特，我们能让这里的主管帮忙吗？"旁观者认为格雷遭到警察的殴打，导致脊柱受损，所以腿不能动了。警员们后来说，他们认为格雷在表演"监狱炎"——被捕者为了不被带到中央拘留所而假装受伤。

当这辆车到达西区警察局时，距离警察最初遇到格雷过了大约

45分钟，格雷已经没了呼吸。他被送往马里兰大学休克创伤中心，在医生的帮助下进入诱导昏迷状态。警方最初提交给法庭的报告称，格雷在被逮捕时"一切正常"。

关于格雷的视频被发布到网上。他被警察制伏、拖拽，痛苦地尖叫，接下来的一幕就是他一动不动地躺在医院里，身上插着管子，靠机器维持生命。

警方在这次逮捕的第二天召开了新闻发布会，不过拒绝透露格雷的名字，也没有说他为什么被逮捕，只是告诉记者一切仍在调查中。他被警方和媒体称为犯罪嫌疑人。官员们承诺要查清事情的真相，并在整个过程中保持透明。

"在这次逮捕中，视频——我们认为该视频不能反映事件的全貌——显示警员试图扣押这个人，让他不要起身，"杰里·罗德里格斯副局长说，"视频中有大量的尖叫声和叫喊声，背景里出现了很多人。我反复看过该视频，但是没有看到任何人在任何时候使用了武力。不过正如我说过的，该视频不能反映事件的全貌。"

对于许多人来说，细节是可以编造的，而且是无关紧要的。格雷在被警察扣押期间死亡，而警察发誓要保护和服务市民，人们希望看到涉事警察被追究责任。他们担心，调查时间越长，当局就越有可能找到蒙混过关和推卸警察责任的方法。全国各地发生的一系列死亡事件使人们变得更加清醒，他们要求官方立即查清真相。

格雷和许多巴尔的摩贫困家庭出身的孩子有着相似的成长经历。他四处搬家，但所住的房子的窗户和墙壁都有剥落的含铅油漆，他和两个姐妹——其中一个和他是龙凤胎——的血液中的铅含量几乎是马里兰州认定的铅中毒最低标准的两倍。他的母亲没读完初中，无法读写，一直在试图克服毒瘾。她在一份证词中说："除了养活他，我什么都帮不了他。"曾经有人向儿童保护机构报告，孩子们住在没有食物也没有电的家里。

格雷在九年级辍学。几年后，到了2010年，他和姐妹们起诉了其中一个含铅油漆房屋的业主，并获得了43.5万美元和解金。由于含铅油漆的受害者可能难以控制自己，或者被认为罹患精神残疾，和解金是按月支付的，他们每月领取一小笔钱，以免大肆挥霍。格雷每月能拿到605美元。

过完18岁生日的一周后，格雷第一次以成年人的身份被捕。据逮捕他的警员说，格雷直接从毒贩那里买毒品，看到警察后逃跑，把毒品扔到附近一辆车下。他被指控犯下了持有毒品并意图分销的重罪。六天后，他再次出现在街头，并在类似的情况下再次被捕。他的家人无力支付7.5万美元保释金。四个月后，法官向他提供了一份让他看到希望的认罪协议——三年刑期，缓期执行，条件是他必须完成学业并找到一份工作。如果他遵守这些条款，他的犯罪记录会被消除。然而，格雷在缓刑期的第一年就被逮捕了十次，最终在监狱里待了两年左右。

大约在这个时候，格雷和姐妹们不顾继父的建议，想将含铅油漆和解金兑换成现金。他们想立即得到这笔钱，而一些掠夺成性的贷款公司愿意帮助他们，但给出的价格极低。格雷兄妹43万美元的结构性和解金当时价值28万美元，最终被以区区5.4万美元的价格转卖，不到其总价值的20%。

格雷一次又一次因毒品被捕，但这并没有任何用处——既不能让向警察告发毒贩的居民满意,也不能帮助格雷。

这就是法院系统中记录的弗雷迪·格雷。虽然在受致命伤害那天,他并没有被指控犯下任何重罪,但他在死后仍将被世人评判。格雷在他的社区很有名气,也很受欢迎。他绰号"胡椒",每个人似乎都能随口说出一个证明其魅力和慷慨的故事。人们曾经预言,在当地和全国各地抗议警察暴行的汹涌浪潮中,下一次有争议的警察执法将引爆巴尔的摩。但事实并非如此。从2014年12月到2015年2月,巴尔的摩警察枪击四人,造成一人死亡,但公众无动于衷。格雷之死引发了激烈反应,并不仅仅是由于时机。

4月18日,也就是格雷被送进医院六天后,当地大型教会的贾马尔·布赖恩特牧师领导了第一次为弗雷迪·格雷举行的大规模集会,布莱恩特刚刚前往佛罗里达州桑福德市参与领导特雷沃恩·马丁死后的示威活动,并由此登上全国舞台。数百名抗议者聚集在吉尔摩之家,然后沿着芒特街游行到附近的西区警察局。警方已做好准备,设置了金属门,一排警察在大楼里严阵以待。第一波示威者瞬间冲破金属门,越过警察的防线,爬上警察局门前台阶两侧的混凝土矮墙。他们在墙上高呼,跳舞,嘲弄警察。"发生在弗雷迪身上的事是不必要的,也是不公正的,"布赖恩特对人群说道,"涉事警察都有责任,他们要说清楚自己做了什么,而且应该被停职。"

格雷的继父理查德·希普利冲着人群高声说道:"这件事能发生在他的身上,就有可能发生在你们任何一个人身上。"

一名女性说,在事件发生后的几天里,警察一直开车驶过那附近,但没有停下来。人们只要看到警察,就会举起双手,摆出在密苏里州弗格森市的抗议活动和其他事件中流行的"不要开枪"的姿势。

2015年4月19日,格雷在医院因伤势过重身亡。

示威活动迅速升级,抗议者试图进一步对当局施压。4月23日,布赖恩特在市政厅外说:"我们相信巴尔的摩市的权力正回到人民手中。"格雷的朋友布兰登·罗斯和当地牧师韦斯特利·韦斯特带领示威者从市政厅出发,一路经过内港,到达该市富裕的联邦山社区,然后沿着宾夕法尼亚大道回到西区警察局。游行者一路高呼:"起诉!起诉!起诉!"

就在一个月前,詹金斯因行为不当遭内务部指控。在市民拍下的视频和照片中,可以看到他和级别更高的高级警监肖恩·米勒坐在警车里,周围是高喊口号的抗议者。格雷的朋友罗斯站在他们的车的引擎盖旁,把扩音器放在车上,摘下帽子,对着车里的人大喊:"弗雷迪,弗雷迪,弗雷迪!"他旁边的人举着拳头。像詹金斯这样习惯了在街头东奔西走的警察,此时又干起了老本行。

2015年4月23日晚,在巴尔的摩市警察局总部大楼里,一个由30名警员和部门负责人组成的特别工作组召开会议,试图查清弗雷迪·格雷之死的真相,但没什么收获。他们拉上百叶窗,在一面墙上画了时间线,上面贴着格雷被捕时的照片、笔记、入监照和警车的照片。另一面墙上贴着格雷头部的尸检照片。通过收集视频证据和证人证词,特别工作组以分钟为单位还原了他们掌握的关于格雷被捕和被运送到警察局的情况。事件发生的先后顺序依据的是参与逮捕格雷的警员们的陈述——除了面包车司机西泽·古德森,其他人都同意配合调查。格雷的伤似乎不是在逮捕时受的,更可能是在面包车内受的。调查组仍无法还原事件的全貌,但巴茨局长命令他们必须在5月1日前得出结论，之后调查将由检察官主导。

《巴尔的摩太阳报》记者贾斯廷·乔治加入了他们的调查，看到了发生的事情。

"我们必须再过一遍时间线，"凯文·戴维斯副局长说，"我们每次这么做，都有新收获，能更好地理解我们已经掌握的情况。"

凶杀组的一名警司说他的团队检查了巴尔的摩西区27家店铺的闭路摄像头，发现录像显示载着格雷的面包车中途停过一次车。录像显示，古德森走下车，打开车后的两扇门，似乎与格雷交谈了大约两分钟。警方的无线电通话记录没有提到这次停车，也不知道古德森为什么停车，或者他在车后看到了什么。

"他进到车里了吗？"戴维斯问道。

"没有，"凶杀组的警司说，"他只是打开了车门。他站在车外，跟车里的某个人说话。"

他们说话时，有人大喊"立正"，房间里的人迅速起立。

身穿深色西装的巴茨局长走了进来。他让大家坐下，然后自己在房间的一角坐了下来。所有人都僵硬地坐在椅子上。首席调查员被要求复述一遍时间线，仿佛这是他们第一次做这件事一样。她照做了。自行车巡警尼罗和米勒与格雷有"眼神接触"，格雷开始逃跑。两名巡警追上格雷时，米勒大喊："电击枪，电击枪，趴下。"格雷趴在地上。米勒给格雷戴上手铐，格雷要求得到一个吸入器。格雷开始大喊大叫，警员们搜查了他，发现了一把折叠刀。米勒用绑腿绑住格雷，不让他动，并叫来一辆押送犯人用的警车。

"这就是从眼神接触到逮捕的过程。"戴维斯说。

当警员们讨论接下来发生了什么（包括如何把格雷押进警车）

时，坐在房间角落的巴茨开口了。他问警员逮捕格雷的理由是什么。

"你们的合理依据是什么？"巴茨问。

"我们找到了那把刀，"戴维斯答道，"刀找到了。"

"你们的合理依据是什么？"巴茨又问了一遍。

一名警探说，当自行车巡警和格雷有眼神接触时，格雷逃跑了。他指出，根据"特里拦截"[1]，警察可以在犯罪率高的地区追捕逃跑的人，并以合理怀疑为依据扣押此人。巴茨说，逮捕需要有合理依据，它的门槛更高。他还指出，警探们在发现那把刀之前，已经给格雷戴上了手铐。

警探们怀疑格雷有枪吗？"凸起物或其他什么？"局长问，"我们现在有这个吗？"

"没有，"一名高级警监答道，"我们没有。"

巴茨再次询问，搜查格雷的口袋和随后的逮捕有什么理由。特别工作组里没有人能回答这个问题。

几个小时后，特别工作组的大多数成员回家过夜，巴茨和部门负责人一起讨论另一个棘手问题——强迫驾驶警车的古德森向调查人员提供一份声明。证据显示，格雷是在面包车上受的致命伤，但调查人员不知道他到底是怎么受伤的。

在格雷被捕和死亡后接受问询的警员中，只有古德森拒绝做出陈述。巴茨必须知道古德森对这件事的说法。但部门负责人警告他，这是一个法律雷区——包括警察在内的所有人在接受刑事调查时都有受宪法保护的保持沉默的权利。不过，根据州法律，在内部调查中，警

---

[1] "特里拦截"，警方命令停步搜身，因特里诉俄亥俄州一案而得名。

察可以被迫做出陈述。但他的陈述只能用在内部行政程序中，不能用在其他地方。强迫他开口可能有助于厘清真相，但他的陈述不能用于刑事诉讼，甚至可能因为会引起交叉污染而危及该诉讼。

"那么，我们该怎么跟这个社区交代？现在整座城市都被他们点燃了，"巴茨问道，他指的是声势日益高涨的抗议活动，"我们应该走出去说'我不知道'，还是我应该强迫他做一次陈述或者签一份协议，说当时有或者没有不当行为？有些时候，除了这起案件，我们还要考虑公众的信任。"

一名部门负责人提出，调查人员已经掌握了足够证据，可以认定疏忽的"环境"造成了格雷的死亡。另一名部门负责人认为，可能有四五名警员将面临刑事指控。"我们没给这家伙系上安全带。在这个家伙说他无法呼吸，需要医生的帮助之后，我们还开车带着他转了半个小时。"

部门负责人建议巴茨告诉公众，调查人员发现警察存在不当行为。

令巴茨感到沮丧的是，关于格雷的伤，仍有许多问题无法解释。他问道："你们能明确地告诉我，（警员）在把他放进警车之前没有打他吗？"

部门负责人回答说不能。

"他们不会相信我们的，"巴茨说，"公众听我说完后会想：'这是一个阴谋。警方在隐瞒真相。警方正在努力让那些警察脱罪。'"

周五，也就是巴茨见过部门负责人后的第二天，他举行了一场新闻发布会，说警员们在格雷被扣押期间违反了警察局的规定。巴茨说，警方目前正在调查格雷的伤到底是由逮捕还是由"粗暴驾驶"造成的。

所谓"粗暴驾驶"是指警察故意以一种会使戴着手铐但未系安全带的囚犯在车后被抛来抛去的方式开车。十年前,巴尔的摩的一个陪审团曾裁决警方向一名因此导致颈部以下瘫痪的男子赔偿3 900万美元,并向另一名因此造成瘫痪并在两周后死亡的男子的亲属赔偿740万美元。

巴茨召开新闻发布会的次日,整座城市沸腾了。那天是4月25日,周六,由于恰逢周末,抗议人数超过以往。数百名抗议者聚集在市政厅,领头的演讲者号召"让(市政府)关门"或夺下这座城市。警方被告知,"无政府主义者"正前往巴尔的摩,准备制造混乱。随后,在位于市中心的坎登球场的金莺公园外,冲突爆发了。两名年轻人爬上一辆警车,踹碎了挡风玻璃,这个画面被四处传播。商店遭打砸。警方逮捕了35人,包括4名未成年人。6名警察受了轻伤。2名记者被拘留,其中一人声称自己被打。警方说这是"无心之失"。

格雷的双胞胎妹妹弗雷德里卡·格雷呼吁和平。"我的家人想说,'请你们所有人停止暴力行为',"她说,"弗雷迪·格雷不会希望看到这样的局面。弗雷迪的父母不想看到任何暴力。暴力不会带来公正。"

次日,凯文·戴维斯副局长收到一条短信。

"我刚刚收到一条短信,"他说,"有人鼓动高中生罢课抗议。"

4月27日周一,弗雷德里克·道格拉斯高中的一群学生在讨论下午的游行。而警方的情报分析人员说,他们在社交媒体上发现了一张传单,据说内容是号召人们进行"大清洗"——这是一部电影[1]的名字,在这部电影里,政府在24小时内允许一切犯罪行为。戴维斯

---

[1] 此处指电影 *The Purge*,中文译名为《人类清除计划》。

说，学生们被告知要从蒙道明购物中心游行到内港。

"明天可能不会好过。"戴维斯说。

在所谓的"大清洗"当天的凌晨，巴茨第一次和他的手下坐在一起，他的眼睛布满血丝，视力模糊。局长身着浆洗过的白色制服，以掩饰他自格雷死后在警察局总部大楼度过的那些麻木的日子。

他能感到巴尔的摩正处于骚乱边缘，并担心自己没有足够的人手来平息骚乱。为此，他向远至费城的警察局局长们请求支援，但据他说，除了寥寥数名警察，没有人愿意提供更多帮助。巴尔的摩市警察局还面临着装备不足且老旧的困境。

迪安·帕尔梅雷副局长和梅利莎·海厄特高级警督突然闯了进来，说有急事找他。当他们进门时，首席发言人埃里克·科瓦尔奇克警监正坐着打新闻稿，这份新闻稿声称该市将面临一个"确凿的威胁"，几个帮派要"联手""消灭"执法人员。科瓦尔奇克后来说，一名线人向警方报告说，他参加了一个帮派会议，亲耳听到了这样的威胁，还听到了枪就藏在屋顶的细节。不过，联邦调查局后来说，这个信息被认为是"不可信的"。

格雷的葬礼将在当天晚些时候举行。警方没有就这个所谓的威胁提供任何具体信息，更何况警方自身就不受信任，因此在这个错误的时间点，这个消息引发了人们的反感。

在葬礼上，格雷的家庭律师比利·墨菲当着数千人的面谴责了警察文化，说这种文化使警察不需要承担责任。

"我们不要自欺欺人。如果没有视频，我们今天不会聚在这里，"墨菲对哀悼者说，"不要再听信那堵'蓝墙'后面的一个接一个的借口……一个接一个的谎言，现在我们看到了从未见过的真相。这可不是什么美好的画面。"

多年后，人们仍然不清楚，那张据说被上传到社交媒体，号召进行"大清洗"，呼吁从城西的蒙道明购物中心开始发动"起义"的传单，究竟来自何处，以及它在年轻人当中是否真的具有影响力，但它的存在使官员们寝食难安。

下午1点30分左右，警方要求市内学校错开放学时间，但校方表示为时已晚。接着，来自三个部门的警察聚集在商场附近的地铁站列队点名，市警察穿着防暴服。据报道，有人在下午2点46分左右扔出了第一块石头。几分钟内，警察在蒙道明公交总站附近排成人墙，阻止下地铁的青少年乘坐公交车——每天有5 000名放学的青少年在这里乘公交车回家。"让我们开始围捕这些孩子，让我们开始逮捕他们。"一名警员在无线电中说。下午3点，地铁站被下令关闭，直到多年以后，仍然没有人站出来为这个决定负责，而黑人社区认为这是导致接下来所发生的一切的真正导火索。

想回家的青少年无法回家，其中还有一些人似乎是背着石头来的。警员们被告知要站成一排，不要与青少年接触。石头在飞，装备落后、几乎没有受过训练的警员被砸伤。"我们被揍了！"有人喊道。至少一名警员捡起石头，向青少年扔去。"不要前进，不要追赶他们！"一名主管在无线电中说，"守住那条线，守住那条线。不要前进，守住那条线。"

韦恩·詹金斯站在巴尔的摩市警察局总部大楼六楼监控摄像头中枢系统昏暗的灯光下，盯着屏幕。一些人认为他是巴尔的摩市最好的街头警察之一，但整整一年，他只逮捕了四个人——他因为上一年春天涉嫌栽赃沃尔特·普赖斯而被停职调查。就在格雷死前一个月，詹金斯受到有不当行为的内部指控，面临严重处罚。尽管如此，他还是在动荡时期走上了街头。此时，眼看众多警察受伤，他决定加入这场战斗。

警员们被要求前往德鲁伊山公园社区的边界——就在该州动物园的入口，离商场和地铁站只有几个街区的距离——帮助伤员。詹金斯跑到大厅，看到另一名警司拉文·埃利斯，告诉她发生了什么。他们跳上一辆车，穿过拥挤的路段，来到公园。那里停着一辆惩戒部的面包车，用来运送这里大量的警员。负责驾驶这辆车的警士在给上司的报告中写道，他刚下车，詹金斯和其他五个人就跳上了车，说有紧急情况，把车开走了，把这名警士留在原地。新闻直升机和地面拍摄的视频显示，这辆侧窗破损的面包车在下午4点左右抵达购物中心。

詹金斯后来写了他自己版本的事情经过，他驾车冲向受伤的警察，把他们搬到车里。在这个过程中，许多人朝面包车扔东西。随后，他命令现场的另一名警员将伤员送到安全地带，而他则顶替那名警员，站在人墙第一排。他的上司将因此提名他接受特别表彰。

当时在现场的一名主管后来回忆说，詹金斯提议对45米外的一群扔石头的年轻人采取行动，把他们拖到人墙后。这名主管不同意。詹金斯争辩说，不能让示威者做出更具侵略性的举动。

其他警员回忆说，詹金斯还自掏腰包，花了600美元给饥肠辘辘的警员买吃的。他跑到皇家农场便利店，带回几袋炸鸡。"整个警察局的人那天基本上都是靠他养活的，"一名警员回忆说，"这极大地提升了士气。"

在蒙道明，冲突蔓延到靠近居民区的街道。一群年轻人向南前进到半英里外的宾夕法尼亚大道和北大道的十字路口，这里同样人流密集，而且同样是交通枢纽。

一家西维斯（CVS）药店遭到洗劫，住在这个社区的居民能够在这里买到廉价处方药和生活用品，对于他们来说，像西维斯药店这么可靠的地方并不多。警察后撤，部门负责人在无线电中说："抢劫在意料之中，不要管它。"他们担心警员卷入巷战的场面被录下来。人们哄抢药店里的太思提糕点、洗涤剂和其他东西，甚至有人驾车赶来。药店被洗劫一空，人们在店里放火，药店开始燃烧。在北大道，一辆无人的警车同样被洗劫一空，十字路口的一辆押运用的警车被点燃。当消防员进入西维斯药店灭火时，一个戴着防毒面具的年轻男子刺破了水管。

当警察考虑是否采取行动，并试图恢复秩序时，20岁的男子唐塔·贝茨站在街头，用木炭和手纸点燃丙烷气瓶，阻止警察通过。贝茨当天还抢劫了三家商店。被捕后，当被问及动机时，他告诉联邦调查局："我之所以做这一切，是因为我觉得现在轮到我在警察面前耀武扬威了。"

警方最终控制了这个十字路口，但抢劫持续了整晚，几家药店遭了殃。近31.5万剂药品被盗，其中四成以上是二类阿片类管制药物，包括美沙酮、羟考酮和芬太尼。巴茨局长说："巴尔的摩街头的麻醉品够这个城市醉一年了。"美国缉毒局后来报告说，执法部门没有找到任何被盗的处方药。

他们不知道的是，这不完全是事实。

那天深夜，在市中心以东20英里的郊区，在一个安静的海滨社区，唐纳德·斯特普从睡梦中惊醒，到车库外见一名访客。来者正是詹金斯。就在刚刚，在巴尔的摩西区，他表现得十分英勇。他从他的那辆无标识警车的后备箱里拿出两个垃圾袋，里面装着成千上万颗药丸。

"这是什么？"斯特普问道。

詹金斯说他拦下了一个携带被劫毒品的人，并将拦下的货物带给了斯特普。

"我有一整间药房。我甚至不知道都有些什么。"

距离警方将调查移交给检察官的最后期限还有四天。州长拉里·霍根宣布进入紧急状态，并在全市范围内实行宵禁。国民警卫队被派往巴尔的摩市，霍根起初要求调1 000人，后来这个数字又翻了一番。

对弗雷迪·格雷死因的调查可能成为新的催化剂。巴尔的摩市曾经面临内乱威胁，此时这一幕再度上演。媒体使局势变得一发不可收拾，这里很可能爆发另一场骚乱。

莫斯比的办公室已经准备好提起刑事诉讼。4月23日，也就是骚乱发生前四天，检察官找到约翰·安德森警长和他的副手塞缪尔·科根，希望他们的办公室——为法院提供安保并协助执行家暴逮捕令——能够参与进来。检察官说，公众已经对警察局失去了信心，因此希望警长能够审阅材料，写一份合理依据陈述书。警长办公室没有被要求重新调查，而只是审阅已经编好的材料。科根是警察兄弟会警长协会的前任主席，但拥有社会学的学士学位，还和一个警察智库共同开展了关于警察使用武器的研究。他得出的结论与执法部门中的许多人的大不相同。他认为有合理依据来起诉这些警察。"我内心的想法是'我不想指控其他警察',"科根后来解释说,"但当我看到一切时,在我看来,我们显然必须起诉,否则就是掩盖和失职。"

巴尔的摩市警察局的特别工作组每隔几天就会向检察官汇报情况,但检察官几乎没有同他们分享自己的调查进展。警方担心莫斯比会在拿到警方的调查结果之前就起诉这些警员。一些部门负责人认为,这样她就可以宣称,她的办公室在这座城市需要答案的时候采取了行动,而巴尔的摩市警察局没有。

与此同时,莫斯比认为,巴茨计划在5月1日周五举行新闻发布会是为了向她施压,让她采取行动。她告诉《纽约时报》,她同市长罗林斯-布莱克通过话,结果不欢而散。她在电话中表达了对时间安排的不满。莫斯比回忆说:"外面就是抗议者,他们在烧东西。我已经跟他们(警察)说了,这种事肯定会发生,因为他们在加深人们的不信任感。所以我给市长打了电话,我很生气。我说:'你知道吗?这太荒唐了。这座城市现在这个样子是你们一手造成的。'我朝她大喊大叫。但是,她说:'哦,不,我接到了司法部部长和总统办公室的电话。他们想知道,州检察官在哪里?'我说:'那是因为你和你的局长给了人们错误的期望。这是你们做的,不是我。不是我。'我说:'你知道我还要干什么吗?'我不记得我说了什么,但我挂了她的电话。这就是我们的对话。"

她告诉巴茨不要发布有关调查的信息。警方将不会举行新闻发布会。

周三晚上,巴茨给负责警方调查的斯坦利·布兰德福德警长打电话,询问调查情况。布兰德福德说,特别工作组还有许多事要做,但成员们确信弗雷迪·格雷是在面包车上受的伤,不过没有遭到殴打。周四上午,也就是最后期限前一天,相关文件被移交给了莫斯比的办公室。

移交文件的第二天,也就是5月1日周五早上,尸检结果出来了。法医办公室认定,格雷的脖子受到了"高能量冲击",类似跳水时受的伤。这应该是因为他被扔在行驶中的面包车里,无法支撑自己。与机动车相关,并由其他人造成的大多数死亡都被判定为事故,比如一名乘客因司机闯过停车标志而死,或者一名儿童因没有被系上安全带而死。但是,法医办公室认为,警察有特殊的责任来照顾遭他们扣押的人,因此格雷的死是谋杀。

特别工作组周五一早便集合,继续他们的工作。他们听说莫斯比要举行新闻发布会。在新闻发布会开始前大约五分钟,莫斯比给罗林斯-布莱克打电话,告诉她即将发生什么。

莫斯比的工作人员开车来到战争纪念馆,在皮卡的后面用毯子盖住演讲用的讲台和旗子,以防被市政厅的人看到。媒体聚集时,她的工作人员一起祈祷,然后走下战争纪念馆门前的石阶。这座新古典主义建筑与市警察局和市政厅只有一街之隔。莫斯比站到讲台前,她的行政团队在她身后排成一排。警长办公室的科根拒绝出席,选择待在他的办公室里。

莫斯比说,她的办公室已经做了独立调查,他们通宵工作,审查证人的可信度,并浏览了所有能够获得的信息。

"根据我们全面的、彻底的、独立的调查的结论,再加上今天收到的法医关于格雷先生的死是谋杀的鉴定结果,我们认为我们拥有提出刑事诉讼的合理依据。"

莫斯比随后花了很长时间描述了格雷被逮捕和死亡的过程。

"虽然格雷先生的健康状况急剧恶化，但当时没有任何一名警员为格雷先生提供或请求医疗援助。"

莫斯比列举了将提起的指控。六名警员将面临指控，其中面包车司机古德森将被指控犯有二级谋杀罪，还有三人将被指控犯有非预谋杀人罪。

"我要对巴尔的摩人民和全美国的示威者说，我听到了你们的'没有正义，就没有和平'的呼声。在我为这个年轻人伸张正义的同时，你们的和平是必不可少的。"她说。

"我要对巴尔的摩市警察局的普通警员们说，起诉这六名警员并不等同于起诉整个警察队伍……这些警员的行为不会，也不应该以任何方式损害警察和检察官之间重要的工作关系，我们此刻正携手打击巴尔的摩的犯罪。

"最后，我要对本市的年轻人说，我将替你们寻求正义。这是你们的时刻。让我们确保我们的集会是和平的，是富有成效的，它们将为未来几代人带来结构性的和系统性的变革。"

她以她的竞选口号作结："你们站在这项事业的最前沿，作为年轻人，'我们的时机就是现在'。"

人群爆发出一片欢呼声。

在警察局总部大楼，部门负责人和特别工作组的成员都惊呆了，一个人丢掉了手中的文件。他们觉得太多的问题还没有答案，如果检察官们这么快就做出决定，他们肯定没有参考特别工作组的工作。

"他们要怎么证明呢？"一名高阶警员问道。主责调查员之一的迈克尔·博伊德仔细考虑了自己的工作和检察官的快速行动后说道："这差不多就像在守灵。"

"好吧，我们全都完蛋了。"参与逮捕的警员米勒给其他人发短信。

"是的。"波特回了一条短信。

新闻发布会结束不到半个小时，巴尔的摩市警察局的每个人都收到了一封邮件。邮件是韦恩·詹金斯发的，标题是《现在就来帮助我们的兄弟姐妹》：

> 致巴尔的摩市警察局的每个人和每个组，不管是退休的，还是在职的。现在是我们**所有人**向我们的蓝衣兄弟姐妹捐款的时候。每个人都应该捐款，不要自私，也不要评头论足。我认为，所有在职成员应捐500美元。我们每个人都可能面对这种可悲的局面。我请你们不要说"我没有钱，或者我负担不起"……让我们并肩作战，互相帮助，不要再想着自保。
>
> 我，韦恩·詹金斯警司，将负责收集特别执法科的捐款。还有谁愿意站出来，支持我们警察局的每个组，并确保每个人、每个人、每个人都捐款？不要贪婪，也不要找借口，现在是证明我们是一家人的时候。请记住，我们中的每个人都可能面对这种可怕的局面。尽快让我们的每个兄弟姐妹捐款。
>
> **每个人。**

接下来，詹金斯在斯特普的合伙人丹尼斯·丹尼尔奇克的西尔克酒吧里组织了一次筹款活动，并再次群发电子邮件，要求在列队点名时告诉警员们关于这次活动的消息。行动情报科级别更高的主管拜伦·科纳韦回复了邮件："你是领导者，韦恩……向你致敬，兄弟。"

提起刑事诉讼的决定立即引发争议。莫斯比因采取罕见的果断行动而受到广泛赞誉——前几个月备受瞩目的案件表明，当涉及警察时，当局往往尽量拖延，想方设法为警察开脱，而不会像只涉及普通公民时那样迅速采取行动。

但也有不少人认为，莫斯比的行动过于草率。她不断被指责"仓促下结论"，并受到右翼媒体和评论家的抨击。一份由纽约警察工会主办的杂志以她为封面，配的文字是"潜伏的狼"。莫斯比似乎很享受这种关注。她坐在歌手普林斯在巴尔的摩举办的音乐会的舞台上，她的照片登上了《名利场》杂志，为她拍照的是《名利场》首席摄影师安妮·莱博维茨。这激怒了更多人。

一名最终改变立场，认为起诉这些警员是公正之举的检察官坦承，当时办公室的大多数人认为该案指控的罪名过重，而且肯定是出于政治目的。

市议会和罗林斯-布莱克先后呼吁司法部就警察局是否侵犯公民权利展开调查，这是为双方同意的判决做铺垫——根据该判决，一个监督小组和一名联邦法官将负责监督警察局。作为调查的一部分，司法部派出一个调查小组，整理内部文件，并邀请市民参加听证会。调查小组既要实地考察，也要分析数据。

警员报告说，他们被愤怒的人群和手机摄像头包围，就连例行出警也不例外。警察的逮捕数量急剧下降，从4月到5月，降幅高达90%。在便衣警察组工作的警员回忆说，他们还会去上班，但什么都不做。"人们都在谈论警察多么可怕。我们当然会有这样的对话——今天要去工作吗？"一名当时正在做便衣工作的警员说："公众想自己当警察？让我们看看他们要怎么做。"

80　　没有人死于骚乱或与其相关的活动中。但在远离示威的地方，暴力事件在巴尔的摩市的各个角落爆发了。

5月，42人遇害。这是巴尔的摩市自1990年8月以来单月遇害人数最多的一个月，而那时该市的人口比此时多10万。枪击事件发生在城市的各个地方，西区尤其多。28岁的安德烈·亨特是一名颇受欢迎的理发师，会辅导孩子，还在当地的全美有色人种协进会做志愿者。18个月前，他被詹金斯逮捕后，同意与美国缉毒局合作以换取缓刑。距正式宣判还有不到三周，他在自己的理发店里遭到伏击，被杀身亡。一名31岁的女性和她7岁的儿子在家中被枪杀。2005年左右流行一时的《不要告密了》视频的制作人当时被关在监狱里，他的22岁的儿子在东区被杀。一天晚上，一名男子在西北区被枪杀。30分钟后，另一名男子在一个街区以外的地方遭枪击，受了致命伤。警方后来判定，第二名男子杀死了第一名男子，然后被其他人枪杀——枪手几年后同样死于非命。

巴茨局长已经失去了基层警察的支持。5月下旬，他在工会大厅的一次闭门会议上与警员们见面，为在骚乱期间将他们置于危险境地而道歉。他劝导他们继续专注于打击犯罪。

"昨天，一个九岁的孩子中枪，凶手就是这群混混、流氓、暴徒，不管你们怎么称呼他们，"他说，"无辜的人在巴尔的摩街头被枪杀。人民觉得我们已经输了。人民正在抛弃我们。我真心觉得，我们必须让他们见识见识我们到底有多棒……我已经准备好带你们走出现在的困境。"

7月8日,巴茨在市中心的一家酒店开会,审查警察局平息骚乱的过程。这时,他的手机响了。他承受的压力越来越大。罗林斯-布莱克市长觉得巴茨已经失去了人心,一直在寻找替代者。她不能从警察局内部提拔,但也没有多少时间从外面寻找一名局长。此外,哪个头脑清楚的人会想要这份工作呢?凯文·戴维斯副局长似乎是合适人选。他是一名局外人,职业生涯基本在附近的乔治王子县和安妮阿伦德尔县度过。不过,他在这里工作了六个月,熟悉巴尔的摩市警察局。戴维斯沉稳的性格令罗林斯-布莱克感到满意。她在与约翰斯·霍普金斯大学校长罗纳德·丹尼尔斯和安德玛创始人凯文·普兰克会面时,还未下定决心要解雇巴茨。但他们都告诉她,解雇巴茨是当下唯一的选择。戴维斯被任命为市警察局局长。

7月,谋杀案数量达到超乎想象的45起,创该市记录。警方公布了新的"作战室"计划。他们将拟定一张目标人物清单,各部门会通力配合,将其绳之以法。

罗林斯-布莱克在一次新闻发布会上说:"我们正通过全员参与的方式来应对目前暴力事件激增的情况。我们知道犯罪是不断变化的,所以我们也要随之改变。重要的是,我们要共同努力,每天都要加强合作,这样我们才能抑制犯罪。"

新上任的戴维斯局长想知道,他要采取哪些措施才能扭转警方的被动局面,重新赢得公众的信任。社区成员和警员都"不假思索地"提醒他,便衣警察组是一个必须解决的问题。不过,他说没有人告诉他具体该怎么办。"我听到的都是一些值得引以为戒的故事,但没有人能说出真正的细节,"他后来回忆说,"大部分人的说法类似于,嘿,要注意那些在'灰色地带'工作的人,他们总是自行其是。"

但他同样认为,便衣警察组对于降低犯罪率来说是必要的。"你必须查清楚那个持枪而且伤害他人的人到底是谁,"戴维斯说,"巡警虽然偶尔会碰到那个人,但制定短期的调查策略,以及通过街头活动确定犯罪嫌疑人的身份,将其抓捕等,不是巡警能完成的。"

7月中旬,戴维斯和警方高层将便衣警察组召集到警察局总部大楼的礼堂。这个房间布置得很朴素,里面摆放着木椅,看起来像高中礼堂。据在场的几个人说,高层催促警员们回去工作。迪安·帕尔梅雷副局长在便衣警察组全盛时期领导过该组。他告诉警员们,巴茨的时代已经结束了,"现在是时候出去做你们擅长的事情了"。

"高层的意思是,要让公众知道,他们需要警察。"在场的一位警员后来说。

巴茨的亲信埃里克·科瓦尔奇克警监出席了会议。高层的调子让他大失所望,他当天就决定退休,即便他会因此损失一部分退休金。

"那一刻,我死心了,对继续推动组织改革不再抱任何希望。组织最高层让便衣警察上街,告诉他们做什么都行,只要能让犯罪率降下来,"科瓦尔奇克在他的书中写道,"正是这种做什么都行的心态和执法方式,使我们刚刚经历了一场骚乱,使人们连续数周抗议警察局,使将近200名警察受伤,使价值数百万美元的财产被毁,使生活被不可逆转地改变了。我们没有吸取任何教训。一切都跟过去一样。"

第八章　脱罪

弗雷迪·格雷之死引发的愤怒动摇了巴尔的摩和该市的警方。与司法部讨论后，巴尔的摩市警察局最终得到双方同意的判决，一名联邦法官将监督巴尔的摩市警察局。然而，该市的犯罪率在一夜之间跃升到了惊人的水平。警方大幅削减警力，街头逮捕的人数急剧下降。巴茨局长被免职，扭转局势的压力落在继任者的头上。

7月，警方高层为便衣警察加油打气后仅仅过了几天，韦恩·詹金斯便回到街头，重新开始抓人。在骚乱发生前，他已经不再逮捕任何人，此时他又重操旧业。虽然沃尔特·普赖斯栽赃案的处分结果还没有公布，但法庭记录显示，詹金斯在重返街头的头四天里逮捕了六名持枪者。

詹金斯很快在特别执法科内部组建了一个新的小队，并将莫里斯·沃德招至麾下。35岁的沃德在另一个便衣警察组工作，是一名警探。詹金斯告诉沃德，自己已经获准亲自挑选该小队的三名警探。

沃德认为这是"一项荣誉"。

"詹金斯突然给我打电话，问我愿不愿意去他的小队，"沃德在多年后接受问询时说,"人们一直认为他是本市乃至本州最好的缉毒警察之一,每个人都想为他工作。"

沃德记得,有一个人警告他远离詹金斯。

这个人就是肖恩·苏特。"(苏特)让我提防他(詹金斯),"沃德说,"他没有细说,只是告诉我要'尽可能地学习,然后离开他的小队。你打听打听就知道了,他做过一些蠢事。他们会保护他,让他的手下充当替罪羊'。"

这个小队从一开始就很灵活,而且待遇不错,比沃德以前待过的地方要好。新小队的上班时间是白天,从早上8点到下午4点。这实际上意味着他们可以拿到大笔加班费,因为他们常常要在晚上上街。沃德说,他被告知以后不会有周末,等待他的将是无尽的加班。

"从第一天起,我们就没有准点到过。我们总是至少晚三个小时。詹金斯总是会编一条像'在什么时间离开你的目标,到哪里报告'之类的短信。他这样做是为了让人们觉得我们在工作。如果内务部盯上我们,我们可以蒙混过关。"

他们每天都会在市警察局总部大楼或警校的一个外勤办公室(被称为"谷仓")里开会,翻阅部门间发送的电子邮件,看看最新的枪击事件发生在什么地方,他们随后就会去那里。他们尽可能拦截盘查更多的人。"我们平均每天接触30个人,"沃德后来说,"我们很快就知道了,这其实是一个数字游戏——你接触的人越多,查到枪支的可能性就越大。"

当小队在街头游荡时,开车的总是詹金斯。他会突然驾车冲向某人,这常常导致激烈的追逐。"我们每天都要来好几次高速追逐,有时会发生车祸,有时詹金斯会用他特意安装在车上的撞锤去撞别人的车,"沃德说,"当他追逐时,他会非常专心,忘记周围的一切。我们不得不摇晃他或者打他,才能让他摆脱那种状态。"

有时,当他们遇到一群年轻人聚在一起时,詹金斯会把车开到他们面前,然后"弹开车门"(沃德的说法)。警员们会打开车门,作势要跳下车,这样他们就能看到谁逃跑了。马库斯·泰勒警探是该小队跑得最快的成员,他负责去追逃跑的人。

激进的执法方式和上班迟到还只是有损小节,沃德很快就目睹了苏特警告过的事情。詹金斯在追缴毒品和枪支时采取的策略,远远超出了普遍认为可以接受的范畴。沃德说,他们经常拿走人们的钥匙,在没有搜查令的情况下搜查他们的车或住宅,还在未经法院授权的情况下使用全球定位系统追踪器。他们有时会为获得搜查令而制造证据。比如,当他们拦下一个被怀疑贩毒的人时,詹金斯会翻看那个人的手机,阅读短信,然后打给詹金斯自己的"一次性电话"——这个电话是用假名注册的。沃德解释说,詹金斯或者泰勒随后会申请一个电话记录器[1],这样就能知道那个人的电话号码。"他们会谎称一个秘密线人给那个人打过电话或发过短信,谈到要购买毒品。他们会拿到有法官签名的搜查令,这样他们就可以光明正大地监听那个人的手机了。"

"这都是他教我们的,"沃德说,"他会把我们叫到一起,给我们开小灶。他会说一些场景,看看我们会怎么做,然后告诉我们怎么做才不会被抓到。"

---

[1] 电话记录器,警方在监视行动中使用的一种装置,可以记录某部电话拨出的电话号码,但不会监听通话内容。

"没有人能说服他。他听不进去任何人的话。有几次，他想做的事实在太出格了，作为小队成员，我们不同意。他会非常生气，把我们赶下车。我们不得不给巡警或其他小队打电话。"

沃德说，詹金斯经常会收集并保留他们查获的所有毒品，说他会在下班前把它们交给证物管理组。

沃德说："他有时会在办公室待上一周才回家，所以我们相信他。"

沃德在加入詹金斯的小队时，已经有12年警龄了。他并没有指责詹金斯带坏了自己。其实早在他们共事之前，沃德已经开始在搜查现场偷钱。

沃德出身于一个军人家庭，家里共有三个孩子，他是长子。他在加利福尼亚州、纽约州和北卡罗来纳州的军事基地里长大，20世纪90年代上中学时在巴尔的摩市定居。他就读于位于该市西南郊区的卡顿斯维尔高中，成绩不错，还加入了该校的田径队。他上了社区大学，做过一段时间的叉车司机，然后在2003年，也就是他23岁时加入巴尔的摩市警察局。"我很兴奋，因为我觉得这是我的家乡，我可以比其他州来的外人更好地改变这里，"他说，"我觉得我更了解这里的人。"

但沃德说，从警时间越长，他越感到黑人警员受到歧视，白人警员更有可能进入专案组，并因为工作而获得奖励。"作为一名黑人，我必须更加努力工作，以证明自己，"他说，"大约过了五年，警察对我来说，就只是一份工作而已，我只想着从这份工作中获取最大收益。因为我觉得，他们并不关心我的利益——薪酬太低，很难进专案组,一直不受重视。"

沃德还记得自己是怎么知道在巴尔的摩市警察局可以轻而易举地逃脱惩罚的。一天,他下班开车回家时,想起自己忘记提交在搜查中发现的毒品证据了。他说:"我很害怕,因为在警校的时候,他们会吓唬我们说,内务部无所不知,而且一直在监视你们。"

但事实上,没有人注意到这件事。没有人过问。

他说:"我知道,当我们在街头时,(内务部)没有办法追踪我们做了什么,除非有人真的和我们在一起。"

警察还能犯什么错而不会受到惩罚呢?

沃德说,他从2009年左右加入便衣警察组后开始偷钱。他说,虽然这种事"不会经常发生",但很容易做到。因为当收集从搜查现场找到的钱时,负责将钱装进袋子和数钱的只有一名警员,"所以在把钱提交(给物证管理组)的人告诉你金额之前,没有人知道到底有多少钱"。

他回忆起自己第一次从另一名警员手里分到赃款时的情景。在一次搜查中,一名警员私藏了一些钱,而沃德和其他警员都不知情。当晚,那名警员给了每人一小笔钱。"如果我不拿,他们会对我有想法,"沃德说,"我不想被排挤。"

"我可以这么说,在认识詹金斯之前,我之所以偷钱,并不是因为穷或者为了糊口。我偷钱只是因为其他人都这么做,我想被接纳,想被信任,这样才能进专案组,离开巡警队。要想从巡警队到专案组,最关键的不是你够不够格,而是你能不能得到信任,有没有人脉。巡警队的许多人都有能力进入毒品组、枪击组或其他组。但是,如果你没有人脉,你就去不了。想取得信任,就要多加班,或者看到过警察施暴，又或在'灰色地带'工作过。"

有了詹金斯，沃德就有了靠山。沃德说，当詹金斯需要一些东西，比如设备、警车，或者需要有人出面摆平内务部时，他可以直接给迪安·帕尔梅雷副局长或达里尔·德索萨副局长打电话。2015年年末，詹金斯从上司那里要到了一辆租来的雪佛兰羚羊车。他给帕尔梅雷发了一条短信："长官，感谢您的羚羊车。14年来的努力工作，第一次得到了回报。我的小队将继续站在第一线，但不是为了奖励，而是因为我们在做正确的事。"

"你的团队表现卓越，"帕尔梅雷回道，"这虽然不是世界上最好的车，但应该能让你们继续前进了。如果有新车，我会留意的。继续努力。圣诞快乐。"

"长官，真不好意思，要再找您帮忙，您总是在帮我们，"詹金斯在几周后给德索萨写邮件，要求得到一些手电筒，"我的小队在每晚太阳下山后还会用到枪……我只是希望我的队员们能得到一些新装备来完成他们的工作。"

"韦恩，30个手电筒够吗？"德索萨回道。

"我的人只需要8个，长官，谢谢您。"

同詹金斯共事两三个月后，沃德就看出了詹金斯在打什么算盘。一天晚上，他们的小队在巴尔的摩东区拦下一辆车，在后备箱里发现了两个装满钱的垃圾袋。虽然那天没有人偷拿钱，但詹金斯后来认真思考了这么做的可能性。詹金斯解释说，他已经追踪到那个人住在巴尔的摩县的埃塞克斯社区。他们可以观察那个人的房子，翻看他的垃圾，找到一些证据来申请搜查令。他们可以先进屋拿钱，离开后叫来县警察局的警员，装得好像刚到那里，需要帮手来执行搜查令一样。

詹金斯随后又提出了一个方案。

"你们愿意踹开那家伙的门，拿走钱吗？"詹金斯问道。这意味着他们将完全不把警察的工作当幌子。

沃德说，和詹金斯一起工作的警员们犹豫了。没有人说做或者不做，他们的态度模棱两可。

詹金斯后来真的这么做了。他告诉手下，他监听到贝尔维德尔大厦（罗兰公园几栋高层公寓楼的旧称）是"交易大宗毒品的绝佳之地"。詹金斯和他的部下开车前往那里，阻止了一场正在进行的毒品交易。他们给两个人戴上手铐。詹金斯骗那两个人说，他是联邦特工，要没收现金和20磅大麻。詹金斯释放了那两个人，对他们说，他以后会盯着他们的。

沃德不知如何是好。警员在不逮捕某人的情况下拿走违禁品，并将其提交给证物管理组的做法并不罕见。沃德当然知道，警员们可能会藏匿一些现金，只把剩下的上交。

但是那天，詹金斯开车把小队带到市郊。他在拥挤的车流中穿行，还闯了红灯，最后在自由高地大道附近的一片树林旁停了下来。他让其他警员把手机和警用背心留在车里。

沃德和泰勒跟着詹金斯走进树林。他们走了一段距离，以确保路上的人看不到他们。

沃德说，当时还是白天，詹金斯打开了在贝尔维德尔大厦没收的一个黑红相间的大旅行袋。袋子里有一沓钞票。詹金斯开始数钱，一共2万美元。詹金斯给每名警员发了5 000美元，告诉他们不要买贵重物品。他自己留下1万美元——作为佣金——还说他计划给警察局配的车安装一个车前防撞杠，这样车就不会在经常性的碰撞中受损。

随后，他说了一些让沃德觉得奇怪的话。詹金斯告诉他们，他要把大麻带回自己家，全部烧掉。"我知道他在说谎。"沃德回忆说。到了这个时候，他开始担心了。贝尔维德尔大厦停车场有一个摄像头，如果被他们抢劫的人向警察局投诉怎么办？如果其中一个被抢劫的人其实是联邦调查局的线人呢？詹金斯到底要怎么处理这些毒品？自己到底会惹上什么麻烦？

但是他的担忧很快烟消云散。

如果警员照章办事，把现金和毒品提交给证物管理组，那么毒贩会被关进监狱。现在现金和毒品都不见了，毒贩仍然是自由身，他们几乎不可能向任何人告发这件事，因为这会引起人们的注意。对于沃德和其他警员来说，那天发生的事再次证明，他们几乎不需要为违法行为承担责任。

11月，詹金斯和他的妻子期待着另一个孩子，也就是他们的第三个儿子的诞生。他们已经给小家伙起好了名字——卢卡斯·科尔顿·詹金斯。

但在临盆前几天，孩子死了。詹金斯不久后从医院给他的姐姐罗宾打电话，问她愿不愿意和他一起看看这个孩子。

罗宾来到医院，陪詹金斯走进放婴儿尸体的房间。詹金斯抱起卢卡斯，坐到摇椅上，把死去的婴儿抱在怀里。罗宾后来说，她不止一次梦到这一幕。

2015年11月10日，卢卡斯下葬，这本应是他出生的日子。他被埋在一块刻着海军陆战队标志的墓碑下。数百人参加了葬礼，其中许多人是警察。

罗宾说，此后韦恩经常给她打电话，让她开导自己。"他开始问我关于上帝的问题，以及为什么会发生糟糕的事。"她说。多年以后，那些与詹金斯关系密切，但对他的罪行一无所知的人会怀疑，这是一个转折点。

詹金斯请了短假陪伴克丽丝蒂，然后重返工作岗位。

虽然詹金斯早在几个月前就已经回到街头执法，但内务部对2014年沃尔特·普赖斯案的指控仍然悬而未决。在该案中，詹金斯声称在普赖斯的车里发现了毒品，但录像和他的说法大相径庭。内务部和负责调查警察不当行为的检察官调查了此案，内务部建议将他降职、调离，并停职15天到20天。但是，这些并没有发生。内务部主任罗德尼·希尔后来说，德索萨副局长将对詹金斯的处罚降为接受口头辅导——实际上，詹金斯没有受到任何处罚。记录显示，2015年11月25日，德索萨根据一个行政听证委员会的建议批准了这项决定。

几个月前，詹金斯给举报他的检察官莫莉·韦布发了一条让韦布提心吊胆的短信："州检察官们告诉我，你觉得我是一名腐败的警察，应该被解雇。这是对我的诽谤，而且对我造成了伤害。这不是对你的承诺或威胁，我只是告诉你，你伤害了我和我的名誉。"

虽然这件事已经告一段落，但詹金斯还是要停职参加口头辅导，这样才能结案。不过，他可以选择发表一份声明。保持沉默不是詹金斯的行事风格，他选择抨击内务部，批判他们的调查"不专业"："我之所以接受这种非惩罚性的辅导，只是因为我担心如果不接受，我们的内务部会继续其鲁莽的、不专业的调查，以打压我和警察局其他仍然在兢兢业业打击巴尔的摩犯罪的成员。"

詹金斯表现得好像拥有"金刚不坏之身"。除了让自己脱身，他还利用部门负责人的信任和支持来关照其他人。电子邮件显示，詹金斯设法与新上任的凯文·戴维斯局长见了一面，提议提拔托马斯·威尔逊为警司。威尔逊十年前曾因在一份搜查令上提供虚假信息而被建议解雇，但仍留在工作岗位上。2013 年，他以伪证罪被提起刑事诉讼，但陪审团最终宣告其无罪。在将近三年的时间里——从接受调查到被宣告无罪后继续任职——威尔逊没有逮捕任何人。像詹金斯这样的警司，要求与局长见面讨论（或要求局长接受）另一名警员的晋升，这是极为罕见的。但戴维斯履新不久，试图赢得一支疑心重重的警察队伍的支持，因此他将詹金斯视为一员战将。

与此同时，詹金斯也试图说服部门负责人让他和本·弗里曼重新组队，后者因为沃尔特·普赖斯案而受到训诫，被调离原来的岗位。詹金斯在给几位上司的电子邮件中写道："**请努力争取，请让弗里曼警探尽快回归。他是一名出色的警探，缺了他，整个组都受到影响。**"

"现在是节假日，但我非常难过，因为我知道他没有做错任何事。所有证据都对他有利。这个系统失灵了。他应该是 10-8，"詹金斯在另一封短信中写道，其中的"10-8"表示在职代码，"我知道这件事您说了不算，但他确实有能力，是一名全能的调查员。谢谢您，老板。"

每位局长都能举出实例，证明自己确实认真对待警察的不当行为。对于戴维斯局长来说，2016 年 1 月解雇法比安·拉龙德警探就是一个例子。戴维斯接任局长之职时，一名社区领袖曾特别提醒他注意两名警员——丹尼尔·赫斯勒和拉龙德。拉龙德一直被指控偷钱，甚至被联邦调查局调查过。当拉龙德因为没有按规定保管枪支而遭到内部指控时，内部纪律委员会裁定其有罪。这使戴维斯能够解雇他，而戴维斯确实这么做了。不过，甚至在这件事上，詹金斯也要插上一脚。他出现在现场，试图指导拉龙德怎么说，并自荐担任拉龙德的品格证人[1]。审判委员会的一名检察官和内务部的一名警探都向戴维斯投诉，说詹金斯想在举行听证会的房间外的走廊上恐吓他们。内务部主任想就詹金斯的行为对他提起指控，但无果而终。

"他知道红线在哪里，他站在线的那一侧。但他显然离越线不远了。"内务部主任后来说。

---

[1] 品格证人，就某人，尤其是刑事被告的品格和声誉做证的证人。

第二部分 调查

第九章 追踪器

作为一名在巴尔的摩县各市工作的缉毒警察，斯科特·基尔帕特里克警探听说过韦恩·詹金斯，但并不是因为后者查获了大量枪支和毒品，而是因为巴尔的摩县的警探们被警告要远离詹金斯和基思·格拉德斯通。

"这就像你来（巴尔的摩县）缉毒科的第一课，"基尔帕特里克后来说，"每个人都知道他们不按规矩来。"

巴尔的摩市的高级毒贩通常住在郊区，因此市警察在调查时往往需要进入巴尔的摩县。在这种情况下，他们要通知县警察，并和后者一起执行逮捕令。基尔帕特里克说，詹金斯的案件已经引起了人们的担忧。"你看过搜查令后会觉得，合理依据根本说不通。"基尔帕特里克说。

他还说，和市缉毒警察合作时，县警察很可能在彻底搜查一个房间后一无所获。然后市警察可能会再搜查一遍，声称在某个显眼的地方，比如床底，发现了枪支或毒品，而这些地方明明已经被检查过了。在搜查过程中遗漏一些东西当然是正常的，但基尔帕特里克说，

96 县警察担心被卷入有问题的案件中，因此会在介入之前检查市警察的搜查令。有时，县警察会拒绝协助处理某些案件，即使法官已经签发了搜查令。

基尔帕特里克曾在巴尔的摩县东部缉毒。他在那里长大，现在在那里执教一支女子足球队，并在家长与教师委员会任职。在那里，他目睹许多人死于过量吸食海洛因。2012年，巴尔的摩县有104例过量服用阿片类药物致死的案件。到2015年，这一数字将达到300例。当基尔帕特里克和其他县警察试图揪出大毒枭时，他们反复听到一个名字——布里尔。

布里尔非常神秘，基尔帕特里克甚至无法确定他是不是独自一人：当他让从布里尔手里买过毒品的人描述布里尔时，他们说的似乎不是同一个人。这个名字就像一个品牌或一个概念，而不是一个人。"对布里尔的描述不断变化，每次都不一样。"基尔帕特里克说。

最后，基尔帕特里克和其他县警察监控了发生在陶森一家杂货店的停车场的毒品交易后，发现所谓的"布里尔"其实是28岁的安东尼奥·施罗普希尔，来自巴尔的摩东北区。人们对施罗普希尔的描述之所以不同，是因为他的同伙共用一个"交易电话"。当买家打电话给"布里尔"时，接听并负责交易的可能是其他人。一个毒贩甚至自称"利尔·布里尔"。

即便发现了"布里尔"的真实身份，施罗普希尔的行踪也仍然难以捉摸。他有一个屡试不爽的绝招，就是在眼看执法部门要取得进展时更换手机，而且几乎没有人愿意配合警方的调查。从"布里尔"手中购买毒品的客户一次又一次地告诉基尔帕特里克，他们不想出卖他，因为他能提供质量最高的海洛因和良好的服务：如果人们不喜欢他的货，他们可以退货或者要求补偿。

基尔帕特里克怀疑，可能有腐败的警察在暗中保护施罗普希尔。他之所以会这么想，是因为他在2013年偶然听到了施罗普希尔在监狱里给一个名叫格伦·凯尔·韦尔斯的同伙打电话时，似乎提到市里的一名警察在庇护他。

"你的人詹金斯教训了我一顿，让我不要再卖'硬'货了。"韦尔斯在电话里告诉施罗普希尔。

韦尔斯说，詹金斯给了两个名字，他们是"最早说出你的名字的人"——这表明詹金斯告诉了他们谁是告密者，在巴尔的摩，有人可能因此丧命。韦尔斯接着说，詹金斯称赞韦尔斯和施罗普希尔调换车辆的做法很聪明，因为警方经常用这种方法来识别犯罪嫌疑人。詹金斯说："人们告诉我们车的牌子和型号，这样我们就能抓人了"。

安东尼奥·施罗普希尔在巴尔的摩东北区由他的单身母亲抚养成人，她努力工作，赚钱养家。"（她）给了我需要的东西，但给不了我想要的东西。"施罗普希尔说。读十一年级时，施罗普希尔因为赌博被学校开除，此后开始贩毒。他后来说："许多黑人觉得，只有贩毒才能赚钱——这不是事实，但人们看到的和知道的只有这一条路。"他说，离开贫困社区，读大学，然后找一份好工作，这些只发生在电影里。"很少有人能以这种方式走出贫民窟。大多数人看到什么，就有样学样，要么成为杀手，要么成为毒贩。他们的叔叔、表亲或家人的朋友在卖毒品，他们的孩子看到那些钱就会说'我不想再过穷日子了'。"

他讲了一个故事。一次，他开车载着外祖父经过一所专科学校，他的外祖父说自己以前想去那里学木工，但未能如愿，因为那所学校只收白人学生。他的外祖父通过自学掌握了这门手艺，但从一开始就居于不利地位。施罗普希尔说，如果外祖父能上那所学校，他就能过上更好的生活。这样一来，施罗普希尔的母亲也可以上大学了。

"我知道人们说奴隶制是一两百年前的事了，但多米诺骨牌效应使黑人远远落在后面，根本不可能赶得上。"施罗普希尔说。

2003年，他结识了后来交往了很久的女朋友。2007年，他们有了一个儿子，取名小安东尼奥。几个月后，在一场骰子游戏中，施罗普希尔和另一个人起了冲突，推搡了后者。这导致他第一次中枪。"子弹穿过我的左腿，穿过两个睾丸，从我的右腿射出，"施罗普希尔回忆说，"我做了手术，被告知不能再生育了。"不到三个月，他买了一辆宝马750Li。然后，他再次中枪。这一次，他在当地一家俱乐部，看完里克·罗斯的演出正准备离开。当时，他正因一项可卡因指控处于缓刑期，并受到严格监视。由于没有遵守缓刑规定，他在狱中服刑一年。施罗普希尔说，回到街头后，警察对他很严厉，"他们经常拦住我，问我是不是帮派成员，为什么总是中枪"。这些年来，杰梅尔·拉亚姆、丹尼尔·赫斯勒和肖恩·苏特等警员都逮捕过他——几乎所有案件在法庭上都进行得很顺利——而他们在不同的组工作。施罗普希尔说，他知道他们的工作是抓住他，而他要做的是不被抓到。

施罗普希尔说，他在读十二年级时就给自己取了"布里尔"这个绰号，当时他已经下定决心贩毒。这个名字来自1998年托尼·斯科特执导的电影《国家公敌》中吉恩·哈克曼扮演的角色布里尔，这个角色的设定是，做过间谍，后来作为雇佣杀手生活在地下世界。"我想像他一样聪明……所以我开始告诉别人,我叫布里尔,而且我在做事的时候会想,布里尔这个角色会怎么做。"他说。

一次,在向开美发店的女友解释为什么他的客户如此忠诚时,他说,贩毒和开美发店其实没有什么不同,如果客户不喜欢他们买到的产品,你必须让他们满意而且高兴,否则就会失去客户。

施罗普希尔靠贩毒过上了舒适的生活。他在全国各地旅行,到加勒比海度假,时常光顾赌场。他甚至有最喜爱的露丝的克里斯牛排馆[1]。"加利福尼亚州萨克拉门托市的'露丝的克里斯'最棒,"他说,"我喜欢这家店。"2014年,他第三次中枪。那天晚上,施罗普希尔先带儿子去巴尔的摩竞技场看拳击比赛,然后把孩子交给女友,自己去了马蹄铁赌场。他说他在那里赢了4 000美元。接下来,他去了巴尔的摩红灯区的一家脱衣舞俱乐部,在那里一直待到天亮。在回家的路上,他在一个加油站停了下来。加完油,开车出加油站时,他听到了枪声,随后一阵阵疼痛感袭来。子弹从车后射入,穿透后备箱、后座和驾驶座。他后来看监控录像才发现,有人从红灯区一路跟踪他来到加油站。施罗普希尔认为枪手认错了人。但自那以后,他开始闯红灯,这样就没有人——不管是枪手还是试图监视他的警察——能利用他停车、待在车里的机会。

他和他的女朋友开始谈论离开巴尔的摩。

"我一直是个好人,一直关照着街头,关心家庭,"施罗普希尔说,"我每天晚上都回家。我和凯莉从2005年起就住在一起。我的儿子只知道我们是一家人。"

---

[1] 露丝的克里斯牛排馆,一家高端牛排连锁店,在美国、加拿大和墨西哥有100多家分店。

但他们最终还是留了下来,他继续贩卖毒品。没过多久,基尔帕特里克以外的警探也盯上了他。

自2013年底以来,巴尔的摩地区的阿片类药物泛滥成灾。一方面,是因为医生越来越多地开出药效很强的药物,这些药物使人们上瘾;另一方面,是因为新近出现了一种名为"芬太尼"的物质,它的效力是海洛因的30倍至50倍。巴尔的摩市和附近几个县的执法机构开始改变应对毒品问题的方式,将每次过量服用都视为一次犯罪,派出警员收集有助于追溯毒品供应商的情报。幸存者被要求说出卖给他们毒品的是谁,而调查人员则会与死者的家人和朋友交谈,或翻阅死者的电话记录以寻找线索。检察官们还开始起诉更多的他们认为与吸毒过量事件有关的毒贩。如果贩卖毒品致人死亡的罪名成立,被告受到的惩罚与非预谋杀人罪的惩罚相当。

在附近的哈福德县工作的缉毒警察戴维·麦克杜格尔警士正在侦破一起类似的案件。他在向辖区内用药过量的受害者询问情况时,一个在巴尔的摩东北区阿拉梅达购物中心附近活动的团伙浮现了出来,人们频繁提起该团伙成员的名字。其中一个被反复提到的名字是安德森,还有"黑人"和"特万"——这两个是绰号,"黑人"指阿龙·安德森,"特万"指安托万·华盛顿。麦克杜格尔怀疑他们在一起贩毒。

麦克杜格尔在一个联邦毒品特别工作组里工作。他开始挖掘旧案,看看能不能找到与这些毒贩有关系的人,线索可能就在他们的档案中。

他查到了19岁的热姆。她来自新泽西州的一个海滨小镇,2011

年来哈福德县接受戒毒治疗。在成长过程中,她喜欢体操,放学后在一家比萨饼店打工,周末常去卡茨基尔山滑雪。但自从开始吸食大麻后,她便放弃了这些爱好,后来又产生了药物依赖。她两次进戒毒中心,然后咨询师把她送到了马里兰州贝莱尔戒毒中心。她在那里参加戒瘾会,还在商场找到了一份工作。2011年秋,她的毒瘾复发。

12月下旬,热姆给肯尼思·迪金斯发了一条短信,她通过戒毒中心的一个朋友认识了后者。她在短信里使用了指代海洛因的黑话:"有'男孩'吗?给我弄些'男孩'来。"

"我给你想想办法。"迪金斯回复道。

"太好啦,谢谢你。"热姆回了一条短信。

迪金斯的年龄几乎是热姆的两倍,离过婚,还丢了工作(他曾在一家车队管理公司当保险理赔员)。他从20多岁开始服用可卡因和摇头丸,然后开始服用阿片类药物——先是非法购买奥施康定,然后是海洛因。

"奥施康定差不多断货了,"迪金斯后来解释说,"它越来越贵,越来越难买。当时我认识的一个人说,你不如去巴尔的摩买些海洛因。它和奥施康定差不多,但更便宜。"

迪金斯说自己是一个"无可救药的吸毒者",为了吸毒,跟家人要钱,还刷爆了信用卡。当月早些时候,他开始直接从安托万·华盛顿手里购买海洛因,每克120美元。

"火来了。"华盛顿给他发短信,意思是来了一批高品质的海洛因。

迪金斯多次联系热姆,向她提供毒品。"我今晚想快活下,"他向她写道,"如果你想参加圣诞聚会,那就来吧。我请客。"她基本不理睬他。"如果你想好好生活,那么我向你道歉。但我没有撒谎,这绝对是极品，没有比这更好的了，"他又写道，"还会有这么好的圣诞礼物吗？我在等待我最好的礼物。'特万'很快会送过来。"

经过几天的催促和哄骗，热姆于2011年12月28日来到迪金斯家。他们一起看电视，然后吸食海洛因，还发生了关系。

他们继续看电视，热姆看起来睡着了。迪金斯拿出手机，掀起她的衬衫，拍了一张照片。他后来说，他本打算第二天把照片给热姆看，拿她开玩笑。

她再也没有醒过来。

迪金斯当天接受了警方长达数小时的问询。起初，他在热姆的死亡事实上撒了谎，后来才坦白了一切，还供出了安托万·华盛顿。这些信息在卷宗里静静地待了四年。当麦克杜格尔开始挖掘一个在巴尔的摩东北区活动的团伙（他们的毒品最终会流入哈福德县）的线索时，这些信息得以重见天日。这是一个不错的开端，但他知道这些还远远不够。

麦克杜格尔检查了"消除冲突"数据库，看看是否有其他执法部门的人在调查这群毒贩。奇怪的是，市警察局没有，县警察局却在调查。于是，麦克杜格尔与基尔帕特里克见了一面，比较了双方的笔记，并讨论了合作的可能性。

基尔帕特里克对此很感兴趣，但他想让麦克杜格尔知道，他担心腐败的警察可能参与其中。他分享了2013年的监狱电话，在那通电话里，施罗普希尔谈到了詹金斯。麦克杜格尔认同基尔帕特里克的看法，听起来詹金斯在保护毒贩们，而且透露了谁向警方提供他们的信息。

"这个电话确实让人担心。"麦克杜格尔回忆说。

不仅如此，这个电话是多年前打的，他们不知道詹金斯到底做了什么。麦克杜格尔是缉毒警察，不是内务部的人。他不认识詹金斯，他的工作是抓捕毒贩。他决定和基尔帕特里克联手调查，使该案由联邦法院审理。他们决定：对市警察局保密，以避免可能的麻烦。

在接下来的几个月里，县警察持续监视毒贩，并伪装成吸毒者，从毒贩那里购买毒品。毒贩们在伍德伯恩高地社区的一个购物中心附近活动，这里是巴尔的摩市市郊，离巴尔的摩县界不远。麦克杜格尔在一张地图上用红笔标明了调查区域。

巴尔的摩市的毒贩光明正大地贩卖毒品，这令麦克杜格尔和基尔帕特里克大吃一惊，他们的辖区不会发生这种事。

"这些人会在阿拉梅达购物中心卖一整天毒品，没有人会说一句话，"基尔帕特里克后来回忆说，"我们去买（毒品）——在那里看不到巡逻车——我们拍照，而他们根本不在乎我们。"

新的阿片类药物危机在全国范围内迅速蔓延，白人中产阶级受到的影响尤其严重，他们的成瘾始于滥用药品。在巴尔的摩市，前往位于乌鸦湖大道和阿拉梅达大道十字路口的购物中心的人群，正反映了这样的人口结构。一名在丈夫去世后开始吸毒的女性，每天花两个小时往返巴尔的摩市，购买价值120美元的海洛因。一名毕业于约翰斯·霍普金斯大学机械工程系的男子在学生时代就开始吸毒。一名在当地社区学院学习工商管理的大学生，因为做体操引发了椎间盘突出，开始服用处方药羟考酮。她回忆说："医生逐渐减少我的剂量，但我最终改用海洛因。"一名坐在轮椅上的运营工程师在被诊断出患有多发性硬化症后，医生给他开了止痛药。但"这永远都不够",他开始每天吸食1克到10克海洛因。他每天都在施罗普希尔的人那里购买毒品。他会收到写着"开火"或"导弹"的短信。他回忆起顾客在车里排队的场面,"不管在哪里,都有五到十辆或更多的车排队等候"。

103　　一名30岁的勤杂工说,他第一次吸毒就是吸食从施罗普希尔手里购买的毒品。当时,他在车里等红灯,施罗普希尔把车停在他的车旁,摇下车窗,问他想不想参加聚会。施罗普希尔把半克海洛因作为"试用品"扔进他的车里,并把自己的电话号码给了这名勤杂工。"从那以后我就一直给他打电话,"他说,"那很棒。"

2015年7月,警探们借助秘密线人把州警察局的一名卧底警员介绍给了施罗普希尔。麦克杜格尔通过隐藏在车里的摄像头的实时画面,看着施罗普希尔坐上副驾驶座,旁边就是那名卧底警员。施罗普希尔仿佛立即知道自己被监视了。"伙计,有警察,"施罗普希尔对那名卧底警员说,"那辆车,还有那边的那辆。那辆切诺基很可能也是他们。那绝对是他们。你不会是警察吧?"

"不,兄弟。"卧底警员说。

"我不知道你是谁,知道我在说什么吧?"

"嗯,我知道你的意思,兄弟。我知道你想说什么。"

"那些混蛋就在这里,我不知道怎么回事。"

"是不是有很多人盯着你?"卧底警员问。

"不,只有在这里,这么多人在这附近做坏事。你知道我的意思吗?你不介意让我看看身份证件吧。我很抱歉让你这样做,伙计,但就像我说的,我从没和你做过生意,知道我的意思吧。"

警员递给他一张假的身份证件,上面写的是假名字。施罗普希尔看得很仔细。麦克杜格尔紧张地看着摄像头的画面。

就在这时,施罗普希尔两部手机中的一部响了,他简短地和对方聊了几句。当他挂断电话时,卧底警员试图引开话题,让他不要再核实假证件。二人谈话时,施罗普希尔突然把手伸向隐藏的摄像头,把摄像头转到一边。他知道自己被录像了吗?接下来会发生什么?麦克杜格尔的心狂跳不已。

但施罗普希尔继续闲聊,指示卧底警员开车到某个地方。卧底警员停下车,施罗普希尔爬出车,然后带着一袋海洛因回来。卧底警员递给施罗普希尔一卷现金,施罗普希尔熟练地清点了一遍,发出类似点钞机的声音。

施罗普希尔本来应该被当场逮捕并被起诉,但警探们觉得这还不够。这意味着警方要继续监视他,从他手里购买更多的毒品,以获得更多的证据。

卧底警员再次提出想从施罗普希尔那里购买毒品。这一次,后者没有上当。他在警察到达时离开了,还换了手机号。他事后问给他提供情报的人,牵线的是谁,买家是不是警察。后来的卷宗写道:"执法部门屡屡受挫……调查人员认为,施罗普希尔的行为表明,他从熟悉刑侦技术的人那里获得了信息。"

到了2015年秋,麦克杜格尔觉得是时候起诉阿龙·安德森了。他希望能顺藤摸瓜,揪出施罗普希尔一伙人。虽然警方最初认为安德森和施罗普希尔属于同一个团伙,但随着调查的深入,他们发现实际情况并非如此。二人在2015年初就决裂了。安德森找到了新的货源,能够拿到比施罗普希尔的海洛因质量更高的海洛因,施罗普希尔的部分客户转而从安德森手里购买海洛因。警探们认为，二人在同一个区域贩毒，他们只是暂且容忍对方的存在。

麦克杜格尔说服法官签署了搜查令，在一天晚上前往安德森位于巴尔的摩县西部的公寓，并在安德森新的吉普切诺基车上安装了一个全球定位系统追踪器。

他很快发现，安德森不再回公寓，而是住在红屋顶旅馆酒店。2015年10月19日，麦克杜格尔拿到搜查令，获准搜查安德森的公寓和汽车旅馆房间。在公寓里，警探们发现前门有一个凹痕和一个靴子印，屋内被洗劫一空，看上去像是被搜查过了。在汽车旅馆，当安德森和女朋友走下二楼，刚要上车时，警探们一拥而上。

105　　联邦检察官已经同意起诉安德森。安德森被告知他有两个选择，要么同警方合作，这样他能够保持自由；要么直接进监狱。他同意和警察谈谈。他说，他之所以搬进这家汽车旅馆，是因为一周前他的女朋友在睡觉时，几个蒙面人踹开他的公寓大门，抢走了1.2万美元现金和一些首饰。他们其实还抢走了将近1千克的海洛因和一把枪，不过安德森在那天没有提到这些。安德森怀疑幕后黑手是"特万"，即安托万·华盛顿。

县警察询问了安德森在2015年春与市警察的一次遭遇。安德森曾经被抓，因为他随身携带300克海洛因——数量巨大，批发价达3万美元。如果这件事发生在哈福德县，他很可能会以违反联邦毒品法的罪名被起诉。但巴尔的摩市的亚伯拉罕·塔希尔警员放走了安德森，没有提出指控。安德森说，这是因为他帮助这名警员抓住了他的毒品供应商。麦克杜格尔觉得很奇怪，警员至少应该与检察官一起起草一份合作协议。他觉得可能是因为那里做事的方式不同。

安德森被县特别工作组释放，条件是他要继续与警探们合作。

县警察开始为当天的行动收尾。从安德森的车上取回全球定位系统追踪器时，他们在车底发现了另一个装置。

有其他人在追踪安德森。

麦克杜格尔和基尔帕特里克团队的成员分别来自三个不同的机构，他们传看这个装置。这是一个廉价的装置，不同于他们所在的部门使用的那种。在整个调查过程中，麦克杜格尔反复检查了"消除冲突"数据库，并确定没有其他调查人员在追踪安德森。他猜测，这可能是安德森的竞争者所为。安装这个追踪器的和洗劫安德森公寓的，很可能是同一批人。

麦克杜格尔给全球定位系统公司开了传票。第二天，他收到一封电子邮件，里面有这个装置的详细历史记录。当年9月，有人以436.86美元的价格买下这个装置，第二天就激活了它。买家名为约翰·克莱威尔，查询驾驶执照数据库可知，他是一个蓄着山羊胡的白人男子，头顶留着一小撮头发。

麦克杜格尔在该州的网上案例数据库中搜索克莱威尔这个名字，查看他有没有被逮捕过。麦克杜格尔本以为自己只会检索到几条信息，但事实上他得到的是一个红色的错误提示——有太多记录可以显示了。

克莱威尔是巴尔的摩市的警察。

只有在得到法官许可的情况下，警察才能在犯罪嫌疑人的车上安装全球定位系统追踪器。然而，这个追踪器是在网上购买的，克莱威尔用自己的信用卡付账，收件地址是他的家庭住址。每月45美元的服务费也是他支付的。

麦克杜格尔向上级反馈了这些信息。他说，他们碰到了一个问题。

第二天，毒品特别工作组的调查人员和负责监督他们的案件的联邦检察官，在位于伍德罗恩的联邦调查地区总部开会。公共反腐小队的成员已经调查过克莱威尔，确认他是巴尔的摩市一个名为"枪支追踪特别工作组"的便衣警察组的成员。这个工作组成立于七年前，是时任局长的弗雷德里克·比勒菲尔德的一项标志性举措，旨在从源头上打击枪支暴力。但在随后的几年里，它表现平平，在市警察局外鲜为人知。

麦克杜格尔已经检查过执法数据库，想看看巴尔的摩市警察局里有谁查过安德森的名字。不过，无论是克莱威尔，还是枪支追踪特别工作组的其他成员，都没有查过这个名字。调查人员不可能在不采取这个简单步骤的情况下，查询他所需要的信息。克莱威尔，或者说他的小队，究竟有何打算？

第十章 英勇奖章

2014年6月的一天晚上,在95号州际公路下方,巴尔的摩市警察局的杰梅尔·拉亚姆警探正坐在位于巴尔的摩西南工业区的一栋二层楼外的车里观察四周的动静,两名男子和他一起坐在车里,他们身穿写着"警察"字样的战术背心。一天前,拉亚姆的小队突击搜查了那栋二层楼的主人的店铺。此刻,他回来完成他已经开始做的工作。

午夜时分,拉亚姆坐在车里,听着警察的无线电广播。他的两名同伴悄悄经过一扇铝门,来到屋前。他们把一个安全摄像头从支架上取下,然后敲了敲门。开门的是40多岁的白人女子唐娜·柯里,两名男子向她出示了搜查令。她让他们进屋。一个人拿着枪,告诉她的丈夫杰弗里·肖尔"坐好,别动,别出声"。拿枪的人穿过屋子,在厨房里弄出很大的声音,另一个人站在屋里监视。拿枪的人走出厨房,对柯里和她的丈夫说:"今天算你们走运。"

他们离开后,柯里发现她放在餐厅里的皮夹不见了。她在厨房里找到了它,它被扔在水槽中,里面的现金不翼而飞——不是一笔小钱,而是两万美元。这些钱都是合法所得,包括他们的鸽子店的销售收入、联邦所得税退税、肖尔把报废汽车当废品出售的收入,以及他们从包括一名牧师在内的朋友那里借来的钱。他们原计划次日去市政府交财产税。

柯里拨打911报警电话,报告了这起入室抢劫案。劫匪从未出示警徽,也不像一般警察那样佩戴着警徽,所以她觉得劫匪一定是假扮成警察的。

她猜得不错,但也不全对。进入她家的虽然不是警察,但招募这两名劫匪并为他们提供警用背心的是33岁的拉亚姆警探,他隶属于枪支追踪特别工作组。

几个小时前,拉亚姆和枪支追踪特别工作组的其他成员带着法官批准的搜查令,搜查了柯里位于巴尔的摩市布鲁克林社区的鸽子饲料店。警员们在搜查过程中没有发现任何非法物品,但拉亚姆注意到了这些现金。他在执法数据库中查询了柯里的地址,然后有了一个想法。拉亚姆有一个名叫托马斯·芬尼根的朋友,是个水管工,偶尔会从拉亚姆那里购买毒品。他告诉拉亚姆,他需要钱。"我给杰梅尔打电话,问他借钱,他说他可以给我一个机会。"芬尼根后来说。拉亚姆以前和他联系过"七八次",提出相同的建议,但芬尼根一直没有理睬,不过此时房东已经给他下了最后通牒。

他们白天来这里踩点,但没有动手。随后,拉亚姆把他的表亲戴维·拉希姆也拉了进来,后者在州法医办公室担任验尸技术员。

这对拉亚姆来说十分平常,类似勾当他已经做了数年。他有时只是从被他拦下或逮捕的人身上偷钱,但也会在下班后精心策划抢劫。

他不害怕被抓。

"我是执法者,所以没什么好担心的。"拉亚姆在几年后说。

拉亚姆出生在新泽西州纽瓦克市,父亲是警察,母亲是小学教师。他在一个信仰基督教的家庭中长大,祖父是五旬节派牧师。他的三个兄弟姐妹都像他们的母亲一样成了教师,而拉亚姆则上了私立天主教大学德萨尔斯大学,在那里取得了营销学的学位。

大学毕业后,他的第一份工作是在宾夕法尼亚州阿伦敦市的一个青少年拘留中心里当社工。2005年,24岁的他决定加入巴尔的摩市警察局。他从警校毕业后不久,结识了未来的妻子谢瑞尔。

"对于在巴尔的摩内城长大的我来说,那时候我完全想不通一个外州的聪明人为什么想来这里,想在危机四伏的街头工作,"谢瑞尔在多年后给法官的一封品德证明信中写道,"但杰梅尔想证明自己,想通过努力工作和对巴尔的摩的奉献来证明自己。"

2007年6月,拉亚姆第一次朝人开枪。根据他的叙述,午夜刚过,他和其他警员包围了一群人,当他走近其中一人时,那个人边逃边向拉亚姆开枪。拉亚姆开枪还击并继续追赶。他报告说,当他转入一条小巷时,他看到那个人躺在地上。拉亚姆说,他看到那名男子还拿着武器,所以又开了一枪。那名男子侥幸活了下来。

枪击事件的调查还没结束,拉亚姆就被选入便衣警察组。他虽然只在街头工作了一年,但警察局非常愿意提拔有进取心、有大好前途的警员。不到三个月,拉亚姆又卷入了另一起枪击事件,这次他说自己的胳膊被一辆逃跑的车辆夹住了,于是他拔出枪,朝司机开枪。检察官最终认定这两次开枪都是合理的,拉亚姆很快再次得到晋升,进入暴力犯罪影响部。

拉亚姆离开巴尔的摩市警察局,调到纽约州警察局,但仅仅过了两周就回来了。

2009年3月,拉亚姆再次朝人开枪,这次中枪的人没能活下来。拉亚姆和另一名警员告诉凶杀组的调查人员,他们在路上看到一名男子,手插在腰间,钻进一辆停在后巷停车位的车里。据他们说,他们走到车前,大喊让司机举起手,但车仍然往前开,撞到了拉亚姆的搭档贾森·乔达诺的腿。拉亚姆对着司机,即30岁的肖恩·坎纳迪开了一枪,正中坎纳迪的太阳穴。

没有人能证明警员们是否真的看到坎纳迪的手插在腰间,但这使他们有理由声称他们担心坎纳迪持有武器。事实证明,坎纳迪没有枪。另一名乘客基思·希尔告诉凶杀组的警探,他一直在车里睡觉,然后突然被枪声惊醒。

这是拉亚姆在不到两年的时间里第三次朝人开枪,一些民选官员和全美有色人种协进会呼吁对他进行外部审查。州议员吉尔·卡特说,"有些警员在整个职业生涯中从未发现有必要开枪或杀人",坎纳迪手无寸铁,而且没有证据表明他犯了罪,"这件事一定要调查到底"。警方的发言人说,警察的任务是追捕持枪的坏人,而"坏人会开枪反击"。警察工会也支持拉亚姆。独立审查的要求无果而终。

一周后,警察局举行了年度表彰大会。在受表彰的24名警察中,除了六个人,其他人均在受表彰的事件中开了枪。拉亚姆因2007年的一次枪击事件获得了英勇奖章和银星勋章。

多年后人们才发现,在此期间,拉亚姆参与了一系列抢劫,其中一些经过了精心的策划。一次,他和一个同毒贩过从甚密的女人合伙,后者帮他跟踪刚出俱乐部的毒贩,或者在毒贩离开家时闯入其家中。他上警校时的同学迈克尔·西尔韦斯特有时也参与其中。他们还合作用拉亚姆拿到的劳工保险金资助毒品交易。一次,西尔韦斯特偷了十多磅大麻，然后和拉亚姆把这些大麻交给了埃里克·斯内尔，斯内尔是他们在巴尔的摩警校的同学，后来离开该市去了费城，他的亲戚在做毒品生意。

没有人知道他从什么时候开始抢劫的，也不清楚这种事发生了多少次，但2009年6月的一次抢劫引起了内务部的注意。

拉亚姆和乔达诺在市中心西侧，离马里兰州政府办公区不远的地方拦下了一名司机。西尔韦斯特在离他们不远的另一辆车里，他当时不在工作时间。司机加里·布朗被告知，他之所以遭拦截盘查，是因为没有系安全带。布朗被戴上塑料手铐，被要求坐在路边。拉亚姆和乔达诺搜查了布朗的车，没有发现任何不法之物。不过，他们在车的后备箱里发现了一卷钱，一共1.1万美元。警员们问布朗这些钱是谁的，他要去什么地方，以及他住在哪里。布朗后来回忆说："他们告诉我，他们可以拿到搜查令来搜查我的住处。"拉亚姆问他，知不知道这里有什么非法活动。然后他问布朗，能不能弄到一把枪，让他上交。布朗说没有。随后，一名警员掏出刀，割断了塑料手铐。西尔韦斯特捡起钱，把它放在车的后座。

"你可以去证物管理组领这个。"西尔韦斯特告诉布朗，然后和其他警员开车离开。

布朗做了一件腐败警察很少会碰到的事——他向警察局的内务部报告了这起事件。他不能确定这些人是不是警察——他们穿着便衣，开着无标识警车——但布朗注意到了他们的警徽。不过，他还是不知道他们的名字，而且当天值班的人也没有记录下这件事。根据警察局的政策，布朗应该得到一张"公民联系单"来记录这件事，但他没有得到。他手里唯一的证据是警员留下的那副塑料手铐。

在调查期间，内务部花了大量时间让布朗解释他为什么会有1.1万美元。他们整理了他的犯罪记录，并要求他接受测谎——他通过了测试。

调查人员确定拉亚姆和乔达诺卷入了这起事件，依据的可能是布朗对他们的车的描述。2009年6月16日，也就是事件发生后一周左右，这两名警探分别接受了问询。二人都说，他们停车是为了支援一名他们不认识的警员，那名警员"亮出警徽，指着那辆车，（让他们）帮忙"——问询记录显示，乔达诺是这么回答的。

乔达诺说，他按照那名不知名警员的指示行事。他不知道那名警员找到了什么。

"他说'好了'……我们就离开了，"乔达诺说，"我猜他已经完成了搜查。"

拉亚姆也说他不认识那名警员。

"我们看到另一辆车停在我们旁边，问我们能不能帮忙。我们让这辆车停在路边。"拉亚姆说。

"具体执行的是谁？"内务部的调查人员芭芭拉·普赖斯警探问道。

"另一名警员。"拉亚姆说。

"他没有认出你，也没有说他的名字或其他什么吗？"

"我说过了，我们确实没问。我们只是想当然地认为，或者说我只是想当然地认为，便衣缉毒警察正在做他的工作，我们过去搭把手。"拉亚姆说。

"你说你不知道那名警员叫什么？"

"不知道。"拉亚姆说。

调查人员向拉亚姆出示了包括西尔韦斯特在内的六名警员的照片，他选了包括西尔韦斯特在内的四张，说他们看起来都像他遇到的那名警员。

调查人员将注意力集中在西尔韦斯特身上，这段时间内他还遭到其他人投诉。他们要求布朗戴上窃听器，参与针对西尔韦斯特的诱捕行动。

布朗后来说："就像电影里演的那些乱七八糟的东西。他们要导演一出大型毒品交易，然后让他来处理这件事。他们想让我套他的话，让他承认拿了我的钱。"

布朗没有答应，因为他害怕。

"既然他敢像那样在大白天抢劫我，那么他也根本不在乎朝我开枪。"布朗说。

内务部的调查人员决定让一名警校的卧底学员戴上窃听器，让他协助完成诱捕行动。他们在这名学员的口袋里放了260美元，在他的车里的中央控制台处放了135美元。钞票用紫外线标记着IID，也就是内务部的首字母缩写。

这名学员被派往巴尔的摩西北区的一个街区，调度员指示西尔韦斯特去那里检查一个可疑的人，调度员对那个人的描述符合这名学员的特征。西尔韦斯特找到了这名学员，让他下车，然后让他把口袋里的东西全掏出来，放在副驾驶座上。当西尔韦斯特搜查这辆车，包括后备箱时，当晚和西尔韦斯特搭档的新警察用手电照着那名学员的眼睛。调查人员说，西尔韦斯特搜查完后，车上少了70美元。

调查人员拿到了一张搜查令，搜查了西尔韦斯特在警察局的储物柜，在那里发现了现金和一个保鲜袋，里面装着疑似可卡因的物品。

西尔韦斯特被逮捕,并被指控犯有盗窃罪和渎职罪。但仅仅过了两个月,检察官就撤销了指控,称警方调查人员犯了一些草率的错误——照片上的时间明显不对,取走的现金的金额也数错了——这影响了案件的审理。西尔韦斯特没有被停职,但他面临着内部指控。

2010年3月,也就是布朗事件过去将近一年后,拉亚姆再次接受内务部问询,这次他是和律师一起。内务部根据州执法人员权利法案,强迫他坐下来谈谈,不过这意味着他说的话不能用于针对他的刑事调查。

拉亚姆再次被要求指认参与拦截盘查的警员,他之前一直否认认识那名警员。

"迈克尔·西尔韦斯特。"

调查人员调阅的电话记录显示,拉亚姆在西尔韦斯特被指控犯下盗窃案前后四个月的时间里,曾与对方联系过474次。就在拉亚姆第一次接受内务部问询前的两个小时里,他们联系了5次,其中一次,通话持续了7分钟。

"你当时知道他叫什么吗?"普赖斯问道。

"是的,是的。"拉亚姆说。

"既然知道他的名字,那为什么不告诉我?"她问道。

"我在回答我被问到的问题。"拉亚姆说。

指认照片时又是怎么回事?当时拉亚姆从六名警员中挑出了四名。拉亚姆说,照片是黑白的,他认不出来。

但拉亚姆坚持说,他对那次拦截时发生的事一无所知。

"我想说的是,当我帮别人的忙时……他们在做他们的工作,我确实——原谅我这么说,但是——真的不关心,"他说,"也不能说我不关心，我尊重他们，我假设他们在做他们的工作，什么事都没发生。"

电话记录还显示，有一个人同西尔韦斯特和加里·布朗都有过联系。调查人员写道："根据通话顺序，我们认为（有一个他们都认识的人）在为从加里·布朗那里偷钱做准备。"

在接受内务部调查人员的问询时，西尔韦斯特全盘否认了指控。

"为什么拉亚姆警员会说他在2009年6月8日协助你拦下一辆车？"普赖斯问道。

"我不知道，"西尔韦斯特说，"你应该去问他。"

"我确实问过他，他就是这么说的。"

"很好。我不是他。"

西尔韦斯特受到内部指控，他以程序上的理由向州法院提出上诉。2012年，他最终离开了警察局，不过不是被解聘，他辞职了。

2010年7月，拉亚姆就加里·布朗案接受了测谎，测谎结果是他有99%的概率撒了谎。到了秋天，他被停职，停职将持续两年。如果是以前，他很可能被列入州检察官办公室的"禁止出庭"名单，并被调离街头。但检察官们——先是伯恩斯坦，然后是玛丽莲·莫斯比——已经废除了该名单，称他们将具体评估每起案件，并依靠其他参与案件的警员。

拉亚姆重返工作岗位后，仍然留在枪支追踪特别工作组。

他在枪支追踪特别工作组里认识了莫莫杜·贡多，贡多将成为他未来六年的搭档。与拉亚姆不同，贡多是巴尔的摩本地人。他的父亲是塞拉利昂移民，在市高中教书，他本人在巴尔的摩北区距离阿拉梅达购物中心仅几个街区的地方长大。2006年，还是新人的贡多，差点在一起据说发生在他家门口的劫车未遂事件中丧生。贡多从一排人中挑出的一名犯罪嫌疑人被陪审团裁定无罪。警察局的一些人后来说，他们私下里对枪击是在什么情况下发生的持怀疑态度。

正如拉亚姆在 2013 年初的证词中描述的那样，当他和贡多在枪支追踪特别工作组搭档时，这个组已经变得相当懒散，官僚气息浓厚。

"我们几乎都在协助巡警组，"拉亚姆那时说道，"如果他们得到一把枪，我们会查枪的序列号。如果枪是偷来的，我们顶多查查它是从哪里来的……我们查查枪，看看是不是'稻草购买'[1]。这并不是真正的主动行动。如果校警告诉我们，有孩子说他们家有枪，我们会去协助校警。我们只是协助调查。所以我们的工作以调查为主。"

作为改革和避免联邦监督的努力的一部分，巴茨局长聘请曾领导波士顿、纽约和洛杉矶市警察局的传奇局长比尔·布拉顿担任顾问，全面评估巴尔的摩市警察局现状。布拉顿在 2013 年底发布了报告，并提出了一系列建议，其中一条是激活枪支追踪特别工作组，使其发挥更大的作用。报告以反问的语气写道："虽然追踪和登记枪支很重要，但这些组的首要任务难道不是追踪和逮捕那些非法买卖枪支的人吗？"像枪支追踪特别工作组这样的组"应根据成果——比如逮捕和成功的调查——来评估"，并要求部门负责人"提出富有成效的具体措施，拿出成果"。

在 2014 年拉亚姆入室抢劫鸽子店店主唐娜·柯里的案件中，负

---

[1] "稻草购买"，在美国，一些原本无法购枪的人委托有购买资格的人买枪，再通过私人交易从后者手里买下枪。

责调查的警探起诉错了人。一名巡警说，他觉得监控录像中的一名男子是他以前逮捕过的一个人，负责调查的警探认为二人确实很像，于是将这名男子的照片放在照片列队中让柯里指认。柯里挑出了这个人，说"这就是站在我和我的家人面前的那个人"。警探发出了逮捕令。

两周后，巴尔的摩市的检察官告诉警探，他指控的那个人正在联邦监狱里服刑，而且已经在那里待了三年。这起案件就这样陷入了停滞。但是，如果那个人没有这么无懈可击的不在场证明，他很可能被定罪，而在马里兰州，入室抢劫罪的最高刑期是 25 年。

毕竟，这只是他的说法和他们的说法之间的比对。

第十一章 "系上安全带"

在阿龙·安德森车下发现的全球定位系统追踪器属于一名警察，这意味着是时候将调查从美国缉毒局移交给联邦调查局了。联邦调查局在调查之初就想好了该案的行动代号——"破碎边界"。

联邦调查局的探员们和联邦检察官一起，仔细研究了巴尔的摩市警察在安德森的车下安装全球定位系统追踪器的各种可能的原因。约翰·克莱威尔可能就像自掏腰包购买教具的老师一样，只是不想走烦琐的流程，所以才自行购买了追踪器。虽然警察在没有搜查令的情况下使用该装置是违法的，但克莱威尔或枪支追踪特别工作组的其他人可能只是在合法调查过程中走了捷径。

不过，这似乎是不可能的。全球定位系统追踪器最终出现在科基斯维尔的县警察分局，这意味着它的主人应该已经知道它最后落到了警方的手里。

"说实话，如果克莱威尔打电话来说'嘿，你拿了我的追踪器'，我们可能就不再追究这件事了。"时任助理检察官的安德烈娅·史密斯回忆说。

史密斯一直负责施罗普希尔和安德森的毒品调查,但她即将退休——她已经在联邦检察官的岗位上工作了37年。不管是毒品案件,还是对克莱威尔的调查,都需要能够洞悉真相的检察官。

37岁的助理检察官利奥·怀斯负责起诉公共腐败案件,好追根究底,他拥有无与伦比的工作热情,入职后不久就参与了以有组织敲诈勒索罪起诉烟草公司的民事案件。他通常不处理毒品案件,但从一开始便参与了施罗普希尔案和另一项独立但有关联的调查——不是因为预感会有腐败的警察卷入其中,而是因为想积累处理过量吸毒致死案的经验。

刚入职的联邦助理检察官德里克·海因斯同样态度积极。他被分配处理毒品案,也将被派去帮忙。怀斯身高1.93米,瘦高,而海因斯身高1.98米,人们开始称他们为"双子塔"。

联邦调查局方面,主导该案调查的是特别探员埃丽卡·詹森。她是纽约人,做过软件工程师,在"9·11"事件后加入联邦调查局,此后一直在追查贩毒集团,还做过时任司法部部长埃里克·霍尔德的保镖。巴尔的摩市的约翰·西拉基警司也是这个团队的一员。他的父亲同样是巴尔的摩市警察,而他在联邦调查局的伍德罗恩办公室工作,被分配到公共反腐特别工作组。西拉基对巴尔的摩市警察局的内部运作情况了如指掌,而且有权使用其数据库,但他直接向联邦调查局报告——这是多年前为确保对警察的调查不受干扰且情报不被泄露而有意采取的预防手段。

他们把注意力集中在克莱威尔身上。克莱威尔曾是海军陆战队队员,于2009年从警。他没有遭到过任何严重指控,也没有惹过麻烦,更不会同施罗普希尔和安德森牵扯上关系。这个团队将目光转向了他所在小组的其他人——莫莫杜·贡多警探、杰梅尔·拉亚姆警探和他们的经验丰富的上司托马斯·阿勒斯警司。

一天，詹森在翻看拉亚姆的人事档案时，发现了一条重要的线索——拉亚姆在马纳特路住过，而且就在阿龙·安德森的那个小区。该小区的公寓楼是并排的，拉亚姆可能认识安德森，而且肯定知道自己的公寓的布局和其他有利于抢劫的特征。

看着这些新信息，麦克杜格尔不禁大声自问道，如果闯入安德森公寓的就是警察呢？

麦克杜格尔后来回忆说，当"说出这句话的时候，甚至连我自己不敢相信"。

这个团队梳理了这些警察的档案，寻找和他们有关的情报。他们注意到，贡多在阿拉梅达购物中心附近长大，而基尔帕特里克和麦克杜格尔曾耗费大量时间在那里监视施罗普希尔的贩毒团伙。他们还发现，两年前，也就是2013年，一名巴尔的摩市警察向联邦调查局举报了贡多，认为他手脚不干净。

这名警员是瑞安·吉恩，枪支追踪特别工作组的早期成员之一。吉恩和詹金斯、肖恩·苏特一起，在2010年参与了对奥马尔·伯利的追捕，在2014年出现在德米特里克·西蒙的被捕现场。此时他已经离开街头，以警司身份在警校工作。

吉恩曾在2012年至2013年与贡多和拉亚姆在枪支追踪特别工作组共事。这两个人，尤其是贡多的所作所为让他感到气愤。

吉恩记得，有一次，当他在巴尔的摩东北区逮捕一名持枪者时，贡多和拉亚姆被叫到现场协助逮捕——带着逮捕令。贡多到现场后，热情地和犯罪嫌疑人打招呼。吉恩觉得很不自在。"这是我的朋友，"

贡多告诉他,"我们一起打过球。"

还有一天晚上,吉恩在小意大利区的内港附近的莫氏海鲜餐厅吃饭时,碰到贡多和施罗普希尔在一起。当时的气氛很紧张——不仅仅是因为贡多碰巧认识吉恩逮捕过的人。在吉恩看来,贡多正在和一个被确定有罪的罪犯来往。贡多试图为施罗普希尔担保,说他们是"铁哥们儿",还向施罗普希尔保证,吉恩"不在乎这种事"。这让吉恩很生气——贡多说他"不在乎",这是什么意思?

吉恩不知如何是好。他向一名信赖的警员求助,后者建议吉恩直接联系管理内务部的新任副局长杰里·罗德里格斯。罗德里格斯不是从巴尔的摩市警察局内部提拔的,而是巴茨局长的领导层中为数不多的从外部招聘来的人。罗德里格斯来自洛杉矶市警察局,在那里参与调查了著名的腐败案。他试图在巴尔的摩市警察局内部推行渐进式改革,但这已经引起了人们的不满。罗德里格斯同意与吉恩会面。

听完吉恩的讲述后,罗德里格斯问吉恩愿不愿意见见他的一些调查人员。他让吉恩到弗农山庄社区附近的沃尔特斯艺术博物馆外。罗德里格斯告诉吉恩:"有几个人会去接你。"

吉恩在那里等待,一边抽烟,一边踱步。四周的环境似乎有些异样,他不禁开始想:"那些人到底在哪里?"

随后,一辆黑色面包车停了下来,有人拉开车门。

车里坐的是向联邦调查局汇报的内务部警探。

"吉恩警探,你能上车吗?"其中一人问道。

他们没有去办公室。开车四处转的时候,吉恩告诉他们自己知道的情况——贡多似乎与已确认的毒贩关系密切,而且好像很有钱。他知道,这远不能被当作证明贡多腐败的确凿证据,但他希望能引起什么人的注意。

吉恩后来回忆说，他很担心。他告发了一名同事，而且不知道有人是否会利用这些信息做些什么。他知道其他警察也曾因为可疑行为而被标记出来，但最终没有受到任何处罚。然后，你还是不得不和这些人一起工作。一年前，一名举报同事的便衣警察在汽车的挡风玻璃上发现了一只死老鼠。

吉恩决定自行解决这件事。他给自己的警督打电话，问贡多几点下班。那天晚上，他开车到贡多的小区，在远处停下车，拿出望远镜。他隔着深色的车窗，观察停在路边的车，记下它们的车牌号，看看能不能有所发现。不过在内心深处，他希望看到像施罗普希尔这样的人来这里或从这里离开，这样他就可以拍下照片作为证据。他说不定还能抓住他们在交易毒品。

"如果我能证明他贪赃枉法，我就亲手抓住他。"吉恩想。

在三周的时间里，吉恩来了六七次，但没有任何收获。当时，他正谋求升职，而且很快离开了枪支追踪特别工作组。他再也没有听到任何关于贡多的消息，只知道贡多还在街头工作，仍然留在枪支追踪特别工作组。吉恩提供的信息一直留在联邦调查局的档案中，悄无声息。

这件事发生在2013年。两年后，詹森和联邦调查局的调查人员找到吉恩，想了解他上次举报的情况。联系任何与调查有关的人都被认为是有风险的——巴尔的摩市警察局很容易走漏风声，而且可能有不为外界所知的同盟，这些都可能对调查产生影响。但詹森认为，少数几个人之间的对话值得一试，因为这可以使他们掌握更多的情报。

虽然不清楚具体原因，但听说联邦调查局在跟进这桩案件后，吉恩大受鼓舞。他给了联邦调查局的探员们他保存的贡多的两个手机号码，还告诉他们，贡多和安东尼奥·施罗普希尔会在华盛顿的俱乐部聚会。

吉恩想帮忙。他想到了一个可能了解更多内情的人，一个曾与贡多打过交道，而且同样对贡多的"腐败"表示担忧的人。

他联系了韦恩·詹金斯。

吉恩说他告诉詹金斯："联邦调查局刚给我打了电话，我需要更多关于贡多的信息。"

吉恩后来说，詹金斯表示愿意帮忙，还说出了贡多的同伙格伦·凯尔·韦尔斯的名字，提醒调查人员注意这个人。

与此同时，对贡多的电话记录的分析显示，贡多经常同施罗普希尔和韦尔斯通话。从2015年10月11日到2016年1月1日，贡多和施罗普希尔通话99次，平均每天超过一次。而从2015年7月2日到2016年1月1日，贡多和一个与韦尔斯有关联的号码通话316次。虽然不知道他们谈了什么，但詹森确认施罗普希尔和韦尔斯都不是秘密线人。联邦调查局决定暂时不要打草惊蛇，而是继续监听施罗普希尔，看看有什么收获。

"如果他们在电话里讨论违法勾当，请系好安全带，我们将开启一次旅程。"詹森在2015年12月底的一次会议后告诉她的上司。

与此同时，这次调查将对巴尔的摩市警察局保密，只有少数人知道这件事。

按照联邦检察官怀斯后来的说法，"要想保守秘密，最好的办法是不要告诉任何人"。

在调查过程中，另一名警员加入了枪支追踪特别工作组，与贡多、拉亚姆和他们的警司阿勒斯共事。丹尼尔·赫斯勒在巴尔的摩东区的白人工人社区高地镇长大，在当地居民和辩护律师当中声名狼藉。十年前，一名质疑过赫斯勒的可信度的辩护律师透露，他和另一名警员收集了46份针对赫斯勒的内务部投诉。虽然其中只有一项投诉的调查结果是"成立"——这意味着警察局已经对当事人提起了指控——但法官同意辩护律师在对被赫斯勒逮捕的三名来自巴尔的摩东区的男子的庭审中提起这件事，因为这个数量很不寻常。"过于频繁的不当行为意味着缺乏说出真相的意愿。"巴尔的摩市的一名法官说。

为该案被告辩护的律师感到非常不安。他给当时的警察局局长写了一封信，要求审查赫斯勒的人事档案。该市的首席法律顾问嘲讽地回复道："你对巴尔的摩市警察局的管理的关注是值得称赞的，因为极少有为暴力贩毒组织成员辩护的律师会对建设一支强大而高效的执法队伍感兴趣。请放心，（局长）正致力于推动整个警察局严守纪律。"当检察官选择放弃此案而不公布赫斯勒的历史时，巴尔的摩市警察局的首席法律顾问抱怨道："未经证实的投诉不应成为放弃起诉坏人的理由。这些警员本可以向陪审团解释缉毒警察的实际工作情况，以及他们收到过许多来自毒贩的虚假投诉。"

不过，赫斯勒凭借几次英勇行为挽回了在同僚眼中的形象。其中最突出的一件事发生在2010年：他当机立断采取行动，救了中弹的搭档一命。2011年，他被授予巴尔的摩市警察局最高荣誉——荣誉勋章。

但是，麻烦没有就此结束。截至2014年，该市为在多起涉及赫斯勒的诉讼中达成和解，一共花费了20万美元。当时该市的顶级说唱歌手扬·穆斯公开指责赫斯勒骚扰自己，还指控赫斯勒偷了他的钱。在《去他的警察》这首歌中，穆斯点名批评了赫斯勒等人。

不过，这些投诉尚不足以让警察局开除赫斯勒。虽然警方高层在2015年确实采取了非常规措施——禁止他在犯罪率奇高的东区巡逻，因为投诉太多——但他被调到了枪支追踪特别工作组，这是一份更好的工作，而且执法权覆盖全市范围。他的上司仍然支持他。当赫斯勒因为纪律问题引起注意时，他当时的警司约翰·伯恩斯在给警衔更高的部门负责人的一封电子邮件中写道："罪犯们非常害怕（赫斯勒），所以才会提出虚假投诉和指控。"

"赫斯勒一直是一名出色的警探，我和他之间从来没有任何问题。他在我手下工作了将近八年，我从未看到他有任何不当行为，也没有听他说过任何不得体的话，"伯恩斯写道，"我们不能让罪犯支配我们的警员的人生。"

第十二章 "怪物"

弗雷迪·格雷之死引发的骚乱虽然平息了，但激增的枪支暴力事件完全没有消停的迹象。2015年，该市发生了342起谋杀，在该市历史上排名第二，而人均谋杀率更是创下了历史新高。凶杀组陷入困境。随着案件数量的增加，警探们的破案压力越来越大，结案案件只占三成。这个结案率低得离谱，警探们甚至抱怨说，当年的统计数据不应该作数。有人把这一年比作棒球的类固醇时代，当时球员们普遍使用药物来提高成绩，并因此频频改写纪录。他们说，应该给2015年加个星号做注释，注释的内容是"弗雷迪·格雷时代"。

这些暴力事件没有规律可循。虽然一些团伙或个人参与了多起谋杀，但大多数案件是常见的争吵或报仇，只是数量变多了。警探们抱怨道，社区提供的线索越来越少。在社区会议和市议会听证会上，市民要求阻止暴力。格雷事件后，肖恩·苏特警探被调入凶杀组，接手了当年最引人注目的一起案件——死者是一名24岁的卡车司机，同时也是三个孩子的父亲，人们认为，他之所以被杀，是因为他修建栅栏以阻止毒贩经过他在巴尔的摩西北区的房产。

下一年，也就是 2016 年，沃尔特·普赖斯死于非命。他曾在 2014 年和 2015 年与警方合作调查詹金斯，但无果而终。32 岁的普赖斯在巴尔的摩南区的一条小巷里被枪杀，双手被绑在背后，嘴巴被封住。调查陷入停滞。

急于阻止事态继续恶化的警方高层知道什么人值得信赖，那就是"敲门人"，即警察局的便衣警察，他们愿意在街头四处打探，而不会因为现在人们对警员一举一动的密切关注而畏首畏尾。警方成立了"作战室"以确定首要目标，剩下的工作就交给像詹金斯和他的团队那样的警察去做。不过，这些警员找到的常常是像马利克·麦卡菲这样的人。

2016 年 3 月 10 日，这个 20 岁的年轻人从位于北大道和宾夕法尼亚大道的十字路口的一家街角商店走回家时，发现街上有便衣警察，似乎在搜查某人。麦卡菲的左口袋里塞着一袋大麻和刚从银行自动取款机取出的 1 300 美元—— 一些面值为 100 美元和 20 美元的钞票——他说他要带着这些钱去西联汇款公司给他的女朋友汇款，以便她交房租。

警员们朝他走来。"我跑开了。"麦卡菲后来回忆说。

从犯罪记录看，麦卡菲算不上危险人物，不足以上"见到就开枪"的名单。他曾因持有大麻以及在夜间骑自行车时不开灯被逮捕过一次，后来又因持有大麻再次被捕。他十几岁时曾被枪击，此时他正努力想要戒掉由此导致的药物滥用。

麦卡菲 6 岁时失去了父亲奥利弗·麦卡菲，奥利弗在尤托街为巴尔的摩出身的前重量级拳击冠军哈西姆·拉赫曼经营一家服装店。2002 年 2 月，奥利弗被发现死在这名拳击手的车里，死因是枪杀。

当时正与他约会的女人——她是该市牧师的女儿——也被杀害。不过，奥利弗·麦卡菲的工作不仅仅是卖衣服。

马利克的母亲洛丽·特纳坦率地回忆说："他的父亲是一名杀手。"

特纳回忆说，住在巴尔的摩东区时，她曾与血帮的人对峙，后者想把10岁的马利克吸纳进黑帮。"他想被人认可，他在寻求归属感。"特纳说。为了让马利克待在家里，她买了一台索尼PlayStation。他上了一所另类学校[1]，在那里被认定为需要特别照顾的学生。

马利克对电脑很感兴趣，渴望上大学。他参加了课外活动和一个辅导项目。一名男导师偶尔会带他去看电影，这个项目要求他必须完成家庭作业。

"他总是在家里玩游戏，"他的姐姐莉德拉·特纳回忆说，"家里的东西都是他修的。"

马利克13岁时第一次中枪，当时他的一个朋友与其他孩子发生了冲突，有人掏出了枪。他的脚被击中，医生给他开了止痛药。

15岁时，他花了三个月的时间学习起草一个服装品牌的商业计划，还在当地的创业比赛中获胜。在颁奖仪式的录像里，有人给身穿白衬衫、系着领带的马利克颁了一个纪念匾，旁边的人在鼓掌和拍照。他得到了前往纽约同服装品牌FUBU的高管和设计师见面的机会。

就在颁奖典礼结束两个月后，他再次遭枪击，这次是因为被人打

---

[1] 另类学校，拥有非传统课程与教学方法的教育机构，此类机构提供广泛且多元的教学理念，其中一些学校专为有天赋的学生、有特殊需求的学生、被其他学校开除的学生等授课。

劫。他的胸腔和肝脏受了伤，于是他在约翰斯·霍普金斯医院接受治疗。医生再次给他开了止痛药，这次他产生了药物依赖。

"他差点死了，"洛丽·特纳在谈到枪击事件时说，"当他开始吃那些药片时，我还不知道他上瘾了，直到有一天我和他说话，他喃喃地说着一些我听不清的话……他从来没有不尊重过人，从不发脾气，也没有别的毛病。但是那些药……"

他不再去上学，并从咀嚼盐酸羟考酮转为服用阿普唑仑片，喝一种含可待因的止咳糖浆。他的姐姐回忆说，他会晕过去。

"它是可以解释的，但很难想象，"麦卡菲后来谈到自己的毒瘾时说，"你的大脑讨厌它，但你的身体渴望它。"

洛丽·特纳说，从 2015 年开始，这座城市变了，暴力和毒品似乎失去了控制。"家家户户的孩子都在被谋杀，"她说，"每个人看起来都像僵尸一样。"2016 年初，她决定搬到佛罗里达，希望麦卡菲和她一起去。麦卡菲当时已经 20 岁了，他说他也想改变。"给我几个月时间，我会振作起来的。"他说。

就在麦卡菲的母亲离开马里兰州几个月后，他在经过社区的路上遇到了詹金斯。他在街角商店买了些吃的和喝的，然后看到警察朝他走来。他放在运动裤左口袋里的现金被拿走了。他说，詹金斯拿出一部手机，让他承认持有大麻，这样他就能拿回自己的钱。一名警员翻过附近的一堵墙，在墙的另一侧发现了一把上了膛的点 45 口径手枪。

麦卡菲坚称那把枪不是他的。

"枪是在他们拿走钱之后才出现的。"他说。

麦卡菲面临四项与武器相关的指控。合理依据陈述书只字未提被警察拿走的钱。他交了保释金后被释放。起初，他最关心的是被偷走的钱。

"因为我知道我是无辜的,"他解释说,"但在第一次出庭后,我看到了指控的内容,我想该死的,我可能真要在监狱里待上五年了。我更关心我会怎样。我不想要钱了,只想确保不会被关进监狱。"

这段经历改变了他对警察的看法。

"我开始觉得警察都是坏人,虽然我知道他们不是那样的,"他说,"但我确实开始这么看他们,觉得每个人都是坏人。"

那个月晚些时候,詹金斯抓住了一条更大的鱼。他和他的人沿着巴尔的摩西北区的一条单行道横冲直撞,希望能趁犯罪嫌疑人来不及反应的时候将其抓获。他们看到,一个背着迷彩双肩包的36岁男子迅速跑进一辆丰田小型面包车的副驾驶座。这个背包引起了詹金斯的警觉。他在警察局内部以"眼力"闻名,就像一名户外运动者发现树上的鹰一样,据说詹金斯能够凭借蛛丝马迹看出街头可能的犯罪活动,他能发现其他人可能永远注意不到的东西。不过,很多时候,他只是在做简单的罪犯特征分析。"不管什么时候,只要看到一名成年男子背着一个书包,他总是认为包里藏着武器或毒品,"他的部下莫里斯·沃德后来回忆说,"他总是想拦住他们,检查他们的包。"

詹金斯把车停在那辆小型面包车前,他的小队下车把车围住。詹金斯从副驾驶座的窗户往里望,看到那人的脚边有一个箱子。沃德警探拉开另一侧的车门,伸手去拿扔在后座的另一个袋子。沃德拉开袋子,发现里面装着半千克以上的可卡因。那个人脚边的箱子里装着2.15万美元。警员命令司机奥里斯·史蒂文森和那名乘客下车,给他们戴上手铐,让他们坐在路边。

拦截盘查和发现毒品似乎是偶然的,但沃德后来说,詹金斯似乎早就想去那里巡逻,仿佛他知道自己能有所斩获。此时,詹金斯开始"玩那套联邦探员的把戏"——这是他的同事的说法。詹金斯告诉那两个人,他是联邦调查局的缉毒探员,事先已经知道这笔毒品交易。他向他们保证,他们不是这次调查的目标,不过他们可以帮忙,告诉警员哪里可以找到更多的毒品,以及他们和什么人合作。

警员们把这两个人分开。詹金斯把史蒂文森带到小型面包车后,设法让他开口。根据詹金斯当时的报告,史蒂文森一开始提供了一个假地址,但警员在车上发现了一张临时登记证,上面有他的真实地址。詹金斯又骗史蒂文森说,另一队警察已经搜查过那里了。"这时,史蒂文森低下头,开始大口喘气。詹金斯警司告诉史蒂文森,我们几次看到他进出那个地方,我们知道他住在那里,"警员们在法庭卷宗中写道,"史蒂文森随后开始打探,他要怎么做才能脱身。"

詹金斯问史蒂文森,他家里还有多少可卡因。史蒂文森说没有。詹金斯后来说,史蒂文森突然恳求他们不要逮捕他孩子的母亲,并承认他家里"有几千克"可卡因。在被追问到底有多少时,他说"七,也许是八"。枪呢?"有。"史蒂文森说。

詹金斯走出小型面包车,转身对警员说:"我们抓到了一个'怪物'。"

詹金斯把重量级毒贩称为"**怪物**",他们贩卖每块价值数万美元的"毒砖"。这种级别的毒贩很可能在家里放着一大笔钱和毒品——一沓沓的钞票和成堆的粉末被藏在天花板的缝隙处、床垫下或地下室的保险柜里。十年前,一个贩毒组织向巴尔的摩市输送了价值2 700万美元的海洛因,史蒂文森作为这个贩毒组织的成员被起诉,随后在联邦监狱待了11年,这是他第二次在监狱服长刑。这次被抓时,他是一名卡车司机，已经有了孩子，住在巴尔的摩东北区。

警员们打电话给警察局的情报分析员，让他们找出所有关于史蒂文森的信息。他们找出了几个可能跟他有关系的地址。第一个是一栋二层建筑，位于富尔顿街和普雷斯特曼街的十字路口，刚好在巴尔的摩西区的中心。虽然警员们在史蒂文森身上发现了毒品，但法律规定他们需要有能将这处房产与史蒂文森的毒品活动联系起来的具体的合理依据才能搜查那里。但警探们有更好的东西——史蒂文森家的钥匙。

詹金斯撇下其他人，独自打了一个电话。他告诉他们，他给另一个组的一名警员打了电话，让他在他们赶到前一直待在毒贩家，防止有人捣乱。

电话响起时，詹金斯的朋友、保释代理人唐尼·斯特普正在家里。来电的是詹金斯，他的嗓音很有特点。詹金斯保持着标志性的谨慎，但显然很着急。

"我要你尽快去这个地方，"詹金斯告诉他，"我刚抓到了一个大毒枭。"

詹金斯的小队正前往史蒂文森在城西的一处房产，詹金斯想让斯特普先去史蒂文森在巴尔的摩东北区的家。詹金斯偶尔会把斯特普带进巴尔的摩市警察局，好像斯特普得到了许可一样。斯特普在警察局的办公室里拍下了自己坐在詹金斯身边的照片——照片上的斯特普穿着警用背心，拿着枪。其他时候，比如这次，詹金斯会小心翼翼地避免斯特普被发现，让他在自己的下属浑然不知的情况下偷窃毒品。其他人对斯特普了解不多，只知道詹金斯在保释代理行业有一个熟人。

"他告诉我，如果我快点到那里，他的小组就不会知道到底发生了什么。"几年后，斯特普在法庭上回忆说。

詹金斯还喜欢夸大斯特普能分到的钱，希望这样能激励斯特普。"韦恩会告诉我，我能得到什么：在一个小保险箱上面有25万美元，保险箱里有50多万美元现金。在保险箱左侧六英尺处有一个壁橱，里面有10千克可卡因。'唐尼，一共有175万美元，'他说，'如果你能进去，我们就可以分掉这些。'"

斯特普在导航仪里输入希思菲尔德路，开车赶往那里——18英里的车程大约花了半小时。他被告知要绕到房后，但当斯特普开车到房前时，他看到附近有人，吓了一跳。

他没有进屋，而是坐在两个街区外，等待詹金斯和他的人到来。

在城市的另一边，史蒂文森在普雷斯曼街的家似乎不是主要的藏匿点。几个月前，史蒂文森以区区1.65万美元的价格买下了这栋二层小楼，当地空置或老旧房产只值这个价。史蒂文森的妻子用这个地址注册了一家名为"往事"的有限责任公司，显然希望建立一个小型安老院。当天晚上，屋里似乎没有人，不过一个送床垫的人在屋外等候。由于不想引起注意，詹金斯和他的队员脱下警用背心，假装是这处房屋的主人。他们没有合法依据，但还是用史蒂文森的钥匙打开房门，四处搜查。不过，除了成人纸尿裤与其他和安老业务有关的物品，他们一无所获。

接下来，警员们前往史蒂文森在希思菲尔德路的实际住所，它在摩根州立大学和好撒玛利亚人医院之间，斯特普正在那里等候。警员们看见史蒂文森的一个邻居在外面，于是要了一个花招，让马库斯·泰勒警探假装正在追赶某人。这足以引起该街区的人的注意，这样警员们就能够以紧急状况为由进入这栋住宅，还可以阻止其他人入内，以确保没有人进去破坏证据。

虽然警员们还是没有搜查令，但他们有钥匙。翻了一遍后，他们发现了可卡因、枪和几袋钱。詹金斯怀里抱着一千克白色粉末。"你们上次看到这个是什么时候的事？"他说，"已经有一段时间了吧。"

斯特普从望远镜里看见詹金斯出来，詹金斯只在屋里待了几分钟。

"他走出门，看起来像圣诞老人。"斯特普说。詹金斯的警用背心里塞满了东西，他还把一个袋子扔进警车后面。詹金斯用手机给斯特普打电话，问他在哪里，让他把车开到街上。斯特普回忆说，詹金斯在他身后匆匆赶来。

"他打开我的卡车的乘客座门，扔进来两千克可卡因，对我说：'唐尼，我要去度假了，你能在本周内给我5 000美元吗？我就要去度假了。'我说：'可以，没问题。'他把价值几十万美元的毒品扔进我的卡车。所以，我当然能跟他说，我会在一周内给他5 000美元。他告诉我，如果我被拦下，给他打个电话，他会解决的。他还告诉我，不要开得太快，注意限速。然后，我就离开了。"

沃德被留了下来，而詹金斯和其他队员则驱车返回市警察局申请搜查令——申请进入他们已经进过的那栋房子。沃德怀疑他们不会把这次拦截盘查拿到的钱分给他。

在中央拘留所，史蒂文森给妻子打电话，他的妻子说自己开车回家时，看到里面有警察。

"一切都好吗？"史蒂文森问。

"不好，我的意思是不好。"乔纳·霍洛韦说。

"你和谁在一起？一个人吗？"他说，"发生了什么？你到那里时发生了什么？"

"他们在里面,"她说,"但他们没有……他们没有搜查令。"

"他们看见你了?"

"嗯,嗯。"

"他们在你到那里之前就在那里吗?"

"是的。"

"你路过时看到他们了?"

"是的,他们肯定进去了……他们肯定用了你的钥匙。"

詹金斯和他的队员在下午将近4点的时候将史蒂文森拦下,最终,他们拿到了搜查令,返回时已是午夜。詹金斯向史蒂文森的妻子出示搜查令,她看着一名警员拍下了詹金斯用钥匙打开前门的过程,仿佛詹金斯第一次进屋一样,但其实他们已经进去过了。然后,詹金斯让人录下了自己在客厅里和她的对话。

"你知道这间房子里有枪支、毒品或钱吗?"詹金斯在泰勒拍摄的一段视频中问道。

"我不知道。"霍洛韦说。

"你认为屋里有这些东西吗?"詹金斯问。

"我不认为。如果我(知道),我不会待在这里。"

"你不知道?好吧。屋里有大笔现金吗?"

"没有。"

"有什么吗?你觉得你孩子的父亲有吗?他有可能藏钱吗?"

"没有。"

"没有?那藏在你家里的毒品呢?枪支呢?没有吗?好吧,女士,我们要搜查你的住所了。"詹金斯说。

霍洛韦被带到外面。她在屋外的车里待了几个小时,等待警员们收工，但最终还是觉得不耐烦，于是离开了。

警员们进入未完工的地下室，那里有一个保险箱。他们用专用的撞锤撞击保险柜，终于砸开了它。里面有 20 多万美元。

132　　他们想把钱全部拿走，但最终决定采取更加稳妥的做法——上交一部分赃物来掩盖一场抢劫，比假装从未发生过抢劫要容易得多。如果毒贩说他的现金比警察上交的多，那么举证责任就在他。这样他很可能就要承认毒品是他的，这对他更加不利。

"他（史蒂文森）说有多少钱？10 万美元？"詹金斯问其他人。

詹金斯估摸着取出大约 10 万美元，放回保险箱，拿走剩下的钱，关上保险柜。他走上楼，把钱扔进一个黑色塑料袋，让他的人再次打开保险箱，但这次要用手机录像。他们在镜头前假装第一次打开保险柜，不过里面的钱只有原来的一半。

"嘿，警司，快下楼。他们要把它打开了！"泰勒在手机录像中说。当保险箱打开时，警员们表现得很激动。"哇！""噢，该死的！"

然后，詹金斯出镜了，表现得像一个忧心忡忡的主管。

"停下，马上停下，"手机录像传来他的声音，"现在就拍照或录音。谁都别碰它，你们听懂我的话了吗？"

"我一直在拍。"泰勒向他保证。

"你觉得有多少？是的，一直开着摄像机。我们要给联邦调查局打电话。"詹金斯说。

"要我说，有 10 万。"泰勒说。

"别碰。我们都不能碰它。继续录像，谁也不能碰这些钱。你一直拍，这样他们就能闭嘴了。"詹金斯说。

詹金斯给他认识的一个联邦毒品特别工作组的探员打电话，让对方把警员们发现的钱收集起来。这是标准程序。警察发现大笔现金时，会通知美国缉毒局来收集这些钱。特别工作组的警员伊桑·格洛弗当时碰巧在监听史蒂文森，他和詹金斯曾是警校同学。格洛弗后来在做证时说，詹金斯拦下并抢劫了他监听的目标，又叫他来收集钱，这完全是巧合。

詹金斯告诉格洛弗，他的队员没有碰过这些钱，还拍了照片予以证明。格洛弗说他检查了保险箱，看起来和照片上的一样。

在史蒂文森家伪造现场后，四名警员——詹金斯、沃德、泰勒和伊沃迪奥·亨德里克斯——前往泰勒位于城南格伦伯尼的家。泰勒没有妻子和孩子，因此警员们无须担心有人会打扰他们。詹金斯把钱倒在泰勒书房的地上。

詹金斯拿了大约4万美元，其他人每人拿了大约2万美元。

詹金斯告诉其他人下一步该怎么做。他让警员们不要把钱存进银行，也不要花巨资买有可能引起注意或能被追踪的东西。这对亨德里克斯来说很容易，他是一个31岁的已婚父亲，有五个孩子，他的妻子要回学校读书。他可以把这笔钱用于日常开支。

泰勒想给几个月前才买的新房子装一个露天平台。詹金斯给他推荐了一个承包商，这个承包商可以在发票上伪造价格。

当沃德开车回到城东的家时，他还在想刚才发生的事。他不知道该如何处理这笔钱。

从某种意义上说，这已经太晚了。沃德参与了抢劫和事后的掩盖，还和其他人一起分赃。如果这些警员被发现，良心不安无法帮助他脱罪。

"一方面，你不想成为队里那个格格不入的人。你不想让他们觉得你会去告发他们,也不想被排挤,"沃德后来说,"另一方面,这就像(搜查时)毒品消失了一样,2万美元——我、亨德里克斯和泰勒,加起来有6万美元。这可是一大笔钱。丢了钱的人当然会去投诉。我想我是唯一还在租房子的人。我不能拿这2万美元把房子重新装修一遍,装一个厨房台面,还有其他东西,因为房子是租的。所以,我没办法花掉这笔钱。我不打算把这些钱……放在我的房子里,这会危及(我的家庭),给他们带来麻烦。钱实在太多了。总而言之,弊大于利。"他告诉联邦调查局,最主要的是,他害怕他的未婚妻会有所察觉,她也是巴尔的摩市警察局的警员。

134　　沃德说,回到家后,他去了附近的一个林区,把2万美元埋到地下。

　　对于詹金斯来说,史蒂文森的事还没完。他经常监听史蒂文森从监狱打出的电话,以判断后者是否会不依不饶。史蒂文森确实很担心,让他的妻子检查一个装大衣和夹克的袋子,说"里面应该有钱"。他的妻子回答说"没有"。她说,警察拿走了所有东西,包括地下室的毒品和现金,以及他的一块昂贵的手表——价值4000美元左右的百年灵航空计时表。

　　史蒂文森说他想雇一个好律师,这让詹金斯很担心。

　　詹金斯想出了一个办法。史蒂文森的救命稻草是他的妻子霍洛韦,她在监狱外为他奔走。如果詹金斯能让她不再关注这件事,也许史蒂文森就找不到一名好律师。这样他将不得不选择一名公设辩护人。公设辩护人由于工作过多,而且很可能毫无动力,或许会告诉史蒂文森,他别无选择,只能认罪。

詹金斯让警员们写一张纸条，冒充是另一个女人写的，说她怀了史蒂文森的孩子，把纸条塞进史蒂文森家的前门，让他的妻子看到。但霍洛韦没有上当。她为她的丈夫联系了著名的辩护律师伊万·贝茨，贝茨以前与詹金斯打过好几次交道，而且当时正为一名被指控谋杀了弗雷迪·格雷的警员辩护。

如果说詹金斯的手下顶多算是心不甘情不愿的同谋者，那么警司的援手即将到来。他很快会得到一个新的团队，他们对利用警徽犯罪没有丝毫顾忌。

第十三章　监听器

2016年3月的最后一天,约翰·西拉基警司正在伍德罗恩的联邦调查局办公室里,一名探员带着重要消息来找他。那名探员说他收到了县缉毒警察监听到的施罗普希尔的一次通话的录音。那名探员坐着,戴耳机听,西拉基看着他的脸,观察他的反应。探员拔下耳机,改用扬声器播放,这样所有人都能听到。他们终于找到了一直在等待的突破口。

几个月前,联邦调查局的调查人员发现了克莱威尔的全球定位系统追踪器,还同吉恩谈到了贡多与施罗普希尔的关系。但他们还没有收集到足够的信息来监听贡多的电话。监听的司法门槛极高,调查人员必须证明监听对象有可能在电话中讨论与犯罪相关的信息,而且该信息无法通过其他方式获得。

就在这个时候,联邦调查局的人通过先前获得授权的对施罗普希尔手机的监听,发现他给贡多打电话。施罗普希尔告诉贡多,他在车下发现了一个全球定位系统追踪器。贡多让施罗普希尔通过FaceTime联系他,这样他就能看到施罗普希尔在说什么。在屏幕上,施罗普希尔给他展示了一个用铝箔包着的黑色追踪器。贡多告诉他,这绝对是执法部门干的。

"没关系,"施罗普希尔说,"我把它放到别人的车上了。"

贡多意识到他正在和一个电话可能遭到监听的人说话。

"嗯,我甚至不知道我在和谁说话,所以不管你要做什么,都要小心。"贡多在挂断电话前说。

当西拉基为特别探员詹森播放这段监听录音时,詹森很高兴。他们终于拿到了贡多通过电话帮助一个毒贩的证据,再加上贡多电话记录中的其他联系人,他们可以申请监听贡多了。

"就是它,"詹森告诉公共反腐小队的其他成员,"我们要用这个申请监听。我们要从这个电话入手。"

自从4月底开始监听贡多的电话后,探员们很快便有了发现。监听两天后,贡多接到了施罗普希尔的朋友格伦·韦尔斯打来的电话。接电话的是贡多的女朋友,她还让韦尔斯给她一些止痛药,因为贡多拔了几颗牙。调查员后来在法庭卷宗中写道,这表明双方存在着"长期的私谊"。

就在同一天,探员们听贡多对其他人说:"你想想,如果不干点别的,我怎么可能一天赚到1 200美元。"

5月4日,枪支追踪特别工作组的另一名成员拉亚姆给贡多打电话,提了一个隐晦的建议。

"我可能找到了一些东西,嗯,我可能找到了一些东西,可能会有收获,"拉亚姆说,"计划是,如果我给你打电话,肯定值得你跑一趟。"

"好的。"贡多说。

"我知道你正在办事,但想想我说的。"

"是的,我明白你的意思。"

"好的，好的，这件事可能只有我、你和（阿勒斯警司）。明白了吗？"

"好的，嘿，我明白了。"

"你只是，你只是，来见我。嗯，你来见我，然后在30分钟内离开。你明白我的意思吗？"

137　　后来，调查人员多少有些轻描淡写地写道，他们"说话小心翼翼，而且含糊不清，如果这是合法活动，他们会公开谈论细节"。

另一次被监听到的对话进一步证明了贡多和施罗普希尔的团伙之间的关系，贡多提到，一家高档俱乐部为他、韦尔斯和施罗普希尔开了特别通道。后来有一天，他在华盛顿哥伦比亚特区的一家俱乐部喝了一夜酒后，在清晨给一个女人打电话，语音含糊但态度直言不讳："我卖毒品。我今天干的就是这个。"

5月9日下午，这起案件发生了意想不到的转折。

詹森在联邦调查局伍德罗恩办公室的监听室里，用耳机听贡多的电话。贡多给一个线人打电话说，要查获一起计划好的毒品交易。这是詹森第一次听贡多谈论工作。

"我们本周就可以做那件事，是吧？（和）那个白人男孩？"贡多问线人。

"是的，但问题是我得先弄到一些（阿普唑仑）片。"线人说完后纠正道："哦，我不需要。"

"对，"贡多说，"因为他不会去你那里的。"

他们讨论了线人如何"陷害"一个名叫尼古拉斯·德福尔热的25岁哈福德县男子。贡多说，他想让线人确保德福尔热带着枪来见面，这样警察可以人赃并获。线人后来回电说，计划已经开始实施。

中午，西拉基上街调查另一起案件时，詹森让他去现场监视。当时天下着大雨，西拉基在几个街区外观察动静。从他的视角看，这次相遇看起来就像一次普通的拦截盘查。而正在监听的詹森听到的是一连串不同的事件。

德福尔热和他的女朋友开着灰色的2011款丰田赛恩穿过巴尔的摩西区，跟着贡多的线人前往见面的地点。线人担心德福尔热知道他被警察跟踪了。"你们要直接抓住他们。"线人告诉贡多。

贡多、拉亚姆、丹尼尔·赫斯勒和他们的警司托马斯·阿勒斯一起，最终把车停在寇平州立大学附近。

贡多给线人打电话。

"他的夹克右口袋里有一把枪。"线人说。

"你看到那玩意儿了吗？"贡多说。

"是的，他每次来都带着它，因为他们带着很多钱，他们很害怕。他身上应该有六七百美元，"她说，"他觉得自己会被抢劫，所以每次来都带着它。"

但贡多说，警员们在搜查时并没有看到外套里有枪。他甚至没看到夹克，德福尔热穿着一件T恤衫。

"它在车里，"线人坚定地说，"没有它，他不会来的。"

"他在摇头，说他什么都没有。"贡多说。赫斯勒正在搜车。

"它就在那辆车里，没有它，他不会来的。"

"他们搜查了他。它不在他的口袋里。"

"那就搜搜车，看看座位下面。"

他们最终在一个背包里找到了那把枪——一把只有两发子弹的点22口径手枪。德福尔热被逮捕了。詹森觉得贡多和线人之间的对话听起来很奇怪，尤其是他们就警察找不到枪的问题来回折腾了很久。她后来调出了这次逮捕的合理依据陈述书，这份陈述书的说辞与她听到的对话内容大相径庭。

警员们说，他们拦下了德福尔热的车，因为他离另一辆车太近（处于不安全距离）。走近德福尔热的车时，赫斯勒"看到德福尔热从右裤兜里拿出一把小口径手枪放进一个迷彩色背包里"。监听电话显示，赫斯勒没看到这一幕，因为警员们费尽九牛二虎之力才找到手枪。他们在陈述这次逮捕的合理依据时描述了一连串事件，这些事件证明警员的行动是合理的。

对于联邦调查局的调查人员来说，这次事件说明，贡多不仅与毒贩合作，而且他和他的小队在执行公务时不诚实。但这件事并没有就此结束。

联邦调查局的团队接下来决定调出德福尔热从监狱打出的电话的录音，包括德福尔热在入狱后不久与女友的通话。他们推测自己被熟人陷害了，还说警员在交通违规问题上撒了谎，而这正是他们遭拦截盘查的理由。

随后，德福尔热的女友问道："你的钱呢？"

"警察说他们把钱给你了。"德福尔热回答。

"没有，那完全是在撒谎，"她说，"他们把我的钱包还给了我，钱包里的钱还在。你的钱包是空的。他们什么都没给我。"

"我没有把它放在钱包里，它在我口袋的钱夹里。"

"我没看到钱夹。"

德福尔热为购买毒品随身带着现金，正如线人告诉贡多的那样，但法庭卷宗没有提及这一点。线人告诉贡多，德福尔热身上会有700

美元。德福尔热的母亲后来说，她的儿子至少带着1 500美元。法庭卷宗没有提到警察没收了任何钱。

詹森一直与怀斯保持着联系，后者是监督这项调查的联邦检察官。詹森向怀斯说明了最新情况。"你不会相信我觉得这中间发生了什么，"她告诉检察官，"我们认为钱被人拿走了。"

到了这一刻，该案已经从调查一名可能与贩毒团伙勾结的警员，到发现警员们在逮捕报告中对拦截盘查的过程说谎——这可能侵犯了公民权利——再到警员们似乎正干着抢劫的勾当。

德福尔热的母亲劳拉·斯莱特记得，儿子的女友在警察拦下他们时，从现场打来电话。"我觉得他们要逮捕尼克。"她说。他们的后座有一只斗牛犬，女友说，警员们威胁他们说，如果德福尔热不说出一个他们可以逮捕的人，他们就会把狗带到动物管理局，并扣下车。德福尔热的母亲说，她的儿子按要求做了，但警员们似乎不满意，以持有枪支的罪名起诉了德福尔热。那次逮捕的登记时间似乎印证了上述说法——德福尔热在下午1点15分被拦下，但直到晚上7点43分才被登记在案。

詹森因在调查时坚持不懈而被联邦调查局的同事戏称为"蜜獾"，她决定抓住这个机会，一查到底。她要求警察局内部的线人设法拿到逮捕地区的市监控摄像机，以查看关于这次拦截盘查的录像。她花了整个周末的时间从这些录像中寻找线索。这些录像证实了她监听到的内容——警察花了大量时间试图找到德福尔热的枪，而不是像在法庭宣誓证词中所说的那样，一眼就看到了武器。她看到拉亚姆在翻德福尔热的口袋。

联邦调查局此时还不想与德福尔热接触，因为担心他们的调查会被泄露给警员。他们永远没有机会和他交谈了——八个月后，德福尔热因过量服用芬太尼和可卡因而身亡。

詹森知道，他们偶然发现了枪支追踪特别工作组内部可能存在着严重腐败。但她需要更多证据。证明一起存在不法行为的案件，永远不如证明存在一个模式有力，而且继续调查可能牵出更严重的犯罪和更多的参与者。她和她的团队权衡了推动调查的各种选项。他们可以把自己的秘密线人介绍给这些警员，但贡多和拉亚姆戒心极强。詹森当时写道："即使秘密线人成功打入其中，贡多和拉亚姆也基本不可能信任他们，他们没有机会了解贡多和拉亚姆的活动。"卧底探员也会碰到类似的问题。"想在调查中引入一名卧底探员，那个人就必须亲近贡多和拉亚姆，"她写道，"贡多和拉亚姆很可能非常熟悉这种侦查策略，这将危及整个调查，并使探员身处危险之中。"

于是，他们转向另一个选项——诱捕行动。

联邦调查局租了一辆跑了10年的福特黄石房车，车身长约8.5米。探员们在车内安装了视频和音频记录设备，还放了4 500美元的"诱饵"和一些私人物品，看上去就像有人正开着这辆车旅行。这辆房车停在巴尔的摩东南区95号州际公路旁的一个停车休息区。

麦克杜格尔的哈福德县团队的一名主管将给枪支追踪特别工作组打电话，请求协助保护现场并搜查这辆房车。巴尔的摩市警察局的警员们将被告知，县警察扣押的一个人愿意合作，交代了房车的情况，还说车钥匙藏在保险杠下。县警察说他们正忙着向上级汇报，没办法赶到现场。

现场将只有枪支追踪特别工作组和一辆装着一大笔钱的车。摄像机会一直拍摄。

这样做的好处显而易见，他们可以抓个现行，而且证据确凿，不容狡辩。但坏处是，如果这些警员碰巧照章行事，未来他们的辩护律师可以在法庭上反复播放这段录像，以证明这些警员遭受过于积极的政府陷害，但没有上钩。

调查人员在6月初的一个中午启动了这项计划。詹森监听枪支追踪特别工作组的警员们的反应，这些警员检查了监控摄像头，查看了该区域。其他执法部门的警察接到类似的求援后，绝不会做这些事。

"他们——尤其是拉亚姆——非常警觉，担心被下套。拉亚姆甚至在电话里问，这是不是内务部安排的。"詹森后来回忆说。

詹森担心警员们会察觉这次诱捕行动。眼看这些警员马上就要到达现场，她必须做出抉择。如果成功，这次诱捕行动将提供无可争议的证据，证明他们在偷钱。但结果也可能适得其反，暴露整个调查。

"我们可能会失去一切。"她后来说。

她中断了行动。

哈福德县的调查人员送走了市警察，联邦调查局将房车从休息区开走。

詹森决心继续监听，但警员们那天异常的谨慎态度给她提了一个醒，她取消了让两名卧底探员在华盛顿哥伦比亚特区的一家夜总会与贡多接触的预定计划。

一个变化也引起了调查人员的注意。诱捕行动当天，拉亚姆是代主管，这是当主管不在时授予警员的头衔。这是最初的暗示，意味着枪支追踪特别工作组即将发生变化，而这些变化可能会危及詹森的整起案件。

针对枪支追踪特别工作组的调查在暗中进行的同时，所有人的目光都集中在对被指控杀害弗雷迪·格雷的警员们（有人称他们为"巴尔的摩六人"）的审判上。由于警员很少面临刑事指控，全国各地都将其视作可以被援引为判例的案件。莫斯比的办公室能将这些警员定罪吗？不同于其他许多引发"黑人的命也是命"运动的著名案件，格雷并没有遭枪击，检察官也没有指控警察殴打了他。这起案件更加复杂——警员被指控非法拦截盘查，并因严重疏忽导致费雷迪·格雷在被送往监狱的途中死亡。

在莫斯比做出起诉这些警员的决定后的几个月里，检方和由当地顶级律师组成的辩护团队展开了法律攻防战。一个由未正式参与此案的律师组成的影子辩护团队在幕后协助起草动议。辩护律师们主张庭审应该在巴尔的摩市以外的地方举行，并主张撤销指控，但未获成功。不过他们还是获得了一些优势，因为巴里·威廉斯法官裁定这些警员将被分开审判。如果六个人一起上庭，他们将承受所有指控的全部火力；如果分开审判，这些警员可以把责任推给其他未受审的人。

检察官们继续研究判例并重新检查证据，这使他们改变了原先对案情的推测。他们仍然确信格雷随身携带的刀具是完全合法的，这意味着警察没有理由逮捕他，因此警察的行为构成了企图伤害罪。但他们担心，这个逻辑太复杂，陪审团无法理解。于是，他们转而主张，警察从一开始就完全没有理由拦下格雷。他们还整理了警方的培训资料，以证明这些警员的行为违反了警察局的政策。

第一次审判在陪审团面前进行，吸引了全国媒体的关注，并引发了一场规模不大的和平示威。威廉·波特警员被指控犯有过失杀人罪和企图伤害罪等，因为他没有给格雷系上安全带，而且对格雷要求医护人员的要求置之不理。最终，陪审团陷入僵局，宣告无效审理——

只差一票，陪审团就可以宣布波特的过失杀人罪不成立，不过他们倾向于以较轻的危害他人安全罪和渎职罪给他定罪。

5月，第二个上庭的爱德华·尼罗选择了法官审判，即由法官决定他的命运。尼罗是执行逮捕的警员。检察官主张，格雷是在没有正当理由的情况下被警方逮捕的，因此相关警察犯有企图伤害罪。在通常情况下，对错误逮捕的补救措施是撤销对被逮捕者的起诉，或提起民事诉讼，而不是对警员提起刑事诉讼。在同一时间，一名法官裁定，詹金斯的特别执法科在没有合理依据的情况下拦下并逮捕了一名男子，这名男子据称把枪扔到了一个公共住宅区。这些警员没有被提起刑事诉讼，法官不但驳回了这起案件，还表扬了他们的工作："他们在一个犯罪率高企的地区工作，他们在例行检查，他们在做他们应该做的事……不管我最后如何裁决，让我对警员们的工作表示感谢。"支持对格雷案的当事人提起刑事诉讼的人认为，这个结果无法起到威慑其他警察的作用，检方有必要采取更为严厉的立场。

"警察被允许做出判断。他们被允许犯错，"尼罗的律师对主审法官威廉斯说，"绝大多数情况下，州政府会说，是的，这是一个错误，但它是善意的，我们仍然认为它是可以被接受的，不应该被压制——但尼罗警员是一个例外。不管出于何种原因，在尼罗警员的案件中，他们的立场是有人犯了错，警员们是在犯罪，所以他应该被起诉。但法律不是这样规定的。"

威廉斯宣布尼罗无罪，理由是还有其他警员参与，所以他个人应该承担的罪责是有限的，而且考虑到他接受过的训练，他的行为不能说是不合理的。接下来还有五场审判，但检察官们显然将面临严峻的挑战。

第十四章 "马蜂窝"

在领导特别执法科的几个月里,韦恩·詹金斯会定期给高层写邮件,总结他们打击枪支犯罪的成果,以确保高层知道他们在认真工作。

"前两个月还不错,"2016年3月1日,詹金斯给他的上司写道,"我打算再加把劲,2016年争取突破200起(违规持枪案件)。"

"韦恩,你的成果是无法衡量的,"负责监督所有便衣警察组的行动情报科主管凯文·琼斯警监在回复詹金斯的邮件中写道,"查获一把枪,抓到一个人,都能减少暴力,效果超出我们的想象。再接再厉,在外面注意安全。"

5月,也就是詹金斯与局长握手并因在骚乱中的表现而获得铜星勋章的几周后,他提出,如果能得到更多的资源,他的小队可以做出更多的成绩。他强调,必须由他亲自挑选新队员:

> 今天(2016年5月4日)晚上,我的人找到了第50个违规持枪的人。我想说的是,在过去的九次陪审团审判中,我们都赢了。在我们市,我们还没有输过一起涉**枪**案件。同时,这种节

奏的积极执法通常会引来被捕者或平民的投诉，但今年到现在为止，我们只有一起投诉，而且很快就能结案。大多数人认为这些枪是我找到的，但我想声明，这些枪和案件是我的队员的功劳。没有他们，我做不到。

我请求让我挑选三名警员，按照我的方式训练，让他们能够有礼貌而又积极地逮捕本市的枪支犯罪者。根据我们所有人在过去一年里取得的成绩，我觉得如果再有两辆雪佛兰羚羊车和三名（由我挑选的）警员，我们能够逮捕和起诉更多的枪支犯罪者，挽救更多的生命。

现在，也就是夏季之前，我再训练三名警员，我们肯定能挽救生命，逮捕枪支犯罪者。如果我有这些工具（人和车），我们将挽救更多的生命，降低犯罪率。

发完邮件后，詹金斯把这封邮件转发给了唐纳德·斯特普。

一个月后，肖恩·米勒高级警督给另一名高层发了一封电子邮件，告诉他即将到来的人事变动。

"周一，阿勒斯会到（美国缉毒局）第52组，詹金斯会去枪支追踪特别工作组。詹金斯小队的三个人将被并入枪支追踪特别工作组。这个特别工作组很快会承担更大的职责。"他写道。

韦恩·詹金斯被任命为枪支追踪特别工作组的新主管。

他要把和他一起做着偷窃勾当的沃德、亨德里克斯和泰勒带到贡多、拉亚姆和赫斯勒的身边，后者已经在从事不法勾当。这是巴尔的摩市警察局高层做出的一个极其错误的决定，他们认为自己给手下最勤奋的人提供了他所需要的资源，以清理这座城市。而实际上，他们给詹金斯和他的手下创造了新的机会，使他们的不法行为变本加厉。

146 对于已经在调查贡多团队的联邦调查局的调查人员来说，这是一个礼物——即便他们真的想过让腐败的警察聚到一起，然后将他们一网打尽，他们也不可能做得比现在这样更好。

不过，联邦调查局的人当时还不清楚刚刚发生的一切意味着什么，詹金斯还没被他们盯上。事实上，联邦调查局的这个团队当时担心他们对枪支追踪特别工作组的调查可能已经失败了——变化来得太突然，也许是因为有人泄密了。为什么在联邦调查局监听期间，枪支追踪特别工作组的主管托马斯·阿勒斯会突然被调到美国缉毒局的特别工作组？而这个位置一直找不到合适的人选。就在米勒发邮件宣布这些变化的四天前，市警察局迪安·帕尔梅雷副局长发了一封简短的邮件，询问他的前司机的去向："阿勒斯被调走了吗？"

警员们也起了疑心。贡多给拉亚姆打电话，告诉后者，他从另一名警员那里听说，阿勒斯之所以被调到美国缉毒局，是因为他们的组正在被调查。

"听我说，"贡多说，"他说：'嘿，我听说你们都被盯上了。'我问：'谁？'他说是枪支组，汤米[1]之所以离开，是因为他被盯上了……我说，好吧，我想不出……我们会有什么事。我们什么都没干。我甚至都没想到那个。你明白我的意思吧，那种事是有可能的。要我说，有可能是因为，你懂的，他们〔调到枪支追踪特别工作组的新成员〕来了。"

---

[1] 汤米，此处指托马斯·阿勒斯。

贡多似乎担心新警员的到来可能是陷阱。

"他说这只是传言,"贡多接着说,"我只是在转述他的说法。"

或许是为了说给可能在听的人,贡多强调他们是清白的。

"我什么都没干。你知道我在说什么吗?我们在工作!……我不知道。我的意思是,我不知道,拉亚姆。"

"所以他说那个,[阿勒斯]就是因为那个离开的吗?"拉亚姆答道。

"关于那个,我有一个想法,我的意思是我可以理解,然后我又不能理解了,因为他们[美国缉毒局]早就想抓他[阿勒斯]了,你明白吗?"贡多说。

"除此之外,他仍然是其中一员。"

"没错,我也是这么说的。你明白我在说什么吗?"

"反正也没什么。"拉亚姆说。

"我要告诉你的是,要小心。你明白我在说什么吧。和他们在一起的时候,"贡多说,他指的显然是小队的新成员,"他们带来了很大的压力。"

特别探员詹森在2013年秋同詹金斯打过交道,当时她在联邦调查局安全街头小组工作,这是一个针对暴力犯罪的特别工作组。她的小组正在进行一项长期的监听调查,詹金斯和他的人突然出现,逮捕了他们一直在追踪的目标人物中的一个。她知道和他共事不容易,但不知道他手脚不干净。

事实上,根据麦克杜格尔和基尔帕特里克的说法,詹森当时对詹金斯的印象不坏,还想让他帮忙扳倒贡多等人。基尔帕特里克回忆说,詹森说过,"我们得告诉他,他正要走进一个马蜂窝"。

基尔帕特里克和麦克杜格尔还不想明确说出他们对詹金斯的怀

疑，但他们警告詹森，不要把詹金斯拉进来。他们建议等两周，看看会发生什么。

吉恩六个月前已经告诉詹金斯，联邦调查局可能打算调查枪支追踪特别工作组——联邦调查局在2015年12月找过吉恩。

"当我们第一次来枪支追踪特别工作组时，韦恩说贡多和拉亚姆正在接受联邦调查，因为他们在贩卖毒品——这是他第二次跟我们说这件事。"沃德后来回忆说。

詹金斯接手这个组后不久，调查组监听到沃德告诉贡多，新老板来了后会有哪些变化：他们可以晚点上班，还能拿到一大笔加班费。

"嘿，这家伙就是这样的，"沃德说，"他可不喜欢准点上班。他每天都会迟到。所以我们一般10点或11点才上班。根据他的心情，我们可能正点下班，或者他会让你每天加班，看你愿不愿意啦。他就是这样的人。然后，我们刚刚被开了绿灯，我们昨晚听到（另一名主管）说加班费预算又来了，你们想干到多晚就干到多晚。"

贡多笑了起来。

"他昨晚让我们加了六个小时班，"沃德称赞道，"一大笔加班费哟。"

贡多给拉亚姆打电话，把这个好消息告诉了后者。

"只是传个话，兄弟。等着拿钱吧。"

"太棒了。"拉亚姆说。

新的枪支追踪特别工作组马上开始工作，詹金斯继续用电子邮件汇报他们的成果。部门负责人和其他主管很满意。

"韦恩回来了！！！！！枪支追踪特别工作组的成绩一天增加了两倍。哈哈哈。"约翰·伯恩斯警司在电子邮件中给詹金斯写道。

"我跟你说，我已经有一小段时间没看到这样的邮件了。他们说因为你在调动。我知道你会回来的。像往常一样出色，韦恩。"另一个人写道。

"团队合作使**梦想**成真。"詹金斯回复道。

联邦调查局的调查人员不确定詹金斯接手枪支追踪特别工作组后会发生什么，他们继续紧盯着贡多和拉亚姆。

贡多和拉亚姆盯上了一条大鱼。西南区的警员一直在调查一个名为罗纳德·汉密尔顿的可疑毒贩，他们认为此人正将大量毒品输入该地区，于是决定寻求枪支追踪特别工作组的帮助。

"虽然我不想这么做……但（调查）已经远远超出了我们辖区的范围，"西南区的一名警司在一封电子邮件中给一名主管写道，"我觉得你们的巡警没有必要的资源来完成这项调查。"

汉密尔顿有多项违反联邦毒品法的犯罪记录。1998年，马里兰州警察认定时年27岁的汉密尔顿"控制着巴尔的摩市及巴尔的摩县西部和西南部的大部分毒品交易"。警方截获了一个从洛杉矶寄往汉密尔顿的郊区别墅的包裹，里面装着4磅可卡因，还在一次突袭中发现了1.5磅可卡因、一把上膛的点22口径手枪和49.6万美元现金。此后，汉密尔顿在监狱中服刑九年。出狱不久，他再次惹上官司。2009年5月，加利福尼亚一家航运公司的员工发现一个运往巴尔的摩西区的包裹里有一台小冰箱，里面装着16千克可卡因（价值约为25万美元），并向巴尔的摩缉毒局官员报告了这件事。探员们替换了可卡因，把假货运到目的地，还让一名卧底特工冒充运输公司的员工，前往取货地点。两名男子拿起包裹后，被联邦探员拦住。汉密尔顿和其他三人在附近被捕，他的手机证明他与此事有关。

由于汉密尔顿曾被定罪，联邦检察官办公室要求法官判处他终身监禁，不得假释，并处以800万美元罚金。卷宗显示，汉密尔顿供出了那次运输的组织者和团伙头目，以及与此相关的两次运输——这两次运输涉及38万美元现金。因此，汉密尔顿没有被判处无期徒刑且不得假释，而是被判处六年监禁。

2016年，就在出狱两年后，汉密尔顿花了53.5万美元在卡罗尔县远郊农村购买了一栋380平方米的住宅，包括一个游泳池和两英亩土地。这是一个前罪犯改过自新，走向成功的故事？还是汉密尔顿重走老路？一个线人（后来被发现是汉密尔顿的亲戚）告诉警方，汉密尔顿又开始贩毒了。贡多和拉亚姆制订了计划，在汉密尔顿的一辆车下安装了一个未经授权的全球定位系统追踪器，这样他们就可以远程监控他。

6月8日，贡多给拉亚姆打电话（电话处于被监听状态），告诉他："最理想的情况是，你看到车停在车道上，然后把那个东西放上去。"

行动很成功。第二天早上，拉亚姆兴奋地告诉贡多通过全球定位系统追踪器获得的情报。

"你知道我会把最好的留到最后。那个在威斯敏斯特的黑家伙，他有个大豪宅，后面有一个游泳池。"拉亚姆说。

贡多说："那个黑家伙要倒霉了。"

刚过中午，他们就开始考虑各种可能性。贡多让他们耐心点。

"不过，你可能要再等等，J，我不会现在就去找他，"他说，"让我来告诉你为什么……你要知道他的，他的模式，你明白我的意思吧？所以我会，我会等待。我赞成干这件事，但我会等等看，尤其要看看他是从什么地方挣到钱的。你明白我的意思吗?"

"是的,是的,是的。"拉亚姆说。

"在抓住他之前,你要知道钱放在哪个屋子,毒品放在哪个屋子。"

但过了几天,也就是他们讨论自己可能已经被调查的那个晚上,监听记录显示,贡多和拉亚姆说要把汉密尔顿车上的全球定位系统追踪器取下来。

他们似乎受惊了。

联邦调查局担心他们已经起了疑心,打算收手,这样的话,监听调查很可能以失败告终。

然而,就在那个月的某天——联邦调查局的调查人员并不知情——枪支追踪特别工作组的新老大和他的手下达成了一项共识。后来人们才知道,詹金斯很快便询问拉亚姆愿不愿意出售他们没收的毒品。没过多久——联邦调查局还是不知情——詹金斯、贡多和拉亚姆将某人拦下,然后在没有搜查令的情况下去他家,找到了一把枪和一磅大麻,詹金斯指示拉亚姆将其出售。贡多让他的童年好友、施罗普希尔的同伙格伦·韦尔斯买下了拉亚姆手里的大麻。

贡多和拉亚姆接下来向这个枪支追踪特别工作组的新成员介绍了汉密尔顿的情况,并重新开始追踪汉密尔顿。这次,詹金斯和他们一起。一天晚上,汉密尔顿开车外出,三人跟踪了他。詹金斯告诉其他二人,他看到汉密尔顿在一辆纽约车牌的车旁边停下了车,双方交换了一个大袋子。"伙计们,我知道那里面有钱或者贵重的东西,"詹金斯告诉拉亚姆,"我觉得咱们现在就动手,拿走那个包。"

该组的所有警员都听说,他们可能正在被联邦调查局调查,但仍然没有停手。

"我们觉得詹金斯在联邦调查的问题上撒了谎。我的意思是,你不可能蠢到明知某人正在被调查,还和他们一起做非法的事吧?"沃德后来说,"我们觉得詹金斯是想让我们分开,这样当拉亚姆、贡多和赫斯勒干坏事的时候,他也能拿到分成。他会接一个电话,比如说,贡多或者拉亚姆的电话,然后告诉我们,今天可以回家了,他累了。但他不会回家——我们后来发现,他是去见小队的另一半人。"

2016年6月,弗雷迪·格雷案的第三名被告——驾驶面包车的西泽·古德森警员出庭。在这次审判中,检察官和警方的对立公开化了。古德森面临的是最严重的指控——二级极端轻率谋杀罪——检察官说他以不安全的方式驾车,危及车内的格雷的安全。市监控录像显示,古德森无视停车标志,向右大转弯,在转弯过程中越过了道路中心线。车还没驶出一个街区,古德森就停下车,走到车后,查看格雷的状况,但没有按照要求用无线电报告这次停车。检察官迈克尔·沙措指控古德森故意用"粗暴驾驶"的方式对待格雷。古德森是唯一拒绝说出当天发生了什么的警员。他的辩护团队主张,格雷肯定是在停车前不久受的伤,以此为古德森减轻罪名。

和上一名警员一样,古德森选择了法官审判而不是陪审团审判。

检察官认为警方的调查人员对古德森案的某些方面未予以重视,对另一些方面则完全不予理会。随后发生的警方向辩护团队泄密,以及警察局对调查的妨碍,加剧了检察官的担忧。

警方在开庭前向辩方提供了一些文件,目的似乎是制造疑点或转移注意力,使人们不再关注该案的关键问题。其中一份文件是在州检察官玛丽莲·莫斯比宣布提起刑事诉讼当天制作的,一名警司称格雷曾经抱怨"背痛"。负责给格雷做尸检的法医说,她没有发现任何证据证明他有与外伤有关的潜在疾病,即背痛与断裂的脊椎有关。另一则泄露的消息是,他曾经是警方的线人,这似乎是为了减少公众对格雷的支持。

当主导调查的首席警探道耶尔·泰勒被传唤为辩方证人时,检察官沙措直接向她发难,告诉法官她一直在想方设法破坏本案。

"泰勒警探,你知道当我指责你干扰起诉时,警方应我的要求,不再让你担任本次调查的首席警探吗?"他问。

出乎沙措的意料,泰勒说没有人把她从这起案件中调走。"我知道你提出了要求,但你没有权力把我从这起案件中调走。"她说。

6月23日,威廉斯法官裁定古德森无罪。他说,他认为检察官推动本案的逻辑是,古德森警员一定做了什么导致格雷受伤,但检察官未能证明古德森是有意这样做的。此外,威廉斯说他认为有五种合理的情况可以解释格雷为什么会受伤。威廉斯指着相互矛盾的医学专家证词说:"如果医生们都不清楚当时可能会发生什么,那么普通人或没有接受过医疗培训的警员又怎么会知道呢?"

市警察工会呼吁莫斯比"重新考虑她(对这些警员)的恶意起诉",还说她在浪费纳税人的钱。诉讼的支持者抱怨说,结局已经可以预见了。"在巴尔的摩和马里兰,我们必须重新制定与警察行为相关的规章制度和法律,"全美有色人种协进会当地分会的主席说,"因为很明显,他们可以做我们认为不正确的事,但在法庭上……并不会被认定为有罪。"

与詹金斯共事几天后,贡多警告他的童年朋友格伦·"凯尔"·韦尔斯远离这个好事的警司可能去巡逻的地方。

"我知道他们习惯去东北区，而凯尔是我的朋友，"贡多后来回忆说，"(詹金斯)通常会为了钱把人当作目标，这跟抢劫没什么区别。我不想让他把我的童年好友当成打劫的对象。否则，你知道，我会夹在中间，因为我在他手下工作……所以我让凯尔明白发生了什么，不要出现这种情况。"

虽然贡多以前和詹金斯一起工作过，还一起偷过钱，但他现在亲眼看到詹金斯在街头多么肆无忌惮。

"(詹金斯)非常鲁莽，你知道吗？我是说，他完全失控了，把市民置于危险之中，你知道吗？在人行道上开车，用保险杠撞人。我从来没有见过这样的人……那家伙失控了。你知道吗？我简直不敢相信。"贡多后来说。

"我不知道会这样啊。"贡多另一次给韦尔斯打电话时说。

"这是真的。"韦尔斯说。

"这就像那种，那种匪夷所思的事。"贡多说。

"我知道了，"韦尔斯说，"这是红色警报。"

"是的，他是红色警报。"贡多说。

"就像一只身上戴着粉红色东西的罗特纳犬。"韦尔斯说。

7月5日，韦尔斯收到了一连串可疑的短信。他截了一张图给贡多看，询问有没有可能是詹金斯在冒充毒品买家，目的是把韦尔斯骗出来。"听起来像(詹金斯)吗？"韦尔斯问道。韦尔斯收到的短信来自一个只能收短信而不能接电话的号码，发信人虽然使用了黑人的表情符号和俚语，但看起来有些不自然。贡多觉得这似乎是詹金斯试图假装成另一个人时的典型手法。他联系了拉亚姆，后者认同他的看法。

"我会把他拉进来的。"贡多告诉韦尔斯，自己会和詹金斯谈谈。

与此同时，他们的日常工作仍在继续。詹金斯的领导作风就像沃德以前跟贡多说过的一样，他鼓励警员们"放松，等到五六点，然后我们一起行动，上街抓人，争取抓到一个"。

到了7月初，由于在詹金斯手下工作能赚到大量加班费，警员们很兴奋。拉亚姆说，他两周的工资差不多有5 000美元。

"我看着它的时候心想，天啊，这是真的吗？这肯定是骗人的。"他说，调查人员听到了他的笑声。

"该死的。想想这些家伙一直在做这种事，"贡多说，"想想吧。"

他们听说，有一次，詹金斯的双周工资超过了8 000美元。

"他发疯的时候做事又有条理，"贡多说，"他，他，他，他失控了。"

"他失控了。"拉亚姆说。

"他们那些家伙之所以留下来，就是因为钱吧。"贡多说。

"但是，天啊，就像我说的，但是，嘿，你知道的，让我们现在就享受它，现在就好好地享受，因为所有好事都会结束的。那家伙失控了。"

"他失控了，兄弟。"

"是的，他失控了，兄弟。"

"他失控了。"

"是的，是的，是的，长官。"

"他失控了，那家伙他失控了。"

"可不是嘛。"

第十五章　铸就伟大

7月8日,就在市检察官开始起诉弗雷迪·格雷案的另一名警员的两天后,贡多和拉亚姆尾随罗纳德·汉密尔顿出城,决定动手。

汉密尔顿和妻子在家得宝买百叶窗时,注意到一个男人似乎跟着他们从一个过道走到另一个过道。那人是拉亚姆。汉密尔顿和妻子离开了,走向洗衣店,这时,不在场的詹金斯下令逮捕他们。

"我们可以等他们把车停在县里再动手吗?"贡多问道——联邦探员此时在监听。

"我们可以在县里动手,然后把他们带到警校,"拉亚姆答道,"那很有延科警司[1]的风格。"

贡多、拉亚姆以及另一辆车上的赫斯勒和克莱威尔,突然包围了汉密尔顿的车。拉亚姆拔出枪,把汉密尔顿拽出驾驶座,按在车上。

"你的钱在哪里?"拉亚姆问。汉密尔顿带着3 400美元现金,拉亚姆把这些钱塞到了自己的防弹背心里。

---

[1] 延科警司,此处指电影《龙虎少年队2》中的主角之一格雷格·延科。

汉密尔顿夫妇被戴上手铐,并被带进不同的车里。贡多通过电话向詹金斯汇报了最新进展。

"我们,嗯,拿到了包裹。"贡多说。

"他和你在车上吗?"詹金斯说,"你跟他们说了什么吗?"

"没有。"贡多答道。

"好。等我到了,假装我是检察官,"警司说,"告诉他,我是检察官。"

"我知道了。"贡多说。

"好的,伙计。"詹金斯回道。

汉密尔顿夫妇被带到"谷仓"——这是一辆拖车,停在巴尔的摩西北区一所前市公立学校停车场,现在被警校用作办公室。之所以设置这种外勤办公室,主要是为了保密,警察局下属的各组可以把线人带到这里,而且警察局的其他人和高层也不会来这些地方。贡多、拉亚姆和赫斯勒把罗纳德·汉密尔顿带进去,在里面待了将近一个小时,而克莱威尔则和南希·汉密尔顿一起待在外面。警员们告诉汉密尔顿,他们一直在盯着他。他们把文件装在文件夹里,扔到他面前。警员们说他们知道他的犯罪史,还问他家里有没有毒品或现金。

詹金斯告诉他:"我们让人扮成吸毒者,从你那里买过三次毒品了。"

"伙计,别瞎说,"汉密尔顿后来说,他是这样告诉他们的,"我从来不卖毒品。"

警员们不相信他。拉亚姆已经从法官那里得到了对汉密尔顿在卡罗尔县和巴尔的摩西区的两处住宅的搜查令——他只字未提全球定位系统追踪器,谎称是自己找到了汉密尔顿。

"那房子是用来掩人耳目的,"贡多后来在谈到巴尔的摩西区的房子时说,"里面什么都没有。如果我们真的觉得里面会有毒品或枪支或任何其他东西,我们会让几个人过去。"

相反,只有克莱威尔被派往那里。

贡多说,克莱威尔"是那种擅长分析的人","不会弄脏自己的手"。

"我觉得他不是街头警察,"贡多说,"不管是执行搜查令的时候,还是其他时候,他从来不参与分钱。他有意远离队里的那个圈子。"

"你基本上可以说,他不是团队的一员。"拉亚姆后来说。

其他人去了威斯敏斯特。赫斯勒开着汉密尔顿的卡车,贡多和拉亚姆开着一辆无标识警车跟在后面,汉密尔顿夫妇被铐在后座。

汉密尔顿看出警察在虚张声势,告诉他们,如果想用所谓的毒品交易罪的名义逮捕他,那就随他们的便。但警察并没有去市区,而是沿着83号州际公路向北行驶。汉密尔顿预感情况不妙。他凑到妻子身边说:"别说话。他们要打劫我。"

汉密尔顿夫妇的孩子们在家里,警察让孩子们的母亲把他们带走。警察在房子里做了一次"偷窥",想在"正式"搜查之前摸摸屋里的情况。根据法律规定,警察可以进屋并"保全"住宅,即可以粗略地查看,以确保没有人在里面破坏证据,但不能做全面搜查。他们通知马里兰州警察,他们要执行搜查令,不过搜查令还没有到。

贡多走进这对夫妇的卧室,在一个柜子里发现了装在密封口袋里的5万美元现金和另外2万美元。他数了数,把它放了回去。拉亚姆下楼,跟詹金斯说了钱的事。

"嘿,你想怎么办?"拉亚姆问。

"把它拿走。"詹金斯说。

警员们继续搜查,但没有发现任何违法证据。汉密尔顿坚持说,他的钱是靠在拍卖会上卖车和赌博赚到的。

当州警察到达时,警员们没收了在柜子里的密封口袋中发现的5万美元——根据没收财产的相关法律,警察虽然没有在汉密尔顿身上或家中发现毒品,但可以拿走他的现金,让他以后再说明情况,因为他们怀疑他是毒贩。州警察让汉密尔顿在收据上签字,汉密尔顿注意到收据上没写那2万美元。其他钱呢?汉密尔顿问一名警员,警员说他不知道汉密尔顿在说什么。

贡多后来说,他本来在外面等着,准备离开。这时拉亚姆突然出现,拿着一个装满钱的袋子。

"走吧,G,我拿着它呢。"拉亚姆告诉他。

贡多更倾向于从被发现携带毒品或枪支的人身上偷钱,直接拿钱风险要大得多。拉亚姆告诉他,为时已晚。

州警察离开后,詹金斯再次问汉密尔顿,愿不愿意帮他们抓一条更大的鱼。他还像往常一样,问汉密尔顿如果要抢劫某人,会选择谁作为目标。

汉密尔顿说,詹金斯告诉他,"你帮我们的忙,我们就会关照你。你可能在某天醒来的时候,在后院发现10千克什么东西"。

汉密尔顿说,他没有理会这个问题。拉亚姆递给他一张名片。

"万一你改变主意了,打这个电话。"拉亚姆告诉他。

警员们离开汉密尔顿家,去了当地的一家餐馆,用偷来的钱结了账。"我们每年可以干三票,三票大的,"詹金斯告诉他们,"但不要贪心。"

警员们开着各自的车回城，去了位于巴尔的摩东南区的坎顿社区的一家酒吧。此时已是晚上10点30分。

在路上，拉亚姆（用被监听的手机）给贡多打电话，说他觉得自己分到的钱少了。

拉亚姆说："我数了好几遍。"

"我绝对不会——别这样，伙计，"贡多说，"我绝对不会骗你。"

"嘿，好吧，"拉亚姆说，"我再数一遍。"

"嘿，伙计，别这样，是我。"贡多说。

"嘿，兄弟，我只是跟你说，如果错了……"

"我不会数错钱的。"贡多说。

拉亚姆拿走钱之前，贡多在柜子里数出了2万美元，他很确定。拉亚姆在与詹金斯商量是否要拿钱之前，曾短暂地把钱留在楼上。他们回忆说，有一段时间赫斯勒一个人上了楼。他是不是瞒着其他人偷偷拿走了3 000美元？他们想，他肯定这么干了。他们把自己的怀疑告诉了詹金斯，但詹金斯让他们睁一只眼闭一只眼。

正在监听的特别探员詹森脑子里一团乱麻。她没想到警员会公开谈论抢劫，但这次谈话几乎相当于认罪，这是联邦调查局梦寐以求的。

警员们喝了几杯，然后分头行动。贡多和拉亚姆去了安妮阿伦德尔县的马里兰生活赌场，而詹金斯和赫斯勒则去了巴尔的摩市中心的马蹄铁赌场。监控录像显示，拉亚姆拿着400美元现金。

在酒吧里，贡多趁机和詹金斯谈起了格伦·韦尔斯。贡多说，他告诉詹金斯，还有很多人可以作为目标，詹金斯同意不对韦尔斯下手。第二天，贡多给韦尔斯打电话，告诉他"今晚我说服（詹金斯），让他对你手下留情"。韦尔斯为表谢意，邀请贡多去迈阿密旅游。

"我很感谢你，长官。"韦尔斯对贡多说。

"你不需要谢我，"贡多告诉他，"咱们是兄弟。"

当警员们挥霍汉密尔顿的钱时，汉密尔顿正想方设法要回被没收的那部分现金。他向卡罗尔县法院提出申诉，试图证明这些钱是合法收入，但只要回了不到一半。汉密尔顿说，听证会结束后，拉亚姆威胁了他。更早的时候，他发现钱被偷走后给拉亚姆发了短信——拉亚姆曾给他留下一张名片——他在短信里写道："你抢劫了我。"拉亚姆没有回复。

"他们拥有的不只是权力，"汉密尔顿后来在接受《纽约时报》采访时说，"他们有'氪石'[1]。他们这些警察可以对这座城市的每个人做他们想做的任何事。每个进过监狱的人都不能幸免——有些人因为自己从未做过的事入狱，只是因为一个戴着警徽的人站在那里说他做了。"

当月晚些时候，詹金斯又群发了一封邮件，吹嘘该组的业绩。"我想亲自感谢枪支追踪特别工作组的成员，"2016年7月22日，詹金斯写道，"我每天督促他们，对他们提出很多要求，而他们仍然每天来工作，逮捕持枪者。我真心认为下述成员凭借着他们的奉献精神和工作态度挽救了生命，阻止了暴力犯罪的发生。"

迪安·帕尔梅雷副局长回复道："你的领导力将铸就伟大。继续

---

[1] "氪石"，DC旗下漫画《超人》中一种虚构的矿物，它能让超人变得虚弱和痛苦，甚至失去超能力。

督促他们，一定要保证安全。"高级警督肖恩·米勒写道："韦恩，你真的是带动火车的引擎。感谢你领导大家。"另一名警员写道："天啊！你应该被称为'未来的局长詹金斯'。"一名在副局长办公室负责晋升工作的主管写道："干得好，韦恩警督！"

詹金斯当时还是警司，写邮件的人在暗示詹金斯最近在为升职而努力。詹金斯参加了警督考试，排名第18位。"你认为有可能吗？"詹金斯回道。"当然。我认为名单上排在你后面的人肯定没机会了！"这名主管回复道。

东北区的部门负责人理查德·沃利想让詹金斯把他的战术教给其他警员。"如果我们能让其他团队的业绩跟你稍微接近一点，那将是这座城市的胜利。你有什么可以教给其他组，或者训练他们的吗？我们可以让其他组或者警员跟着你的团队学习吗？不管什么建议，都感激不尽。"

"谢谢你，长官，这都靠职业操守，"詹金斯回复道，"十个人中会有一个人全力以赴，因为这是正确的事。人们需要我们，幸运的是，我能够自己挑选警探。我想要的是在固定岗位上兢兢业业工作的人，是即便在没有后援的情况下也会果断行动的人，是敢在暗巷里追逐犯罪嫌疑人的人。我手下都是这种百里挑一的警察，我们需要更多这样的人。"

7月18日，监督并参与逮捕弗雷迪·格雷的布莱恩·赖斯警督也在庭审中被宣告无罪。市检察官已经起诉了四名被控与格雷的死有关的警员，但没有一个人被定罪，其中一场审判以无效审理告终。后面还有三场官司要打。在每次裁决中，法官都明确驳回了检察官的案件，但州检察官办公室并不想放弃。接下来，对负责逮捕格雷的加勒特·米勒的审判将迎来一系列额外的挑战——州检察官办公室不得不在米勒案中引入一个新的检察官团队，而新的辩护律师不同意这么做。

在米勒案开庭的第一天——2016年7月27日——负责前几起案件的检察官们走进法庭，宣布放弃起诉。针对威廉·波特警员的指控也撤销了，虽然检察官们认为波特警员向调查人员撒了谎，并协助掩盖真相，但他们没有证据。

莫斯比在格雷被逮捕的吉尔摩之家公共住宅区举行新闻发布会，记者闻讯赶到那里。莫斯比站在一个讲坛后，身旁是她的诉讼团队和格雷的继父。她对结果表示遗憾，同时抨击了警察局内外的势力，指责这些势力使他们的努力无果而终。

"正如全世界在过去14个月里看到的，在这个国家，在职警察被起诉的案例非常罕见，而且充斥着系统性的公然造假和内在的复杂性，"莫斯比说道，她的挫折感是显而易见的，"在这起案件中，我们早就意识到，让警察去调查警察，不管他们是朋友还是单纯的同事，都会出现问题。我们能够感受到抗拒和明显的偏袒，这指的不是整个巴尔的摩市警察局，而是调查的各个环节的具体的个人，这种倾向在随后的庭审过程中变得非常明显。"

莫斯比说，她的团队仍然坚信，有人会因为格雷之死被提起刑事诉讼。

"我们不相信弗雷迪·格雷是自杀的。"她说。

"是的！是的！"围观者喊道，"我们知道是他们强迫你做的，法官也被收买了！"

"在我看来，一切已经很清楚了，"莫斯比继续说道，"如果不能从一开始就与一个独立的调查机构合作，不能在选择我们的案件是由法官裁决还是陪审团裁决时有发言权，不能对该社区的警务工作实施共同监督，不能对当前的刑事司法体系做真正的、实质性的改革，哪怕我们对这起案件以及类似的案件提起100次诉讼，最终的结果也不会有任何改变。"

为了挽回颜面，莫斯比声称仅仅是起诉就推动了改革，因为它暴露了制度上的缺陷。当由十多名律师组成的辩护团队举行自己的新闻发布会时，他们选择让伊万·贝茨代表他们发言。最主要的原因是，贝茨已经决定在2018年的选举中出马，挑战莫斯比。贝茨曾为奥里斯·史蒂文森和其他一些声称遭詹金斯陷害的人辩护，还接手了艾丽西亚·怀特警司的案件，怀特被错误地指控与格雷的死有关。贝茨告诉在场的媒体，对于被指控的警员来说，这起案件是一场"噩梦"，它由一位狂热的检察官发起，被一位公正的法官驳回，而后者在担任法官前曾起诉过警察的不当行为。贝茨说："使格雷家无法伸张正义的正是巴尔的摩检察官办公室。"这些警察还需要接受内部的违纪调查。虽然不是犯罪，但警察局将检视他们的行为是否违反了警察局的规则。凯文·戴维斯局长让霍华德县和蒙哥马利县近郊的警察局接手调查，并组织了将对这些案件做出裁决的内部委员会。这些警员虽然可能不会因为疏忽大意进监狱，但肯定有人会丢掉工作，因为一个人在他们的监护下不明不白地死了。不过根据法律，在委员会做出有罪裁决前，戴维斯什么都不能做。

逮捕格雷的两名自行车巡警受到轻微处罚。驾驶面包车的西泽·古德森面临21项行政指控，而且他的律师知道，即使胜诉，古德森也会被分配去做文职工作,不可能再回到街头。古德森的律师寻求与市政府达成一份协议,古德森将被停职30天,并依据退休规定中的一项条款退休。市政府的律师们对这个提议一笑了之。

结果,古德森和其他三人都被裁定没有任何过失。所有警员都拿到了补发的工资并返回工作岗位。他们仍在警察局工作。

2016年8月3日,临近午夜时,巴尔的摩县警察突击搜查了罗斯代尔的一户人家,目标是毒品。詹金斯最先发现了端倪,不过他的说法听起来很奇怪。詹金斯说,他在家里接到线人的电话。线人告诉他,有人马上要买卖海洛因,数量巨大。詹金斯说,他独自去了那里,藏在灌木丛中,然后跟踪那个可疑的毒贩。他说,他在一栋高层公寓楼外看到毒贩把某样东西递给另一个人,于是采取行动,并发现了一个装着100克海洛因和其他物品的袋子。詹金斯说,目标人物的家里肯定还有更多东西。

巴尔的摩县的布鲁斯·沃恩警司奉命跟进这起案件。他问詹金斯线人是谁,詹金斯拒绝说出线人的名字,因为这个人实际上已经不是登记的线人了。沃恩让一名警员调来詹金斯自称目击毒品交易发生的地方的监控录像,录像跟詹金斯的说法似乎是吻合的。他们让詹金斯去埃塞克斯县警察局说明情况,以申请搜查令。做完这件事后,詹金斯说要回家,还询问警员们找到了什么。警探们后来发现,詹金斯提交的证据只有10克海洛因,而不是他报告的100克。

县警察在执行搜查令时,一辆道奇小型面包车停在这栋房子的前面。县警探贾森·梅茨用手电筒照了照车内,看到詹金斯和一名乘客在里面。虽然梅茨不认识詹金斯,但他和基尔帕特里克一样,听说过关于詹金斯的负面传言。

詹金斯走出面包车，大声问道："毒品在哪里？"随后，梅茨看到一个秃顶的白人男子从詹金斯的车里出来，脖子上似乎挂着警徽。梅茨觉得这个人很眼熟，但想不起来是谁。

与市警察不同，县警察在执行搜查令时，有在职能上相当于内务部人员的人同缉毒组一起行动，这两名来访者也引起了那名警员的注意。

"能说说你们的名字和警察编号吗？"他在屋里遇到他们时问道。

詹金斯说了自己的信息。第二个人低声说了一个与詹金斯相似的警察编号，说自己也叫詹金斯，然后离开了。

县警察转头看着詹金斯，詹金斯犹豫了一下说："他没有警察编号。他是特别工作组的人。"他说那个人是他的表弟，他们刚刚在打篮球。此时已经过了午夜。

那名警员追问道："你说你的搭档是哪个机构的？"

"逃犯特别工作组。"詹金斯答道。他走进厨房，警员听到他在厨房里说："这里还有毒品和一把枪。肯定有！"一名县警察让他安静，因为突击搜查的对象还在家里。詹金斯和他的搭档很快离开了。

梅茨突然想起了那个奇怪的光头男人是谁。

"唐纳德·斯特普在这里干什么？"他问其他人。

两年前，一名线人向警方提供线索，称斯特普正在大量贩卖可卡因，梅茨奉命调查。有人在2012年向警方举报过斯特普，但当时警方未能立案。2015年，梅茨至少监视过斯特普家两次，但没有发现任何与毒品交易相关的证据。不过，梅茨完全想不到会在执行毒品搜查令的现场看到斯特普，更别提他还和巴尔的摩市警察局的警司待在一起。

根据规定，县警察要写下他们看到的全部情况。

沃恩警司在报告中写道，詹金斯没有如实说明线人的身份，一开始就没有透露斯特普不是登记在案的线人。当时并不是詹金斯的上班时间，他没有将行动告知县警察局，也没有在"消除冲突"数据库中搜索目标人物。

"巴尔的摩县绝不会允许自己的警察在这种情况下行动，"沃恩在报告中写道，"詹金斯警司违反了法律和局里的政策。"他说他会等待上级和县检察官办公室的指示，以决定是否指控斯特普冒充警察。

梅茨在办公室碰见了基尔帕特里克，跟他说起了这件事。基尔帕特里克知道联邦调查局正在调查詹金斯，他跟联邦调查局的探员们说起了这件怪事。没有人告知巴尔的摩市警察局。

第十六章 打猎

弗雷迪·格雷死后,针对巴尔的摩市警察局侵犯公民权利的调查进行了一年多。2016年8月10日,司法部提交了报告。

"我们发现,巴尔的摩市警察局存在着严重违反美国宪法和联邦法律的模式或做法,对巴尔的摩市的非裔美国人群体造成了极大的伤害,并削弱了公众对警察的信任,"首席副助理司法部长瓦尼塔·古普塔说,"该机构也未能向警察提供确保他们能够安全、合宪并高效地执法所需的指导、监督和资源。"

虽然司法部能够看到警察局内务部档案——根据该州法律,这些档案不对公众开放——但它没有关注针对警员偷钱的广泛投诉。在这份160多页的报告中,只有寥寥几处提到这种情况。该报告确实发现,巴尔的摩市警察局在违宪的拦截盘查方面存在问题,警察特别针对黑人,而且几乎没有相应的监督和问责机制。巴尔的摩市警察局44%的拦截盘查发生在两个以非裔美国人为主的小区域,而这两个地区的人口只占全市总人口的11%。警员们经常拦截盘查,在缺乏合理依据的情况下对被拦下的人搜身。一名50多岁的黑人男子在不到四年的时间里被拦下30次——他从未因此被开过传票或遭受刑事指控。一次与司法部官员一同驾车外出时，一名巴尔的摩市警察局的警司指示巡警去盘问街角的一群黑人青年，让他们散开。那名巡警提出抗议，说他没有合法的理由这样做，而警司的回答是"那就编一些"。

从警察局过时的技术，到其对性侵案的不当处理，再到警员滥用暴力和违反第一修正案，这份报告描绘了一个混乱的、经常践踏市民权利的机构。

市民一直在抱怨遭受了不公对待，而历任警察局局长都对他们继承的机构的状况表示遗憾。现在，这些问题被详细地写进一份文件，这将为一份双方同意的判决铺平道路。一个督察组和一名法官将推动改革：他们将修改政策，但也会关注警察局的总体状况。

当晚，枪支追踪特别工作组像往常一样上街，在没有合理依据的情况下拦下几名黑人男子，还搜查了他们——当天早些时候发布的报告警告的正是这种行为。"我们开车四处转，感觉像在打猎，看看我们能打到什么。"赫斯勒有一次这么说。

法律允许警察以任何违规行为为由拦下行人，还可以根据他们的观察或其他理由采取进一步的行动。这通常被认为是有效的执法方式。

詹金斯在拦下一名违章停车的男子后，向克莱威尔解释说："你一生中办过的那些大案……一开始可能只是因为你的一个无心之举。"

但是，正如巴尔的摩大学法学教授戴维·亚罗什所说，"我们没有看到的是所有那些拦截盘查没有发现犯罪证据的案例，以及它们给执法对象造成的伤害，给警方和社区带来的隔阂。这种执法方式存在大量隐藏的成本"。

其中的一些案例被录了下来。作为进行中的改革的一部分，警察局一直在推动警员使用随身摄像机，其中一个被分给了赫斯勒。一直以来，詹金斯和其他警员只能用语言来描述他们的逮捕，或者用手机摄像头来录制视频，以证明他们的卓越表现。但现在，警察局要求他们使用随身摄像机，这将使人们进一步知晓该组是如何收缴如此惊人数量的枪支的。不过，那年夏天，该组只有两名警员——赫斯勒和贡多——分配到了随身摄像机。

25岁的迪安德烈·亚当斯在8月的那天晚上——就在司法部发表报告数小时后——遭拦截盘查。这名保安兼持照私人侦探正在教一个年轻的亲戚开车。在市中心的一条繁忙的街道上，警员们开车挡在亚当斯的车前，迫使他停车。身穿黑色背心和工装裤的詹金斯跪在副驾驶一侧的车门旁。

"先生，我是韦恩·詹金斯警司，隶属于枪支追踪特别工作组。你今天被拦下的原因是没有系安全带。你为什么没系安全带？"

"我没有系。"亚当斯说。

"你紧张吗，先生？我们在录像，你看起来在发抖。你平时会像这样发抖吗？"詹金斯说。

"我很好，警员。"亚当斯说，表现得很淡定。

表现慌张一直被警察用作搜查的理由。但根据警察的随身摄像机录下的视频，人们严重怀疑这个理由的真实性。亚当斯走下车，被告知要站在车尾，背对车，因为警察正在搜车。赫斯勒的摄像机对着亚当斯，而不是搜查的警员。

"你正被告知我们拦下你的理由，"赫斯勒说，"你必须系安全带。"

"好的，但是你们为什么要搜查我的车？我没有同意任何人搜查我的东西。"

赫斯勒在亚当斯面前挥了挥手,说不出一个所以然来。"我们不是在和你辩论。"赫斯勒说。

"很好。很好。去吧,想干什么就干什么吧。"亚当斯无可奈何地说。

由于女儿在后座,亚当斯问他是否可以转过身来,至少可以看一眼女儿。他提出可以让他们给他戴上手铐。赫斯勒告诉他不行。

"这是非法搜查。"亚当斯再次抗议道。

"不,这不是非法搜查。"赫斯勒说。

"那好,你们把我拦下来是因为我没系安全带——那为什么要让我从车里出来?"亚当斯说。

"摄像机都拍下来了。"赫斯勒说,似乎这就是上面那个问题的答案。

"我不担心你们的摄像机。这是事实,你得知道什么是正确的。"

根据当晚的时间记录,枪支追踪特别工作组的警员们每隔10分钟到20分钟就会拦下一个人,而且是在全市范围内。放走亚当斯后,他们紧接着看到一辆车驶出西维斯药店的停车场。司机没有系安全带,而且在驶离停车场时没有开车灯。詹金斯和克莱威尔分别走到车的两侧,探头向车内张望。唯一带着随身摄像机的赫斯勒站在后面,这样就录不到他们和车内的人的对话。突然,詹金斯开始将乘客往车外拉。

"他两脚之间的袋子里有一把枪。"詹金斯对克莱威尔说。

"这不是我的!"那人哀求道。

"我不管它是不是你的。你的两脚之间有一把枪。我不管它是不是你的。"

"我刚上车!"

詹金斯逼问司机——一个使用辅助设备开车的截瘫患者——为什么没系安全带。"我们刚从西维斯药店出来。"他耸了耸肩。

司机承认枪是自己的,这就撇清了可能面临指控的乘客的责任。当警员们处理他的信息时,赫斯勒告诉他,下次要打开车灯。

"小事一桩。"那人嘀咕道。

"小事让你花了这么长时间,不是吗?"赫斯勒兴高采烈地说。

他们以没有系安全带为由拦下了三辆车,找到了一把枪。

随着夜幕的降临,他们拦下更多人。他们在巴尔的摩北区追逐一名男子,搜查了他的车,但什么都没找到。他们拦下另一名男子,在车里发现了酒,那人说他是市政工人。詹金斯说:"我们是来找杀人犯和枪的,对酒没兴趣。"他们倒掉了酒,搜查了他的车,然后让他走了。

在巴尔的摩西北区的一个加油站,他们拦下一辆车,车里有四个年轻人。拦车的理由还是没系安全带,但这辆车当时距离加油机不到五英尺。"你抖得很厉害,"詹金斯对一名乘客说,"你为什么没系安全带?"

"我刚从加油站出来,"那人说,"我很抱歉。"

"好的,但是当车在行驶时,你必须系上安全带,懂了吗?"

赫斯勒指着车内地板上的一个袋子说,他们要搜查它,因为当晚早些时候,他们在一个看起来差不多的袋子里发现了一把枪——搜查这个人和这个袋子的理由完全站不住脚。这名男子双手抱头站着,任由他们搜查。

他们发现了少量大麻,再没有其他东西了。

他们拦下了六辆车,找到了一把枪。

司法部发布报告后的几周里,枪支追踪特别工作组的人至少又实施了两次抢劫。其中一次,联邦调查局的调查人员监听到贡多和詹金斯在讨论如何在没有搜查令的情况下进入一名男子的家中。在这种情况下,警员们从来不会打开他们的随身摄像机。赫斯勒后来说——他的话被录了下来——他要把随身摄像机放在后备箱里,"等到有人说了什么"的时候再用。他还说,"除非有人投诉",否则他认为巴尔的摩市警察局的人不会去找它。

虽然联邦调查局一直在监听贡多的电话,但这些电话只暴露了枪支追踪特别工作组活动的冰山一角。到了 2016 年 8 月底,调查人员打算在针对该组的调查中采取另一项措施——监控贡多的车。

近两个月来,特别探员詹森和其他调查人员一直在同检察官讨论在贡多的车内安装隐蔽的录音设备的想法,希望藏在车里的监听设备能使他们听到更多直白的讨论,让调查人员了解更多内情。

8 月中旬发生的一件事加深了他们的担忧,他们认为这些警员可能会改变行为模式。一名探员在贡多的公寓楼外监视时,被贡多发现了。贡多朝他走去,那名探员开车离开。贡多在后面追赶,在一英里外追上了他。

"你是谁?"贡多问。

"我不知道你在说什么。"那名探员答道。

贡多联系了詹金斯,说他们需要见一面。

是时候改变策略了。这个兼具录音和录影功能的设备,将被安装在车尾而不是车头，这样除了监听电话，探员们就能够看到他们的其他活动，比如发短信或用FaceTime通话。

为了得到许可，他们必须向司法部证明车内发生了与犯罪有关联的对话。他们无法证明这一点。于是，他们决定援引巴尔的摩市警察局颁布的警察配车管理政策中的一条规定，它要求警察自愿放弃隐私，同意被监控。

这也意味着，他们必须停止监听贡多的手机，因为二者不能同时进行。

他们听说贡多要出城，于是决定行动。这要冒一定的风险，因为安装设备需要花些时间，调查人员必须把贡多的车开到另一个地方，再神不知鬼不觉地把它开回原来的地方。这个过程很可能出错。如果邻居看到他们在停车场，跟贡多说起这件事，那该怎么办？在把车开回来前，调查人员会在原地停一辆假车。但是，如果有人，比如一个醉酒的司机，在他们开车途中意外撞到他们呢？他们要怎么解释？

探员们解除了汽车警报器，钻进车里。詹森注意到，这辆车的内部非常干净。不过，他们在前座下面发现了一个烟盒，里面装着一袋海洛因胶囊。

詹森给联邦检察官德里克·海因斯打电话，询问应该如何处理。通常情况下，他们可以没收这样的证据。但调查人员不希望打草惊蛇——毒品可能是贡多偷的，也可能是某起案件的证据，只是尚未提交给证物管理组。他们决定取出一颗药丸，检测它到底是不是海洛因，把其他的放回原处。

行动非常顺利，詹森急不可待地想听听贡多和其他人在电话之外会说些什么。次日，也就是2016年8月31日晚上，当这个隐藏设备在录音时，这些警员在市中心西侧的一个加油站检查一辆车。泰勒警探后来说，车里的人低着头，看上去像是在卷大麻。

"也许能找到赃物。"赫斯勒说。

车开走了，警员们追了上去。

"别开灯，别开灯。"拉亚姆说。

逃走的车闯过红灯，撞上另一辆车，将其掀翻，自己开上了人行道，司机受了伤。

"该死！"贡多大声说道。

警员们犹豫不决，不知道要上前帮忙，还是偷偷溜走。

"我们看起来不算过分吧？"贡多问道，"他们在用手机拍那个。"

"后退。我们被拍到了，"拉亚姆说，"我可以通过无线电说，有人刚刚报告了一起事故。"

"不要，"赫斯勒反对道，"韦恩说，我现在什么都不要说……韦恩想待在这里，在这附近，看看结果如何。"

拉亚姆想去帮忙。他说："那么不如我们到现场去，表现得就好像'哦，一切都好吗？'，听懂我的意思了吗？"

"那人失去意识了。他什么也说不出来。"其中一名警员说。

"我觉得我们没做错什么。"贡多说。至于交通摄像头，他说："我不觉得（摄像头）能放大到可以看清我们的车牌。"

"你只有在刚出加油站的时候开灯了吧？"赫斯勒问道。

"是的，在那盏灯那里。然后我就把它关了。"贡多说。

"韦恩的问题就出在这里。他太热衷这个……"赫斯勒说，"这些汽车追逐，结果变成这样了。这是在赌博，你们明白吗？"

172

赫斯勒建议警员们填写考勤表，以证明他们在车祸发生的一个小时前就下班了。

"'嘿，我只是碰巧开车回家！'"赫斯勒边笑边说，"我想知道那辆车里有什么……"

詹金斯正在另一辆车上说话，或者是通过警方的无线电，或者是通过电话。

"我不关心。"詹金斯说。

"我知道。但我很好奇。"赫斯勒说。

"回市警察局吧。"

詹森后来说，她"真的吓到了"，警员们没有处理这场车祸。但由于调查还没结束，联邦调查局并未干预。当晚被撞的男子是一个来自塞内加尔的32岁移民，名叫塞里涅·盖耶。当逃逸的车闯红灯时，他正开车回家，他的妻子怀有身孕。几个月后，盖耶被逃逸的司机起诉，司机谎称盖耶是造成这场车祸的罪魁祸首，没有人站出来为盖耶辩护。

9月22日，调查人员监听了拉亚姆和贡多的对话，他们谈到詹金斯盯上了一条"大鱼"，而且只想让他们参与。詹金斯还有一个条件——不要让他的名字出现在与此案有关的任何文件上。"他厌倦了让自己的名字出现在这些上面。我当时想，把他交给我，把我的名字写上去，"拉亚姆说，"他说，这家伙至少值20万。我们能抓住他。我说'好'。（他说，）如果我们要干，那就只有我和你两个人。"

然而，被指控有不当行为让詹金斯很不高兴。监听到贡多和拉亚姆的对话两天后，枪支追踪特别工作组在一条小巷内追逐一名扔枪的男子。随身摄像机录下的视频显示，詹金斯和这名男子交谈，想让他承认枪是他的。

"我想知道的是，是不是有人想杀你，是不是有人想伤害你。如果你有生命危险，告诉我他们是谁或者在哪里，我可以调查他们，让更多的枪远离街头。你有生命危险吗？"

"伙计，每个人都有生命危险。这里是巴尔的摩，"那人答道，"去年，我在两个月里失去了三个好朋友。今年，我失去了两个表亲。"

就在这时，那人的手机响了。他问自己能不能告诉打电话的人，他被扣押了。詹金斯同意了，接了电话，让那人开着免提通话。"嘿，他们在巷子里发现了大麻，"他告诉对方，他指的是枪，"（他们）陷害我。"

詹金斯挂断电话。"别做这种事。我们不是那种警察。你用右手扔了那个东西。你刚才说的话严重冒犯了我们。我们不是坏警察。我们不会做那种事。那种办案手法太脏了。如果有人试图把枪放在另一个人身上，而那把枪不是那个人的，那名警察就会倒霉，那名警察会被起诉。我们不做那种事。这里有那样的警察吗？我们都是按规矩来的。"

长期在巴尔的摩处理毒品案件的检察官艾伯特·佩辛格回忆说，自己和詹金斯在私下里有过类似的对话。佩辛格和詹金斯打过几次交道，这名警探"乐意接受有建设性的批评意见，想让他的案件办得更扎实。他和其他人愿意听取意见"。

"到了最后，我觉得他差不多有双重人格了，"佩辛格说，"他会问，为什么每个人都觉得我是一个腐败的警察？"

2016年10月，一份警察局内部通讯出炉。戴维斯局长在第一页就即将到来的双方同意的判决给手下的警员们写道:"判决不是灵丹妙药。它是一个由法院下达的、强制执行的命令,将迫使我们对长期被忽视的程序做必要的改良。有时,它给我们的组织带来的变化可能会引起焦虑。毕竟,警察通常不能很好地适应变化。我们既不能忘记我们这个行业源远流长的光荣传统,也不能忽视我们作为一个组织,对变革的迫切需要。我们必须尊重我们的传统,但不能墨守成规。我们必须接受那些能帮助我们更好地打击罪犯,更好地同社区交流的变化,不应该认为它们与'真正的警察工作'相悖而加以否定。"

两页之后,该刊物称赞枪支追踪特别工作组是警察局的典范,还附上了一张照片,詹金斯站在中间,亨德里克斯、泰勒、拉亚姆和沃德站在他的身旁。这篇报道的主笔是克里斯·奥瑞警督。

"众所周知,对于全国的执法部门来说,现在是一个充满挑战的时期。警员们在怀疑自己以及自己在社会中的角色,对不断变化的执法环境也充满疑虑。在这样的背景下,我非常骄傲地向大家介绍韦恩·詹金斯警司和枪支追踪特别工作组的工作。这支由敬业的警探们组成的队伍拥有无可指摘的职业精神。"

到目前为止,该小队在9个月里查获了132支手枪,逮捕了110个违反手枪规定的人。"他们将枪支清理出街头,以正确的理由逮捕正确的人,通过不懈努力让我们的城市变得更加安全,"奥瑞写道,"我为这个团队的丰硕成果感到无比自豪。"

似乎没有人关心枪支追踪特别工作组提交的案件在法庭上的表现如何。从2012年到2016年,虽然詹金斯的能力广受好评,但在与他相关的枪支案件中,四成的案件被检察官放弃起诉,高于巴尔的摩市警察局的平均值。虽然警方和检察官声称要优先追究持枪者的责任,但警员们后来承认，没有人回头去检查或改善结果。

奥里斯·史蒂文森的案件就是一个很好的例子。3月，他放在保险柜里的东西被抢走了一半。史蒂文森聘请伊万·贝茨为自己辩护，贝茨说自己专门研究了被詹金斯逮捕的被告，因为该警员的执法方式使自己可以打赢这些官司。同时，贝茨从未公开指责詹金斯偷窃，因为这对他的客户来说风险太大，而且他不能在缺乏证据的情况下贸然提出如此严重的指控。他记得有一次，他给检察官介绍了一个想指控詹金斯的客户，但检察官更想让这名客户多谈谈他自己的罪行。

到了10月，史蒂文森的案件开庭，审理者是巴里·威廉斯法官，他三个月前的裁决为弗雷迪·格雷案画上了句号。史蒂文森告诉贝茨，詹金斯抢劫了他。史蒂文森知道，贝茨知道，詹金斯也知道。

考虑到枪支追踪特别工作组查获的毒品——几千克可卡因——和史蒂文森的前科，他的案件本应由联邦法院受理，但联邦检察官办公室现在已经知道要尽量避开枪支追踪特别工作组的案件，还悄悄撤回了六起由联邦法院审理的案件。

贝茨的辩护策略是通过检视最初的拦截盘查，来使检察官撤销这起案件。詹金斯被传唤到证人席，讲述他如何拦下这辆车。他说他们之所以接近史蒂文森，只是想聊聊天。

"我们总是会拦下车，询问是否一切正常，"詹金斯说，"我们永远不知道谁会向我们提供关于目前正在发生的或过去发生过的犯罪的信息，可能是老人、年轻人、黑人、白人、女人、男人。你永远不知道谁会开口跟警察说话。"

詹金斯说，靠近车时，他一直小心翼翼地遵守规则，以免案件被驳回。他说他已经从过去的错误中吸取了教训。这让威廉斯法官印象深刻。不过，威廉斯注意到，詹金斯在描述他们的战术时说，他的小队包围了那辆车，这在法律上等同于在没有合理依据的情况下拘留某人。这使这次的拦截盘查缺乏依据，因此威廉斯不允许检方使用由此获得的证据。根据"毒树之果"原则，由于拦截盘查取得的证据不合法，警察就没有理由搜查史蒂文森家。检察官别无选择，只能放弃此案。史蒂文森脱身了——詹金斯也是如此。

听审结束后，威廉斯让检察官上前。

"我只是想让你知道，我确实觉得警员的说法更可靠，"威廉斯法官对检察官说，"告诉他法律是怎么规定的。你确实有权接近某人。但你不能下车，不能围住车。他觉得那个人有毒品。他们很可能确实有毒品。这是无可争议的。还有别的办法。"

贝茨跟着詹金斯走出法庭。

"我不知道你在干什么，但是每个人都跟我说，你在抢劫，你在偷窃，你在拿每个人的钱，"贝茨说他这么对詹金斯说，"收手吧，伙计。"

"我不知道你在说什么。"詹金斯答道。

这次，詹金斯同样没有被问责，不过他准备休息一段时间。他的妻子又怀孕了，即将生下他们的第三个孩子。詹金斯在休假前几周才告诉手下他要休假。

他要休息三个月。

第十七章　读懂言外之意

詹金斯在休假前几周,把詹姆斯·"K-斯托普"·科斯托普利斯警探调进了枪支追踪特别工作组。对于科斯托普利斯来说,这是期待已久的重逢,他曾在 2012 年作为东北区的新人在詹金斯手下工作。2015 年骚乱后不久,科斯托普利斯离开东北区,前往故乡新泽西的一个铁路警察局工作。当他在 2016 年初申请返回巴尔的摩市警察局时,负责招聘的部门拒绝了他。于是他联系了詹金斯,詹金斯为他的事给德索萨副局长发了信息。

"我相信您一定还记得科斯托普利斯这个名字,因为他在东北区大显身手,不管是执行搜查令,还是查获枪支。简而言之,他是警察局的财富,我们应该尽全力留住这样一名有能力、有职业操守的警员。我曾试着去找负责招聘的人,但他们可以说是把我赶走了,"詹金斯写道,"我确信,如果像您这样受人尊敬的长官愿意出面联系(负责招聘的人),那么他会觉得必须重新雇用这个充满干劲的人,以帮助我们的城市度过这段困难时期。"

"10-4[1],韦恩,我很了解 K-斯托普。他和你一样是全明星。我现在就给(主管人事的)汉德利区警长单独发一封邮件。我之前不知道他想回来。"德索萨回复道。

詹金斯说想让科斯托普利斯加入枪支追踪特别工作组,但没有马上如愿。科斯托普利斯将不得不再次上街巡逻,不过这不算什么——他很高兴能回到巴尔的摩,而不是去检查火车设备和装货的棚车。

10月下旬,科斯托普利斯接到电话,有人通知他,他即将加入枪支追踪特别工作组。他回忆说,他和詹金斯一起经过市警察局总部大楼时,詹金斯说他"做到了",正式成为部门的一员。"从今往后,你永远不会再去巡逻了,"詹金斯告诉他,"你想去哪个小组,就能去哪个小组。"

科斯托普利斯马上发现枪支追踪特别工作组的工作节奏近乎疯狂,工作时间很长。随身摄像机拍摄的视频显示,在街上,科斯托普利斯经常专注地站在詹金斯身边,来回看着詹金斯和被詹金斯盘问的人。

"我记得,我曾经在回家的路上给我爸爸打电话,因为实在是太难以置信了,"科斯托普利斯后来回忆说,"他们好像一天就抓到了七个违反枪支规定的人。我以前甚至都没听过这样的事。"

不过,詹金斯休假后,一切停滞不前。赫斯勒休息了一个月,装修他在哈福德县买的房子。科斯托普利斯说,其他警员也放下了工作,大部分时间都坐在办公室里。科斯托普利斯是小队里的新人,渴望做出成绩,但完全没有影响力。他试着用其他办法来影响同事。他

---

1 10-4,美国警用无线电通信代码中之一,意思是"收到,明白"。

找来911报警电话记录,看看有什么人举报了持枪者,还提议去射击场看看有没有被禁止持枪的人去那里射击的记录。这些都是枪支追踪特别工作组最初创建时要做的事。科斯托普利斯的新同事告诉他:"我们不管那些事。"

小队的其他成员仍然没有排除自己被调查的可能性,不过他们并没有因此感到紧张。那个月早些时候,贡多车上的监控设备显示,他和拉亚姆又在说他们听到风声,即他们可能正被联邦当局调查。贡多说詹金斯告诉他,调查的可能是联邦调查局,而且可能已经持续了五年之久。贡多嘲弄地说道:"我不是巴勃罗·埃斯科瓦尔[1],我是警察。"他列举了其他被联邦调查局扳倒的巴尔的摩警察的名字:"金和默里,(调查时间)好像是一年或九个月。没错。西尔韦斯特,几个月。(肯德尔·)里奇伯格,几个月。"

当县缉毒特别工作组的麦克杜格尔和基尔帕特里克终于打算对施罗普希尔收网时——他们花了一年时间调查,收集证据——市警察突然插手。介入的不是普通的小队,而是詹金斯的前导师基思·格拉德斯通警司和他的团队,他们拿到了搜查施罗普希尔家的搜查令。格拉德斯通的团队本应检查"消除冲突"数据库,以确保没有人在追踪施罗普希尔。基尔帕特里克后来说,他怀疑格拉德斯通的小组检查过数据库,但不以为意。

---

[1] 巴勃罗·埃斯科瓦尔(Pablo Escobar),哥伦比亚毒枭、拉美跨国毒品犯罪集团麦德林集团的创始人。他依靠在美国境内走私可卡因而获取了巨额财富,一度成为哥伦比亚国会的候补议员。后因一系列谋杀案被哥伦比亚政府通缉,在美国政府试图引渡他时逃走,最后被哥伦比亚警方击毙。

当格拉德斯通和其他警员靠近施罗普希尔家时，他们在车道上遇到了施罗普希尔。他们搜查了他，发现了 25 克海洛因。"给韦恩打电话！"施罗普希尔对逮捕他的警员说，他指的是詹金斯。施罗普希尔后来说，詹金斯曾经拦下自己，给了电话号码，还说如果遇到市警察找麻烦，就给他打电话。施罗普希尔说他之前给詹金斯打过一次电话，那次，警员与詹金斯交谈后就让他离开了。他声称没有给过詹金斯任何好处作为回报。

这次抓捕使市警察扬眉吐气——格拉德斯通的团队报告说，他们在施罗普希尔身上发现了毒品，警察还在他的床垫下发现了一把上了膛的枪，在地下室里发现了一台可以用来包装毒品的液压机。警察在施罗普希尔身上发现武器，自然会增加他受到惩罚的可能性。警察还在他的车里发现了一个用于检测全球定位系统追踪器或其他追踪器的扫描仪。他们还没收了施罗普希尔一直在使用的手机，里面可能有大量有用的证据。在理想的情况下，这些只会使联邦调查局已经开始调查的案件更加稳固。

但是联邦调查局对格拉德斯通的操守有顾虑，不想参与他的案件。随身摄影机本可以打消这些顾虑，但格拉德斯通的团队在初步检查了房间后，在二次搜查时才打开了摄像机。格拉德斯通团队的介入非但没有为正在审理的联邦案件提供证据，反而使关键证据被排除在外——因为联邦调查局认为证据受到了污染。施罗普希尔缴纳 10 万美元保释金后就获释了。

格拉德斯通的团队采取行动六天后，联邦调查局利用他们在过去一年里收集到的证据，获得了针对施罗普希尔和另一名男子的替代起诉书。

2016年感恩节后的一周,施罗普希尔被拘留了。施罗普希尔记得探员们走下一辆车窗贴了膜的白色丰田超霸车。施罗普希尔交了保释金后马上开始贩毒,当天他似乎特别草率。他随身带着毒品——15克海洛因和180克可卡因——因为一个不满的顾客将它们退了回来。基尔帕特里克走过去,说自己是巴尔的摩县的警察。"巴尔的摩县?"施罗普希尔想,"他们想干什么?"基尔帕特里克告诉他,他们有一份联邦逮捕令。施罗普希尔的心一沉,他知道这次的情况很严重。

这起案件始于"布里尔",人们对这个躲在阴影里的人物有各种各样的描述。直到此时,警察才终于和他面对面。经过一年多的调查,警探们觉得自己似乎已经认识了施罗普希尔。麦克杜格尔问施罗普希尔是否想给他的未婚妻打电话,告诉她发生了什么。他让施罗普希尔说出她的电话号码,施罗普希尔刚说出前六个数字,麦克杜格尔已经输完了最后四个数字——他早就知道这个号码。麦克杜格尔在和施罗普希尔说起后者的儿子时,用的是昵称,就好像他是他们家的老朋友一样。

当麦克杜格尔和基尔帕特里克开车把施罗普希尔送到位于市中心的联邦法院时,施罗普希尔建议警员们把从他身上找到的毒品"处理掉"。他说,让一个秘密线人帮帮忙,然后"给你们的妻子买点好东西"。

基尔帕特里克回忆说,施罗普希尔说:"拜托,格拉德斯通就是这么干的。"

2016年12月2日,施罗普希尔的案件首次开庭。当天,当局让他参加了一场匆忙安排的"反向证据出示"会议。检察官给被告出示

181　了他们掌握的证据，希望被告能合作。施罗普希尔不打算认罪。但调查人员似乎对他几天前说的跟格拉德斯通有关的事更感兴趣，他们问了他一个开放式问题：他对腐败的警员有多少了解？

　　施罗普希尔说出的人早就被联邦调查局盯上了，包括詹金斯、贡多、赫斯勒和格拉德斯通。这些警员的腐败似乎是公开的秘密。

　　根据会议记录，施罗普希尔说：9月，贡多要求在家得宝与他见面，并警告说他会被逮捕。

　　"你要冷静，"贡多说，还建议施罗普希尔扔掉一直在用的手机，"读懂言外之意。"

　　施罗普希尔告诉检察官，贡多和他一起长大成人，贡多一直在保护他们那个社区的毒贩，还说贡多是个"好帮手"。他说他和贡多一起聚会，贡多曾警告他要当心詹金斯，说詹金斯"不再站在我们这边"，逮到机会就会把施罗普希尔抓起来，虽然贡多试图说服詹金斯不要这么做。

　　施罗普希尔说，格拉德斯通和詹金斯是"害群之马"。他们经常从人们那里偷钱，而不是上报这些钱。施罗普希尔说，2008年，格拉德斯通逮捕了格伦·韦尔斯，拿走了5万美元。根据记录，韦尔斯确实在那一年被格拉德斯通逮捕过。

　　施罗普希尔说，所有正在"赚钱"的巴尔的摩毒贩都与格拉德斯通发生过类似的冲突。

　　同时，詹金斯也没有用执法来打掩护。据传，他不仅从被拦下的人那里拿钱，还会拿走毒品——他不会指控这些人，也不会上报。施罗普希尔说，他听过这样的故事。詹金斯拦住施罗普希尔认识的人，告诉他们他在寻找枪支，要搜查他们。然后，詹金斯又会说，如果毒贩给他毒品,那么他就不会搜查,也不会逮捕他们了。如果毒贩听话,詹金斯就会若无其事地开车离开——施罗普希尔举了两个新近发生的例子,他认识这些当事人。

绝大多数消息是道听途说,调查人员已经知道警员在偷钱。但这可能是调查人员第一次听说詹金斯在偷毒品——他们还不知道具体原因。

2017年1月12日,经过几个月的谈判,巴尔的摩市和美国司法部签署了一项双方同意的判决,要求警察局必须改革。特朗普当选总统后,双方都担心他提名的司法部部长杰夫·塞申斯会破坏该判决(此前他就批评过),因此加快了谈判的速度。这份227页的文件对警员们提出了各种新要求。例如,规定"只有在有合理依据认定司机违反了交通法规,或根据具体、明确的事实合理怀疑车辆或车内人员已经、正在或即将犯罪时,才可以拦截和扣留车辆"。对人和车的搜查也是如此。即使当事人同意,警员们也必须让他们填写表格,而且当事人随时可以反悔。

对于这项判决,市政府官员和民权团体纷纷表示欢迎,但警察表达了不满,因为这将增加他们的工作难度。前副局长安东尼·巴克斯代尔告诉《巴尔的摩太阳报》,限制警察的行动将使毒贩和非法持枪者受益。

"他们使犯罪分子掌握了权力,"巴克斯代尔说,"是的,对社区的一部分人来说,这可能是好事,但对其他人呢?"

2017年1月底的一天,凌晨2点左右,睡眼惺忪的韦恩·詹金斯打开家里的灯，给巴尔的摩县的一名巡警开门。这名警员是詹金斯叫来的。詹金斯说，他下班回来后发现自己停在车道上的2016款道奇凯领商务车被偷了。

那名警员在记录失踪车辆信息时，詹金斯突然说，他的车库里有七辆豪车，他担心它们也被偷走了，好在没有。"吓死我了，我在车上花了一大笔钱，我做的第一件事就是跑去看看它们还在不在，"詹金斯告诉他，车道上的那辆车可有可无，"我一周内就会再买一辆。"

一周后，一个在距詹金斯家三英里的林区徒步旅行的人给警察打电话，说他偶然发现了那辆被盗的商务车。有人去查看情况。车窗全部被砸碎，前保险杠脱落，车里的仪表盘被拆了下来，车灯被拔出，内饰差不多都不见了，引擎盖上还刻了脏话。

县警察认为是一些不守规矩的孩子干的。但这种行为所体现的愤怒和破坏性，表明肇事者可能是被詹金斯陷害的人，目的是警告詹金斯。在此案中，没有人被起诉。

詹金斯结束休假，返回工作岗位。在詹金斯休假期间，警方高层和科斯托普利斯一样，注意到了枪支追踪特别工作组的懈怠和业绩滑坡，便敦促詹金斯的上司让詹金斯"集中精力，重新投入工作"。但詹金斯说，他想调动工作。克里斯·奥瑞警督回忆说，詹金斯大声说他不想再回枪支追踪特别工作组，而是希望能调到逮捕令特别工作组——在那里，他将不再调查和出庭做证，而是给被通缉的人开具逮捕令。他告诉奥瑞，他现在更看重家庭，"不想再冒这么大的风险了"。另一名主管玛乔丽·杰曼警督也记得，詹金斯要求调到逮捕令特别工作组，因为他"为高层找到了这些枪却不受重视"，这让他感到沮丧。

辩护律师伊万·贝茨回忆说，2月底，在法院偶遇詹金斯时和他有过类似的对话。

"他说，我只想让你知道，和你交手很愉快，我很尊重你，但我永远不会再逮捕任何一个人了，"詹金斯告诉贝茨，"让这个地方见鬼吧。让所有不赏识我的人见鬼吧。我要当警督。都见鬼去吧。"

逮捕令特别工作组的工作肯定不会那么引人注目。巴尔的摩市警察局通常会把有问题的警员塞到那里，这样他们仍然可以工作，但不必出庭做证，也不需要接受交叉询问。他们只负责逮捕由其他警员侦办的案件中的犯罪嫌疑人。他们会四处搜寻，进入犯罪嫌疑人的家，拿着逮捕令找出被通缉的人。不过，詹金斯最后并未调职。

2月的一天晚上，就在詹金斯结束休假后不久，枪支追踪特别工作组的人正待在巴尔的摩市警察局总部大楼六楼的办公室里，詹金斯和赫斯勒突然走到科斯托普利斯面前，让他和他们一起坐詹金斯的车出去转转。他们没有说明原因——这些人有时就是这样，可能只是出去吃点东西。詹金斯开车带他们离开总部大楼，但没走多远，就在沃特街附近的一个相对安静的街区停了下来，旁边是一个多层停车场。詹金斯让科斯托普利斯放下装备，走到车后。

詹金斯和赫斯勒并排站着，两个强壮的男人面对着瘦弱的科斯托普利斯。

"跟踪大毒枭，找出他们存放现金的地方，然后直接拿走，你觉得怎么样？"詹金斯问道。

科斯托普利斯的回答很干脆。

"这实在是个坏主意，"科斯托普利斯说，"你不能戴着警徽做这种事。"

"你说得很对。"詹金斯答道。

在科斯托普利斯看来,这个问题是在考验他是否正直——确保他值得信任,能够做正确的事。他记得在2012年,当他第一次和詹金斯一起巡逻时,这名警司告诉他,与自己合作有两条规则,其中一条是,他们永远不会偷东西。

他们回到警察局,没有再讨论这个问题。

几天后,詹金斯告诉科斯托普利斯,后者要被调走了。詹金斯说,他知道科斯托普利斯很有上进心,但由于自己正在为晋升警督做准备,而内务部收到了太多关于自己的投诉,所以他准备保持低调一阵子。他建议科斯托普利斯最好去其他小队。

"我知道你想上街——我知道你讨厌待在办公室里,"詹金斯说,"我现在要在办公室工作。投诉我的人太多了,这会影响我升职。"

科斯托普利斯拒绝了。他刚刚在詹金斯手下工作了几周,期间詹金斯还休了陪产假。

"不,我来这里是为了和你一起工作,"科斯托普利斯说,"我想和你一起工作。"

"不,不,不。你要去这个(另外一个)小队。这对你来说是最好的选择。"詹金斯说。

科斯托普利斯后来在街头见到过詹金斯和枪支追踪特别工作组,他们似乎并不低调。他想知道自己是不是因为没有达到标准才被调走。

事实上,詹金斯不能让一个不愿意同流合污的人加入自己的团队。虽然他一直跟别人说,他在工作上不会像以前那么高调了,但已经入伙的警员们说,詹金斯非但不想收手,反而变本加厉。他特别想再次打劫奥里斯·史蒂文森。

詹金斯约了泰勒和沃德在巴尔的摩西北区的一栋公寓楼附近的停车场见面。他和赫斯勒先到，在那里喝扭茶（这是一种加了茶的麦芽酒，据说是詹金斯最喜爱的饮品之一）。詹金斯想出了一个计划。他研究史蒂文森的经历后得知，史蒂文森与一个团伙有关，而该团伙与一家名为"市南蓝调"的餐厅有关，这家餐厅的工作人员十年前被指控违反了联邦毒品法，被警察逮捕。詹金斯认为，该案中的一些人还在贩毒，而且数量巨大。他告诉泰勒，他想再次袭击史蒂文森家，看看还能找到些什么。詹金斯解释说，他想买联邦探员的背心，在史蒂文森的车上安装全球定位系统追踪器，跟踪他几天。如果他们能发现他的作息规律，就可以在没有人的时候大摇大摆地闯进去，拿走毒品和钱。赫斯勒和泰勒同意加入，但沃德犹豫了。他们已经从史蒂文森那里拿走了几万美元，为什么还要冒险再去一次？泰勒也改变了主意，这让詹金斯恼怒不已。

大约在这个时候，詹金斯告诉其他人，他的一个儿时的朋友有一家汽车修理厂，但也在贩卖毒品。在最近的一次交易中，有人少给了他几千克毒品。这个朋友希望詹金斯能抓到供应商，并向詹金斯提供了所有的情报。詹金斯提议跟踪那个供应商，然后抢劫他。詹金斯说他可能有100万美元，他们可以把这笔钱分掉，然后"就金盆洗手"。

沃德后来说："他想让我们装成联邦探员，走进大门，还要戴面具。"

该小队的另一名成员伊沃迪奥·亨德里克斯警探对这件事的记忆是相同的："他说，他想让我们把那个人当作目标，着手调查，看看那个人住在哪里，钱和毒品可能放在哪里。他确实想让我们去打劫那个人。"

在巴尔的摩市警察局总部大楼的车库里，詹金斯向他们展示了他打算如何实施犯罪计划。他打开面包车的车门，车里有一个大旅行袋，袋子里装满了盗窃用的工具，包括撬棍、大砍刀、大锤、开锁器、望远镜，甚至还有一个抓钩。另一个袋子装着一个形似骷髅头的面罩，眼睛部位有网罩，是那种可能会出现在恐怖电影里的道具。还有巴拉克拉瓦滑雪面罩、望远镜、手套和鞋子，全是黑色的。詹金斯拥有实施犯罪计划所需的一切，但亨德里克斯和沃德说，他们看到这些工具时感到害怕，并试图不理会他们的上司——他似乎已经失控了。

"詹金斯警司疯了。"亨德里克斯记得他这么跟沃德说过。

第三部分 抓捕

第十八章　认知失调

在调查枪支追踪特别工作组的过程中，由于担心消息会通过街头或辩护律师传到警员的耳中，联邦调查局没有联系任何可能的受害者。相反，他们通过监听对话、麦克风的录音，以及被捕者从监狱打给朋友或亲人诉说自己丢失钱财的电话，了解了警员们是如何实施抢劫的。

詹金斯休完陪产假后，调查人员没有新的案件可供追踪。枪支追踪特别工作组似乎行将瓦解，一些警员调到其他组。拉亚姆做完腿部手术后，调到"谷仓"的另一个组，做些相对轻松的工作。贡多和赫斯勒调到枪击组，任务是侦破非致命枪击案。

联邦调查局的调查人员又监听到警员们谈论他们可能正被调查。2017年2月15日，根据贡多车里的监控设备记录，贡多和赫斯勒开玩笑说，他们可能要接受《反勒索及受贿组织法》(RICO)的调查。不过贡多还是觉得这件事的可能性不大，他说按照现在的巴尔的摩市警察局高层的做法，他们如果真的在被调查，那现在应该已经被停职了。赫斯勒告诉贡多，詹金斯本来想调到逮捕令特别工作组，但并未如愿。赫斯勒说，詹金斯仍然担心被调查。

联邦调查局认为,詹金斯持续不安,意味着他可能正在销毁对自己不利的证据。

现在是时候准备对枪支追踪特别工作组提起诉讼了。

詹森和她的团队面临的第一个难题是,如何与枪支追踪特别工作组的受害者取得联系,并说服他们开口。詹森后来谈到这些受害者时说,大多数人"一点都不想牵扯进来"。一些人不想暴露他们的非法交易,担心执法部门要么在欺骗他们,要么以后会利用他们提供的信息来对付他们。有些人认为,与执法部门合作,即便是针对腐败的警察,也是在告密,他们不想这么做。

奥里斯·史蒂文森和他的妻子同样无意参与这件事。怀斯回忆说,史蒂文森的律师伊万·贝茨说服史蒂文森与执法部门见面,贝茨让史蒂文森说出警员们对他做了什么。贝茨告诉史蒂文森:"你中彩票了。"他的意思是,史蒂文森本来可能被判入狱数十年,但针对他的指控被撤销了。"你欠了所有人的情,你必须站出来,告诉(联邦调查局)究竟发生了什么。"

史蒂文森不情愿地告诉联邦调查局,这些警员不仅抢走了他的钱,还拿走了毒品——他实际持有的毒品比警员们报告的多几千克。贝茨还带来了其他客户,他们声称多年来受到了詹金斯和其他警员的不公对待。

"(贝茨说,他)在法庭上总能打赢跟詹金斯有关的案件,在排除证据等方面的胜诉率高于预期,"海因斯后来回忆说:"他的说法是,'我其实没**那么棒**'。"

除了非法搜查、有组织敲诈勒索和抢劫,联邦调查局的调查人员还发现这些警员存在骗取大量加班费的行为。调查人员监听到他们公开讨论旷工或经常性迟到，这促使调查人员利用西拉基对警察局数据库的访问权，调出这些官员的考勤表。一次，詹金斯在默特尔比奇和家人度假期间领取了加班费；泰勒在多米尼加共和国时拿到了相当于原工资一倍半的加班费；赫斯勒在装修房子时领取了加班费。

调查人员发现，枪支追踪特别工作组的一名警员似乎很少有不法行为，他就是第一个被调查的约翰·克莱威尔。调查是由登记在他名下的全球定位系统追踪器引起的，但他们找不到证据表明他参与了抢劫，而且他似乎也没有像其他人那样骗取加班费。他在秋天离开了枪支追踪特别工作组，加入了美国缉毒局的一个特别工作组。

他们花了几个月整理证据，但要想给枪支追踪特别工作组定罪绝非易事。一年前，宾夕法尼亚州的联邦检察官以有组织敲诈勒索罪起诉费城的六名缉毒警察，但最终败诉。该小队被指控偷走40万美元，殴打犯罪嫌疑人（他们曾把某个人吊在阳台上），还在法庭上撒谎。该案尚未进入庭审阶段，便有150多个基于这些警察的逮捕而做出的有罪判决被推翻了。该小队的一名前成员选择与检察官合作，供出了他们犯下的罪行，并同意做证。但其他六名警员拒不认罪，他们的辩护律师提醒陪审员不要相信毒贩和一名腐败的警察的话。2015年5月，联邦陪审团宣布所有被告无罪。

除了被派往联邦调查局的警员，巴尔的摩市警察局直到此时仍然不知道针对枪支追踪特别工作组的调查。凯文·戴维斯局长只知道一个针对腐败警察的案件正在调查中，但不知道具体情况。当调查人员告诉他这些细节时，戴维斯感到非常意外。他想调查肯定已经持续了好几年。戴维斯明白联邦调查局此前为什么绝口不提此事，因为他可能会让这些警员远离街头，这样一来，调查必将以失败告终。他试图让自己把注意力放在好消息上——巴尔的摩市警察局的警察也加入了联邦调查局的特别工作组，参与了调查。戴维斯后来回忆说："说实话，我为他们在我担任警察局局长期间被逮捕的事实感到自豪。"他希望公众能够在一定程度上恢复对警察局的信任。

是时候采取行动了。

詹森考虑了数个逮捕方案。逮捕小组可以在黎明前进入警员们的家，大多数逮捕行动是这样的，但詹森不同意这么做。枪支追踪特别工作组的成员是拥有武器的警察，他们的生活马上就要支离破碎，因此他们很可能会伤害自己或他人。她回想起曾经和自己在联邦调查局芝加哥办事处工作过的库克郡的一名副警长。他和其他警员一直在利用警察身份抢劫毒贩，或是在拦截搜查时，或是直接入室打劫。被捕几个小时后，这名警员在牢房里用床单上吊自尽。

詹森和检察官决定同时拿下整个小队。他们想出的方案是，邀请这些警员到联邦调查局办公室参加一个假的颁奖仪式（詹金斯显然渴望得到肯定），然后在那里逮捕整个小队。他们也可以想办法把警员们引到法院。戴维斯局长认为，逮捕必须在巴尔的摩市警察局完成，这很重要。"这样人们就不会觉得我们没有能力调查自己人，"他后来说，"我不喜欢用'公众目光'这个词……但它不无道理。"

作为骗局的一部分，他们决定让这七名警员去巴尔的摩市警察局的内务部。他们想出了一个令人信服的借口，它与几个月前，也就是10月底的一次失败的行动有关，当时探员们试图在詹金斯使用的面包车（归警察局所有）上安装另一个录音设备。西拉基把车从警察局的车库开到安装设备的地方时，巨大的叮当声引起了车库里其他人的注意。调查人员不知道这辆车到底是什么时候损坏的，也不知道是怎么损坏的——有人说是撞上了电线杆，但詹金斯已经不再开这辆车了。虽然任务失败了，但联邦调查局的人意识到他们可以以这辆损坏的车为由与警员们谈话。

根据计划，内务部的一名主管会给小队的成员打电话，让警员们在2017年3月1日周三上午去位于巴尔的摩东区的内务部办公室。内务部的人会说自己正在调查一起肇事逃逸案件，涉及一辆无标识警车，这辆车在撞了一个孩子后逃之夭夭，他们想询问警员们是否与这件事有关。"我们知道他们在车库里有一辆坏了的车，而且据我们所知，他们没有报告。我们不知道（究竟）发生了什么。"詹森后来回忆说。他们说，警员们必须说清楚这件事，否则将影响詹金斯的晋升。他们没有理由认为枪支追踪特别工作组的警员们真的撞了一个孩子，因此觉得警员们不会因为到内务部澄清这件事而感到紧张。联邦调查局将与巴尔的摩市警察局联手执行该逮捕计划。

此时，泄密的可能性大大增加了。2月28日，也就是实施抓捕的前一天的晚上，联邦调查局利用警员们手机上的全球定位系统监控他们的行踪，目的是确保没有人去机场或离开马里兰州。其他州的警察随时待命，以防全球定位系统发现某名警员打算外逃。

詹森和其他探员在凌晨4点左右抵达位于城外的联邦调查局指挥中心，他们将在那里监控这次行动。西拉基会去巴尔的摩东区的内务部办公室。他只睡了大约两个小时，然后带着两个一加仑的咖啡盒和三盒甜甜圈慢悠悠地走过去。指挥所很安静。詹森回忆说："我们知道，（一旦案件公之于众，）局面会非常混乱。"

联邦调查局的特殊武器与战术部队在二楼待命，他们将躲在电梯两侧的楼梯间里。他们在演习时得知电梯会迅速关闭，负责护送的内务部警探被告知一定要用胳膊挡住门，确保门是开着的。与此同时，巴尔的摩市警察局清空了二楼的内务部办公室，让在那里工作的警探们参加一个所谓的培训。内务部的负责人罗德尼·希尔命令一名主管迅速制订一个培训计划，不要让警探们闲下来。希尔回忆说，自己告诉那名主管："就说局长对某件事很生气。"

警员们被要求在上午8点45分到9点之间赶到，但他们姗姗来迟。詹金斯手机的全球定位系统一度显示他在华盛顿哥伦比亚特区，詹森担心他们逃走了。不过她很快发现，这是全球定位系统出了问题，因为她很快看到詹金斯开车来到内务部办公室。詹森在指挥所里看不到警员们进入内务部办公室的实时影像，她只能坐在那里等着西拉基告诉她逮捕行动的进展情况。

第一个来的是詹金斯。他很守时，在上午8点45分左右前来。根据进入安全区域的标准程序，警卫检查了他的枪和手机。两名内务部的警员来到大厅，跟他一起走进电梯，上到二楼。

几分钟后，走出电梯的詹金斯被特警队的队员包围并被戴上手铐。"我是你们的人！我是你们的人！"他大喊道。他以为这是一个失误。

八分钟后，拉亚姆被捕。接着是沃德和泰勒。沃德回忆说，他到那里时很紧张，因为内务部从来没有同时叫这么多人一起来，但他觉得自己没做错什么，至少不会引起巴尔的摩市警察局的注意。他后来说："我没想过自己会被逮捕。"泰勒不知道他们的上司已经被抓，还在大厅里给詹金斯打了几次电话。

他们都被带到二楼，并被逮捕。

下一个是赫斯勒，随后是亨德里克斯。贡多是最后一个，他迟到了近40分钟。

警员们被带到不同的房间。戴维斯局长从一个房间走到另一个房间。联邦调查局不想让他开口，但他至少想亲自看看每名警员。他们中的大多数人都垂下了头，或者扭头看向别处。

詹金斯回看戴维斯局长，眼神充满挑衅。

联邦调查局迅速搜查了警员们的住所和车辆。由于不想被人看到调查人员破门而入的一幕，他们让人拿来钥匙。调查人员几乎没有找到对调查有帮助的东西。

令调查人员感到奇怪的是，他们在几名警员的车上发现了气枪。

内务部主任罗德尼·希尔对手下说明了前因后果，在场的人一片哗然。"这是巴尔的摩市警察局历史上最大的腐败案，"希尔回忆说，"它将伴随我们很长一段时间。"

几个小时后，在位于巴尔的摩市中心的联邦检察官办公室举行的新闻发布会上，戴维斯局长与即将离任的马里兰州检察官罗德·罗森斯坦（他即将出任特朗普政府的司法部副部长）、联邦调查局巴尔的摩办事处主任戈登·约翰逊并肩而立。新闻发布厅的一张海报上写着"滥用职权"几个字，另一张海报列出了《警察行为守则》中关于杜绝腐败和收受贿赂的段落。罗森斯坦告诉记者，一个精英便衣小队的七名警员因有组织敲诈勒索罪和其他指控被捕，目前由联邦调查局看管。他说，这些警员"参与了一个包括滥用职权在内的恶性共谋计划"。贡多还被指控为施罗普希尔毒品共谋案的共同被告。

戴维斯说:"在我看来,这些警员就像19世纪30年代的黑帮分子。"

逮捕的消息传开后,全市的辩护律师和检察官的电话响个不停,他们已经在法庭上就涉及这些警员的案件交锋了数年。不过,提出问题是一回事,但以如此系统性的方式证实这些问题确实存在则是另一回事。州检察官办公室还没有得到关于调查的简报,一些检察官直到新闻发布会召开的那一刻还在忙着处理这些警员提起的案件。州助理检察官安娜·曼泰尼亚回到办公室时,看到一些人在抹眼泪。

"他们不是因为悲伤而流泪,"曼泰尼亚后来回忆说,"更多的是因为愤怒和背叛感。我敢说,我最大的噩梦,也是所有检察官的噩梦,就是想到有人可能因为他们没有做过的事而被定罪和入狱。在那一瞬间,我想到了我经乎的跟那个小队的成员有关的所有案件。"

当时经历了这件事的另一名检察官后来说:"几乎每起案件,你都能听到辩护律师说,'我的客户说这个(警员)手脚不干净'。最后,你会说,'除非你能拿出具体证据来,否则我什么也做不了,我只会觉得你的客户是因为不想被起诉才这么说的'。我觉得我们这个级别的大多数人都觉得这件事难以置信。"

辩护律师也因为同样的理由受到打击。他们的客户经常声称警察拿了钱,但许多律师对这类说法置之不理。这倒不一定是因为律师们怀疑客户的话——不过有些人承认他们确实不相信——而是因为这些指控最终无法被证明,反倒可能破坏更加可行的辩护策略。在和大多数客户谈话时,律师们不得不忽略这件事。

几天后,戴维斯把便衣警察叫到礼堂——他在2015年夏天让他们去的那个礼堂——告诉他们,他们所在的组即将被解散,他们要重新穿上警服到各个分局工作。屋里的气氛很压抑。戴维斯后来说："这意味着便衣警察组最终被彻底解散。"他指的是他的前任们组建的作风强硬的便衣警察组。

巴尔的摩市警察局派人对枪支追踪特别工作组的主管做了内部调查，尤其是针对骗取加班费的问题。虽然没有迹象表明这些主管参与了该组的犯罪活动，但他们丰厚的加班费需要主管批准。詹金斯在默特尔比奇时为什么能领到相当于平时工资一倍半的加班费呢？

玛乔丽·杰曼警督自2015年起便断断续续地负责监督詹金斯，她向内务部大致介绍了做詹金斯的上司是怎样的感受。她称他是一个"行政噩梦"。她说，很多时候，她甚至都不知道詹金斯在加班，直到他发来一封电子邮件，炫耀抓到了非法持枪者。她会质问他为什么在街上，而他会回答说，上级（如高级警监肖恩·米勒）直接让他们去"压制暴力活动"。米勒会道歉说，他忘记提起这件事。她抱怨说，詹金斯本应在另一个办公室工作——包括枪支追踪特别工作组在内的便衣警察组本应在巴尔的摩西北部区的"谷仓"办公，却在市警察局总部大楼工作。杰曼告诉内务部的调查人员："所有人都知道，詹金斯能直接跟高层联系。他想要什么，就能得到什么。"她举例说，詹金斯想要租一辆车，她拒绝了。两周后，他得到了那辆车。她怀疑詹金斯联系了迪安·帕尔梅雷副局长，而詹金斯的电子邮件证实了这一点。"在警察局，还有哪个警司拥有分配给他个人的车？"杰曼告诉内务部的调查人员。

但杰曼也对詹金斯的能力赞不绝口，说他是"巴尔的摩市警察局有史以来最好的缉枪警察"。她说，当詹金斯在2014年的沃尔特·普赖斯栽赃案中等待纪律处分时，她亲眼见证了这一点。当时詹金斯想加班，高级米勒说必须有主管和他同行。她说，那天晚上她亲眼看到他找到了两把手枪。

另一名接受内务部问询的警督克里斯·奥瑞说，詹金斯和他的小队是"一级资产"，是市里的"顶级寻枪者"。2016年6月，帕尔梅雷决定将詹金斯调到枪支追踪特别工作组，同时将该组的执法范围扩大到整座城市。

他说，他们是"后弗雷迪·格雷时代唯一有工作成果的小队"。

奥瑞和杰曼没有在詹金斯出城时签加班单，而另外一个组的两名警司承认他们批准过（加班单），还说如果一个人所在组的主管不在，那么由另一个组的主管签这个人的加班单是整个警察局的普遍做法，专案组更是如此。

内务部调查人员问杰曼知不知道枪支追踪特别工作组的警员们在犯罪，或者她有没有看到什么迹象。杰曼说，这"是一个沉重的打击"，她的"心情如同坐过山车一般"。她不太了解詹金斯的下属，但"没想到詹金斯会这样"。

"他在街头付出了150%的努力，永不停歇，不畏开枪。这正是他们（警方高层）想要的。"杰曼说。虽然她不想帮警员们推脱责任，但她说，"是高层创造了这个怪物，允许它为所欲为"。

枪支追踪特别工作组的七名警员被指控犯下了有组织敲诈勒索罪，面临最高20年监禁的刑罚。贡多还因在施罗普希尔案中共谋分销了至少100克海洛因而面临最低5年，最高40年监禁的刑罚。第一次出庭时，预审法官认为这些警员对社区构成了威胁，命令他们在候审期间不得保释。他们最初都被关押在霍华德县郊区的一所监狱里。

据沃德和亨德里克斯说，詹金斯试图号召警员们团结起来，一起战斗。他有时对所有人讲话，好像他仍在领导这个小队，有时则一对一谈话。他认为他们伪造的打开奥里斯·史蒂文森保险箱的视频可以反驳针对抢劫罪的指控，联邦调查局永远无法证明视频是假的。在另一起案件中，詹金斯记得他曾发短信让拉亚姆给他3 500美元，他让所有人统一口径，说他们一直在为麦登足球视频游戏比赛下注，每次的赌注是500美元。当没有号召队员们团结的时候，詹金斯会把小队的问题归咎于拉亚姆，说他应该为偷钱负责。

但他最主要的情绪是恐惧。詹金斯担心自己的电话已经被监听，还担心联邦调查局通过这种方式掌握了某些证据。亨德里克斯回忆说，詹金斯说过，"我在工作之外做了太多事，我完蛋了"。

詹金斯试图联系愿意为他辩护的律师，他还问了伊万·贝茨——这个担任过詹金斯的许多受害者的辩护律师的人。因为存在这些冲突，贝茨拒绝了。

此案的检察官怀斯和海因斯，等着警员们来找他们做交易。沃德第一个通过律师与他们取得了联系，接着是拉亚姆——检察官们先找的是拉亚姆。另外两个人——亨德里克斯和贡多——紧随其后。几周内，被指控的七人中有四人已经准备好坦白。

连续几个月，检察官每天都要去县监狱与警员们见面。怀斯和海因斯让他们下定决心。当警员们叙述调查人员已经知道的和不知道的罪行时，检察官们如释重负，因为他们的案件得到了证实和巩固。

一些警员说腐败司空见惯，这让以前从事过缉毒工作的内务部警司西拉基感到不安。

"我没有做过这种事,和我一起工作的人也没有做过这种事,"西拉基后来说,"我回想了一下,我从来没有怀疑过有人在做像他们做的那种事,甚至连想都没有想过。"

但这些警员打开了一扇通往隐秘世界的大门。他们随意对待被没收的毒品,其态度令怀斯感到震惊——他们"总是扔掉毒品,不提交为证据。我们听说,他们会沿着83号州际公路开车,然后把它撒到窗外,仅仅因为觉得文书工作过于烦琐"。

怀斯说,这些警员"仍然觉得自己是好警察。他们对自己扮演的角色存在认知失调"。

除了他们自己做过的事,警员们开始讲述其他人做过或告诉他们的事。贡多说,拉亚姆在2014年入室抢劫了鸽子店老板,拉亚姆本人也承认了。此前调查人员并不知道这起案件。拉亚姆还说出了同伙的名字。

拉亚姆和贡多还承认他们参与了对阿龙·安德森的入室抢劫,调查人员在安德森的车上发现了克莱威尔的全球定位系统追踪器,这成为整个调查的导火索。麦克杜格尔看似荒唐的想法竟然是真的。警员们说,抢劫是"特万"(即安托万·华盛顿)提议的,他听说安德森有10万美元现金。贡多把这个计划告诉了拉亚姆,因为他知道拉亚姆以前干过入室抢劫的勾当。拉亚姆后来说:"贡多给我打电话,问我想不想做。我告诉他'我做'。"拉亚姆用枪指着安德森的女友,而贡多则留在外面放哨。他们说克莱威尔不知道追踪器被用来做什么,他们只告诉他,他们在"调查某件事"。

亨德里克斯告诉探员们,他听说詹金斯可能在贩毒后,一直试图远离詹金斯。他进入特别执法科几个月后,詹金斯曾问过他,有没有亲戚能帮忙贩卖毒品。亨德里克斯告诉调查人员，他后来看到詹金斯热封了一个装有毒品的袋子，还说沃德告诉自己，在电话里听到詹金斯好像在安排一场毒品交易。

与此同时，赫斯勒的家人正试图让公众知道，赫斯勒受到了不当起诉。杰罗姆·赫斯勒在拜访哈福德县议会时说，如果像他弟弟这样的警察不能做他们的工作，犯罪将蔓延到整个地区。"毒贩控制着巴尔的摩市的街头，"他说，"他们有政治界限吗？过不了多久，他们就会控制哈福德县的街头。"他说，检察官正在利用不可靠的证据和监禁来胁迫他们认罪。他问道："这还是美国吗？"他说这句话时，完全没有嘲讽的意思。

到2017年6月下旬，检察官从愿意合作的警员那里获得了足够的新信息，对拒不认罪的詹金斯、赫斯勒和泰勒提出了替代起诉书，这意味着他们将受到更多的指控。

到了这个时候，他们有证据起诉第八名警员——贡多和拉亚姆都供出了在詹金斯之前的主管托马斯·阿勒斯，说他在搜查过程中窃取现金。据说，阿勒斯的成年儿子也参与过一次抢劫，他与他们同行，并拿到了分成。他们还坦白了2016年4月监听漏掉的另一起案件。警员们等一个名叫达文·罗宾逊的男子离家后，以其驾驶执照被吊销为由拦住了他。发出警方传讯后，他们来到罗宾逊家，敲了敲门。根据卷宗记述，他的女朋友允许他们入内搜查。拉亚姆在报告中写道，警员们在楼上的一间卧室里发现了一把上了膛的9毫米口径鲁格手枪，枪上的序列号已被抹掉。他们以非法持枪的罪名逮捕了罗宾逊。

这份报告没有提及他们当天从罗宾逊家拿走的其他东西：1万美元，罗宾逊本来想用这笔钱偿还购买毒品的欠款。在毒品的世界里，抢劫是有后果的,一份记录警察偷钱的犯罪报告可能会导致某人被停职。而在这起案件里,罗宾逊拿不出任何证据,因此他被怀疑撒谎。

几个月后,罗宾逊坐在车里,车停在他的祖母家门外。他的女朋友带着他们三岁的女儿坐在另一辆车上。当天天气很热,一个穿着连帽衫的男子朝他们走来。那名男子先经过他的女朋友的车,和他的女朋友对视后,掏出一把银色的枪,对着罗宾逊的车开枪,杀死了罗宾逊。

在联邦调查局的调查开始时,阿勒斯被调到美国缉毒局的一个特别工作组。第一轮起诉以后,作为预防措施,他被停职了。他拒绝与检察官合作,并在身边人面前坚称自己是无辜的。最后,他休了"压力假"。阿勒斯于2017年8月24日被一个大陪审团起诉,罪名是有组织敲诈勒索罪和抢劫罪。在这些被起诉警员的同事眼中,阿勒斯被起诉似乎最出人意料。

联邦调查局还进一步追溯过往,挖掘曾经的腐败指控。当枪支追踪特别工作组的警员们被捕时,调查人员在他们的车里发现了气枪,这让调查人员感到奇怪。同检察官合作的警员们后来解释说,詹金斯曾警告他们,如果发现自己陷入困境,他们要准备一些可以栽赃的东西来脱身。"他说,万一发生什么事,你要想办法脱困,比如……因为基本上我们都有妻子和孩子,所以这基本上是为了在发生什么事时保护自己。"亨德里克斯后来说。

七年前,伯利碰到了詹金斯,并被他送进联邦监狱。此时,伯利在俄克拉何马州的一所监狱里听到了这名警员被捕的消息,他很快通过联邦监狱的电子邮件系统收到了布伦特·马修斯的邮件,马修斯同样因为2010年的案件被捕入狱——据说，在那起致命的车祸后，警察在他们的车里发现了毒品——而且已经完成服刑。马修斯告诉伯利，詹金斯是不久前被指控犯下有组织敲诈勒索罪的警察之一。他对伯利说："你可能会因为这个回家。"

伯利等着当局联系自己，不过一名狱友告诉他，他要主动出击。"你必须现在就行动——案件正在审理中。"这名狱友催促道。

那年夏天，伯利被转移到西弗吉尼亚州的另一所监狱。他一直在给律师写信，希望有人能为自己辩护，直到有一天狱警来找他。

"收拾一下，你要搬家了。"

2017年8月，在枪支追踪特别工作组被起诉六个月后，伯利被从西弗吉尼亚州转移到巴尔的摩的超级监狱。他在那里待了几天，然后被带到联邦法院，在那里见到了怀斯和海因斯。

令他惊讶的是，伯利不需要解释，也不需要自证清白。"你什么都不用说，"他们告诉他，"我们已经知道你是被他们陷害的。我们已经知道他们是怎么做的。"

所有选择合作的警员都对联邦调查局说，詹金斯曾给他们讲过一个故事，那是多年前他在另一个小队工作时的事。它涉及一场车祸和一个老人的死，以及被栽赃的毒品。联邦调查局的调查人员没花多长时间就确定这是伯利的案件。

很快，伯利坐到了大陪审团前，向陪审员们讲述发生的一切。他告诉他们，自己失去了陪在家人身边的时光，他甚至从未见过自己的孙子、孙女。他哭了，陪审员们也哭了。

几周后，伯利被传唤到法庭接受闭门审判，法庭门上的窗户贴着打印纸，他的家人被要求留在外面。检察官向法官陈述了针对警员们的指控，并要求在诉讼继续的同时先释放伯利。法官同意了，伯利穿着一次性连体囚服走了出来。他第一次拥抱了他的孙女们。

"太不可思议了，"伯利回忆说，"她们对我一点都不怕生。"

詹金斯也联系过联邦调查局，要求他们进行证据出示。对于大多数警员而言，这是认罪的前奏。但面对调查人员认为确凿无疑的指控时，詹金斯坚称自己是清白的，包括伯利案。他承认当天栽赃了毒品，但将此归咎于另一名参与逮捕的警员。

联邦调查局开始接触当天在场的其他警员——瑞安·吉恩和肖恩·苏特。2015年底，当针对枪支追踪特别工作组的调查刚刚起步时，调查人员曾经联系过吉恩，希望得到关于贡多的信息。从那时起，已经有八名警察被立案调查，其中四人同意认罪，第五个人即将被起诉。但后来成为主要目标的詹金斯还不在其中。此时，距离上次见面将近两年之后，詹森和西拉基再次拜访了吉恩。

他们问吉恩，那天是谁在现场栽赃了毒品？

第十九章　哈莱姆公园

自从成为缉毒警察以来，肖恩·苏特已经走过了漫长的道路。这名43岁的退伍军人曾于2005年至2007年在伊拉克服役。此时，他已经脱下便衣，换上风衣，调到区警探组，在那里调查非致命的枪击案、抢劫案和其他重案。

区警长马丁·巴特尼斯说："（苏特）入行后不久，我们就看得出来，不管在哪里，他都一定会争取晋升。"2015年年末，在该市谋杀案激增的情况下，苏特被召入凶杀组。像往常一样，他很快在那里交上了朋友。"他不仅是个好警察，还很聪明，经常笑，"退休的里克·威拉德警司回忆说，"每个与他共事过的人都喜欢他。即使在你心情不好的时候，他也会用他那淘气的笑脸让每个人都感到高兴和放松。"他在凶杀组的搭档乔纳森·琼斯回忆说，一次他和苏特在街上，有人喊苏特。苏特在西区时曾追捕过那个人，那个人现在找到了工作，对方很感激苏特过去对待自己的方式。

2017年11月15日，苏特和戴维·波门卡警探冒险前往位于巴尔的摩西区的哈莱姆公园社区。由于职业生涯中的两段时期他在这里办过毒品案和枪击案，苏特很了解这个地区。这是他们几天来第二次拜访这里——苏特在前一天让波门卡陪他来过这里，目的是调查一起发生在2016年12月的三尸命案。在那起案件中，凶手冲进位于城西本尼特广场900号街区的一户人家，枪杀了三个人。据说，这栋住宅是势力很大的帮派"黑人游击队家族"的"巢穴"。这起案件的线索很少。5个月前才加入该组的波门卡手头也有一起发生在该地区的未结案件，他正在努力寻找证人。

本尼特广场900号街区位于市中心以西，距离该市臭名昭著的"无处可去的高速公路"的入口不远。这条高速公路于20世纪70年代开始修建，目的是使郊区居民更快地进出市内，但在修建了约一英里后就停工了。上百人因此搬家，社区被一分为二。本尼特广场的东面是名为"遗产十字路口"的独立住宅区，那里的住宅有草坪和院子。它建在声名狼藉的墨菲之家公共住宅区的遗址上，在1999年被拆毁前，墨菲之家的高层公寓一直被本市最大的毒品团伙控制。40英尺外，位于弗里蒙特大道对面的是本尼特广场破旧的、大部分用木板封住的排屋。在过去四年里，仅在这个路口，就有11人遭枪杀。为阻止犯罪活动，警方在这里安装了一盏探照灯，甚至一度不得不在该街区设置路障，并派一名警员24小时驻扎。

苏特和波门卡已经转悠了几个小时，在本尼特广场附近的各个地方寻找可能的证据。快到下午4点时，苏特坐在一辆无标识的日产天籁车的驾驶座上，波门卡坐在副驾驶座上。这时，苏特的电话响了，他接了电话，然后告诉对方，现在不方便说话。

波门卡后来说，当他们转入本尼特广场时，二人都注意到巷子里好像蹲着一个人，穿着带白色条纹的黑色外套。他们不知道那人是谁，也不知道他在做什么，但决定和他谈谈。当他们下车，走进巷子时，那里并没有人。波门卡看到了一堆垃圾，怀疑他们把这堆垃圾错看成穿夹克的人。

苏特提议他们开车在附近转转，然后再看看那个人会不会回来。他们去看了看苏特原来的辖区布莱斯街，然后回到本尼特广场。

"那家伙就在那里。"苏特告诉波门卡。虽然波门卡没有看到任何人，但他说，他愿意相信更有经验的同事的直觉。此时天色已晚，两名警探再次下车，走进旁边的一条巷子。苏特的手机再次响起，但他没有接。他们沿着巷子往回走，经过一个空的停车场，回到本尼特广场。

他们在下午5点下班。波门卡晚上有约会，所以想下班，但苏特不知何故，一定要确认巷子里有没有人。

穿制服的凶杀组警探通常不会做这种"猫捉老鼠"的工作，但其他人后来说，对于像苏特这种从事过缉毒工作的人来说，这不算稀奇，因为他们更愿意亲自动手。不过，在波门卡看来，如果真的有人在那里，他们不会一直找不到那人。

波门卡回忆道，苏特说："我就在这里等着，看他会不会再出现。"他让波门卡走到街的那头，确保能看到是否有人从巷子的另一头出来。与此同时，苏特则站在停在停车场旁边的一辆白色面包车的后面。过了一会儿，苏特向站在角落里的波门卡打了个手势。在波门卡看来，苏特在向他招手，似乎在说："咱们上。"

苏特突然拔出枪，走向停车场，离开了波门卡的视线。

"停下！停下！警察！"波门卡听到苏特大喊。

紧接着，波门卡听到了枪声。

波门卡向枪声传来的方向跑去，看到苏特趴在停车场内20英尺处。波门卡说他又听到了枪声，但没有看到任何人。由于担心枪手还在附近，波门卡转身跑回街上，寻找自己的手机（他没有带警用无线电对讲机）拨打911报警电话求救。"呜哇呜哇"的声音在警用无线电中响起，调度员说出了警员遇险的代码："信号13。信号13。本尼特和弗里蒙特，本尼特和弗里蒙特，信号13号，在中央。"

警察常常会在一天里听到几次"信号13"，但绝大多数只是虚惊一场。这次，调度员给出的命令是"我们走"，这说明这次很可能是真的。"本尼特和弗里蒙特。打电话的人说搭档中枪，没有描述，没有更多信息。"

等到后援到达，波门卡和前来的警察一起冒险进入停车场。波门卡冲到一动不动的苏特身边，另一名警察拔枪掩护。他们把苏特翻过来，发现他头部中弹，已经失去了意识。他的枪在地上，他的眼镜从脸上滑落，左手还握着警用无线电对讲机。

波门卡开始给苏特做心肺复苏术，警员们决定不等救护车，直接将苏特抬上警车，赶往约一英里外的马里兰大学休克创伤中心。混乱中，开车的警员在倒车时撞上了另一辆警车，在经过医院附近的马丁·路德·金大道时又撞上了另一辆车。附近的一辆救护车接下苏特，把他送到医院。

途中，苏特口袋里的手机响了，他的律师发来了一条短信："你被联邦大陪审团传唤，（明天）下午1点到联邦法院。上午11点在联邦检察官办公室有一场会议。"

接着是另一条短信："兄弟，怎么回事？"

警方中层纷纷来到本尼特广场，周围六个街区被封锁，市民不得进出。波门卡被要求描述枪手的特征，但他说，除了半小时前看到的那个穿条纹夹克的人，再没有见到任何人。他说，他转过街角来到停车场时，看到苏特倒在地上，头上笼罩着一股枪烟，但没看到任何人逃跑。"肖恩叫我过去，他跑过去了，我到街角的时候听到了枪声。我当时正在看另一边，"他说，"我甚至都没注意枪声到底是从哪里传来的。"

这种不确定性使人们担心枪手是从室内或在屋顶上开枪的。调度员指示说："所有人都躲起来。远离窗户。我们不知道枪手是从哪里开枪的。"考虑到枪手可能藏在建筑物里，警察离开了这个街区。特殊武器与战术部队奉命前来，在接下来的几个小时里，他们将在附近的建筑物里搜寻犯罪嫌疑人。在此期间，凶杀组的调查人员无法进入犯罪现场。

即使签署了双方同意的判决，警察在搜查市民和他们的家时也不一定会打开随身摄像机。住在这个停车场对面的一名女性说，警察问她有没有人和她住在一起，当听到楼上有声音（是她的狗发出的）时，拔枪入内，他们搜查了十分钟。还有人在警察没有合理的、能明确说出的怀疑理由的情况下被搜身。该判决的监督员后来说，这表明"监督或培训的人没有明确说明，环境……并不能自动成为警察搜查某个区域内的所有人的合理依据"。

中枪的是苏特，他受了重伤，这个消息很快在警察局里传开。在马里兰大学休克创伤中心外，凯文·戴维斯局长同联邦调查局、美国缉毒局和烟酒枪械管理局等主要联邦执法机构的负责人在一起。

几个小时后，苏特的妻子妮科尔从宾夕法尼亚南部赶来，他们之前决定在那里抚养五个孩子。最早告诉妮科尔这个消息的是一个朋友，她的丈夫也是警察。她告诉妮科尔，肖恩遇到了意外，但没什么大事，不过妮科尔要立即去医院。

宾夕法尼亚州警察来接她。他们也向她保证，肖恩没事。但他们开车开得很快，还开着车灯，鸣响了警笛。妮科尔记得自己走进医院时，看到那里有几十名市政府官员。有人走近她，对她说："他是一个好人。"

作为《巴尔的摩太阳报》负责报道此次枪击事件的记者，我和许多记者、官员一起在休克创伤中心外等待关于苏特的消息。我接了一个电话，是陌生号码。电话那头传来一名女性沙哑的声音。多年前，我在写一篇文章时遇到了她，此后再没有和她联系过，不过我还记得她。她告诉我，苏特将在第二天出庭指证一名腐败的警察。

"这是一个圈套。"她在谈到枪击事件时说。她的声音不大，但听起来有些歇斯底里，可能是因为过于兴奋。她说，苏特本来要指证腐败的警察。"这不是偶然。这是给这名警探布下的陷阱。这绝对不是偶然，这就是真相！"

听完她坚称苏特被枪击是内部人员所为后，我挂断了电话，开始仔细思考她说的到底是真是假。联邦调查局显然仍在追捕腐败的警察。截至那时，已经有九名现任或前任巴尔的摩市警察在规模越来越大的枪支追踪特别工作组案件中受到指控，包括一名此时在费城警察局工作的前警员，他的起诉书在苏特中枪前一天公开。联邦检察官办公室的公告称，调查的范围正在"扩大"。

想到有人为了阻止他出庭而杀他，我心生寒意。但她说的对腐败警察的审判指的是什么？枪支追踪特别工作组相关案件的备审表没有任何记录，当时大陪审团审判在秘密进行，并未对外公开。

晚上9点后，市长、警察局局长、州检察官和医院的主治医生等，一起向在外面等候的媒体通报情况。托马斯·斯卡利亚医生说，苏特生命垂危。

戴维斯告诉记者："调查的不确定性很大，它仍在进行中，非常复杂。"他还说，警方正在寻找一名穿着带白色条纹的黑色夹克的男子。"这个特征可能会改变，但这是我们现在仅有的情报。"他称枪手是一个"冷酷无情的杀手"。

"这是一个危险的职业，这是一份危险的工作。警察们知道，他们随时可能面对想要伤害他们的人，这正是今晚发生的事情。"

联邦检察官怀斯当时在华盛顿哥伦比亚特区。他不断接到短信，通过这些短信，他得知自己第二天早上要带到大陪审团面前的人头部中枪。

两年后，了解内情的怀斯回忆起那天晚上自己冒出来的第一个想法：苏特自杀了。

瑞安·吉恩第二天准时出庭，在大陪审团面前做证。

吉恩记得西拉基对他说："我不想告诉你这个坏消息，但肖恩刚刚过世。"

吉恩在做证时保持镇定，但当一名陪审员问及关于苏特的问题时，他号啕大哭。

苏特的尸体在医院里停放了两天——他生前已决定捐献自己的器官。正式的尸检虽然推迟了，但急诊室的医生告诉调查人员，他们认为苏特是头部左侧中弹。因为枪是在他右侧的地面上发现的，所以他们认为凶手在逃跑时扔掉了武器。本尼特广场周边仍处于封锁状态，居民被要求出示身份证件，警察会记下他们的信息。

在凶杀组，负责调查此案的警探们要求波门卡描述犯罪嫌疑人。

"说说体貌特征：身高和体重。你看到了什么？"乔·布朗警探问道。

"我什么都没看见，乔，"波门卡说，"我没有听到车疾驰而去的声音，也没有听到有人逃跑。"

警方开出高达21.5万美元的悬赏金（可能是该市有史以来金额最高的悬赏金）用于寻找能帮助找出犯人的线索。有个人给城市防止犯罪专线打电话，提供了一个据他说是"已知的杀手"的名字——那个人被带到警察局，警察还为他请了律师。一名女子打电话说她的侄子是犯罪嫌疑人——她后来承认这是她编的。另一个人拨打911报警电话，说听到一群人在谈论这场枪击，其中一个人说是他干的。所有人都被带到凶杀组接受问询，然后被释放。警方还接到了一些明显不可信的线索，比如，一个人给城市防止犯罪专线打电话，说凯文·戴维斯局长是犯罪嫌疑人，还有人打电话说他们能看到"上帝看到的"，或者说他们有通灵能力。

美国缉毒局监听了本尼特广场附近所有与毒品活动有关的电话，希望能听到对调查有帮助的对话，但警方只听到毒贩们抱怨说：因为有警察在，没有人敢来买毒品了。全副武装的特殊武器与战术部队得到了一条关于可能的犯罪嫌疑人的线索，在未经证实的情况下突袭了附近的一户人家，命令所有人趴在地上，然后冲进楼上的浴室，看到一个六岁的男孩正在那里洗澡。住户们被带到市警察局接受问询。巴尔的摩市警察局还在没有搜查令的情况下，突袭了苏特被枪杀的停车场旁边的一栋空置房屋，发现了一年前的一起完全不相关的谋杀案的证据。

为了破案，警方每天都会公布一些消息。戴维斯告诉记者，警方已经找到了表明枪手受伤的证据，但拒绝透露详情。他说警方正在搜查急诊室和医生的诊室，以寻找"任何因为不明原因受伤的人"。接着，他证实苏特在被杀前至少开了一枪。他说有证据表明苏特与袭击者展开了"短暂而激烈的"搏斗，但拒绝详细说明他是如何得出这个结论的。

几天后，经过正式尸检，警方发现一个关键事实发生了变化：对苏特伤口的检查显示，他并不是像急诊室医生认为的那样，额头和头部左侧中枪，而是脑后和头部右侧中枪，而且是近距离中弹。调查人员在犯罪现场发现了三个弹壳，但截至当时没有找到子弹，而且他们一直根据假定的子弹移动方向在寻找弹头。停车场被划成网格，每个格子几乎都被挖开——除了血浸入土壤的那块地。他们在那里找到了一颗嵌入泥土中的子弹。后来的检测证明，子弹上有苏特的DNA。

"这个证据的发现让我很受鼓舞，"戴维斯在枪击五天后对记者说，"我认为这将帮助我们找到凶手。我真心这么认为的。"

州法医办公室认定苏特死于谋杀。但警察局的一些调查人员背地里说，证据表明事有蹊跷。他们认为，苏特可能是自杀的。

如果苏特和枪手发生了激烈的搏斗——就像局长说的那样——那个人真的能在波门卡的视线外逃走吗？没有弹道证据表明子弹是从另一把枪射出的——找到的三个弹壳均来自点40口径格洛克手枪，与苏特的警用手枪型号相同，而且苏特的枪开过三枪。新发现的证据表明，苏特的头部右侧中枪，而他正是用右手持枪的。

在感恩节前一天的下午，也就是苏特被枪杀七天后，戴维斯在一次新闻发布会上证实,苏特本应于被杀次日在一个调查枪支追踪特别工作组的大陪审团面前做证。

"我现在才知道,苏特警探即将在联邦大陪审团面前做证,证词与几年前的一件事有关,卷入该事件的巴尔的摩市警察在今年3月被联邦法庭起诉。"戴维斯照着一份提前写好的声明念道。

虽然戴维斯说他"现在才知道",但其实他在苏特被枪杀第二天早上就知道了这件事,但选择不对外公布。戴维斯后来说,联邦调查局向他保证,苏特不是调查的目标,所以他认为,在那种高度紧张的环境下,该信息具有煽动性。

"仅仅因为这个人第二天要在大陪审团面前做证,我就说'让我给你讲讲这个阴谋论吧',这是胆小鬼才做的事,"戴维斯后来说,"我不会在这个人死后去践踏他的名誉,那些信息完全没有动摇我对苏特的信心。"

一周以来,这座城市一直因为一名执勤警察被杀而风声鹤唳。虽然警察局积极动员全员调查(只有警察被杀时才会这么做),但调查人员似乎没有发现任何关于犯罪嫌疑人的线索。人们的疑问越来越多。这件事与正在起诉的腐败丑闻有直接的联系,这不禁让人心生怀疑,阴谋论大行其道。我必须对苏特之死背后的阴谋持怀疑态度,但那个坚称苏特是被"陷害"的电话仍然令我感到困扰。无论如何,电话那头的人准确地告诉我,苏特将为一场进行中的案件出庭做证,而从理论上说,当时没有人知道这件事。

在巴尔的摩市和社交媒体上,一些人公开猜测苏特当天的搭档波门卡一定参与其中。戴维斯局长驳斥了阴谋论的说法。他指出,街上的监控录像和后来的随身摄像机都拍到了波门卡的行动,这些录像似乎支持波门卡的说法，即波门卡在枪响后寻找掩体。与这名警探交谈过的人说，这次经历使他遭受了心理创伤。

苏特在大陪审团面前做证的原因一直没有对外公开。戴维斯只是说："人们告诉我，苏特警探是出色的警察、极好的朋友、体贴的丈夫和愿意付出的父亲。除此之外，我没有听到其他的。"

接着，另一个重磅消息传来——巴尔的摩市警察局公开证实，他们认为苏特死于自己的枪下。这就意味着，开枪的人肯定解除了他的武装。

11月29日，也就是枪击发生两周后，巴尔的摩市为苏特举行了一场英雄般的葬礼。全州的数百名警员来到巴尔的摩东北区的一座大教堂参加葬礼。抬棺人之一是苏特的好友埃里克·佩雷斯警探，他被指派调查苏特之死。

身穿警服的戴维斯在葬礼上致辞，回击了批判巴尔的摩市警察局的人："苏特曾经付出，巴尔的摩市警察局每天都在付出。现在是时候让本地和国家的舆论开始反映现实了。"

不过，在警察局内部，越来越多的人开始担心，戴维斯在苏特死后对媒体的讲话歪曲了关键证据，从而误导了公众。例如，当他说苏特曾有"激烈的搏斗"时，他指的是苏特裤腿上的土，在其他人看来，这很可能是他中枪后摔倒在地时沾上的。当戴维斯说警方认为犯罪嫌疑人已经受伤时，他指的是在停车场发现的两处不属于苏特的血迹，警方说其中一处后来被确定是属于动物的，而另一处则属于一个不在场证明的吸毒者。波门卡说他们在半个小时前看到了一个身穿带白色条纹的黑色夹克的人——他自己甚至都无法确定这一点，但这个人很难说是犯罪嫌疑人。一些调查人员开始认为苏特是自杀的，并将其伪装成谋杀案。但戴维斯对这个想法不屑一顾。

"有的事是有可能的，有的事是很有可能的。"他后来说。

葬礼次日，怀斯和海因斯拿到了一份新的针对詹金斯的大陪审团起诉书，指控他在奥马尔·伯利案中掩盖真相。起诉书说，在伯利车中发现的海洛因（人们以前认为这是伯利逃跑的原因）是詹金斯事后栽赃的，而伯利在逃跑时撞到了另一辆车，导致车里的人死亡，因而犯下了非预谋杀人罪。

苏特从未站到大陪审团面前，但起诉书称苏特对此一无所知，还说詹金斯之所以派苏特去找被栽赃的毒品，是因为后者"毫不知情"——起诉书用的可能是其他表示类似含义的词。新的起诉书指控詹金斯"在联邦调查中破坏、篡改或伪造记录"和"假借法律之名协助及教唆剥夺权利"。起诉书称，詹金斯在合理依据陈述书中声称伯利和他的乘客布伦特·马修斯持有海洛因，而实际上他知道这些毒品是被栽赃的。

虽然起诉书没有提到吉恩的名字，但通过对比起诉书和詹金斯的原始陈述书，可以清楚地看到联邦检察官的指控是以吉恩的说法为依据的。吉恩后来说，据他所知，对伯利的逮捕是"按规矩来的"，而且苏特似乎直接找到了毒品——不过吉恩也注意到了詹金斯在现场的评论和事后的怪异举动。没有证据表明吉恩有任何不当行为或参与了掩盖真相，但由于他与此案关系密切，巴尔的摩市警察局为防万一，暂停了吉恩在警校培训学员的工作。

11月29日，巴尔的摩市议员伊莱贾·E.卡明斯向联邦调查局局长施压，要求将调查苏特之死当作"最优先事项"，并呼吁联邦机构

"尽全力"提供帮助。戴维斯局长私下里已经得知联邦调查局不会受理此案，但为了回应来自公众的压力，戴维斯写了一封公开信。巴尔的摩市市长凯瑟琳·E.皮尤、多名巴尔的摩市议员、马里兰州州长拉里·霍根和警察工会主席吉恩·瑞安警督都表示支持由联邦调查局接手。联邦调查局拒绝了，说没有证据表明此案与联邦调查局的案件有关。在公告中，联邦调查局多次使用"**死亡**"一词，而没有用"**谋杀**"或"**杀害**"。

数周后，伯利和马修斯身着西装，在新律师的陪同下走进联邦法庭。怀斯和海因斯宣读了针对詹金斯的新起诉书，并要求多年前曾对二人做出判决的理查德·D.贝内特法官撤销对他们的定罪。贝内特走下法官席，大步穿过法庭，握住伯利和马修斯的手说："我深表歉意。"

在枪支追踪特别工作组的案件被公开之前，贝内特已经签署了几份逮捕令，所以他知道这起腐败案件涉及的范围之广。贝内特说："我担心这还没有结束。"在法院外，伯利首次发声。他提出了新的指控，声称詹金斯、吉恩和苏特在2010年的那一天并不只是追逐他和栽赃毒品。他的律师说，苏特从后面撞上了伯利的车，而警察们戴着黑色面罩跳出车，手里拿着枪。

"这么多年来，伯利先生遭人鄙视，生活在夺取了另一个人生命的阴影下。他真的为此感到愧疚，但真正应该受到指责的是这些警员。"史蒂夫·西尔弗曼律师说。"**所有这些警察**，"他重申道，不仅指詹金斯，也指吉恩和苏特，"他们是一伙不知廉耻的罪犯。"

第二十章　认罪

2017年12月13日，一名48岁的女性开着她的SUV，朝巴尔的摩县鲍利区的卡罗尔岛路尽头的发电站驶去。接着，她右转进入塞尼卡公园路，这条路两边是杂草丛生的停车场，约有两个足球场那么长。过了塞尼卡公园路，她来到一个安静的海滨住宅区，那里几乎每家都有自己的码头。当她把车停在唐纳德·斯特普的车道上时，天已经黑了。她打开车灯，坐在车里。

斯特普打开前门，走到车前，钻进副驾驶座。几分钟后，他下了车，走回房子。

驾驶SUV的女子离开后，县警察跟上了她。

她向西行驶，警察和她保持五英里的距离，并在她闯过一个停车标志后，将她拦下。县资深缉毒警察克里斯托弗·托兰走到副驾驶座旁，开始与她交谈。他往车内望去，看到车里有大量赤褐色的金属丝网——吸毒者通常在吸毒的时候把它用作玻璃管的过滤器。这名女子说自己没有吸毒，让警察搜查她的车。她走出车，紧张地把钱包里的东西掏出来，递给警员。突然，她跪到地上，试图把钱包里的某样东西塞进裤子后面。那是一个黄色信封，里面有半盎司可卡因。

警察与这名女子的相遇并非偶然。一个月前，托兰和另一名警探被传唤到位于巴尔的摩市中心的联邦检察官办公室，在那里见到了海因斯、怀斯、西拉基警探和贾里德·斯特恩警探。海因斯告诉他们，联邦调查局的记录显示，詹金斯曾经在抢劫时或抢劫之后不久与斯特普通过话。

"同意与我们合作的人都谈到了这件事：有个白人在暗中帮助詹金斯贩卖毒品，他是保释代理人，会出现在现场，"怀斯后来说，"他们知道詹金斯能找人撬开车锁，进入车内；有办法得到全球定位系统追踪器，可以用来追踪某人；能进入自动车牌识别系统。这些都是赏金猎人做的事。"

调查人员现在才明白，贡多并没有像他们最初认为的那样给施罗普希尔的团伙提供毒品。同检察官合作的枪支追踪特别工作组的警员说，私藏毒品的是詹金斯，而检察官推测詹金斯利用斯特普来出售毒品。海因斯告诉他们，如果县警察能够找到足够的证据起诉斯特普，联邦检察官办公室将接手此案，看看他们能否说服斯特普合作，指证詹金斯。

县警察此前曾调查过这名保释代理人。线人多次告诉警方，斯特普正在交易大量可卡因，不过负责的警探一换再换，断断续续的监视也没有结果。2016年8月发生的那件怪事同样值得注意，当时县警察说在搜查现场意外地看到詹金斯和斯特普在一起。但是当县警察开始怀疑斯特普的身份时，二人已经离开。

2017年夏天，托兰也得到了关于斯特普的线索，但线人无法给他提供斯特普正在使用的电话号码。托兰偶尔会监视斯特普，但调查没有取得任何实质性的进展。就在同怀斯和海因斯见面几天前，托兰还去斯特普家门口翻了垃圾，希望能找到毒品包装或吸毒用具，但还是一无所获。

217　　见过检察官后，县警察加大了工作力度。县警察局不道德行为和麻醉品组的九名警员在斯特普家门外安装了监控设备。12月1日，联邦调查局安装了一个正对着斯特普家的摄像头，还给了托兰从平板电脑上远程观看拍摄内容的权限。

几周后，当托兰逮捕了带着毒品离开斯特普家的女子时，警方终于有足够的证据申请搜查令。当天晚上，午夜刚过，不道德行为和麻醉品组的警员们悄悄来到斯特普家，四周一片寂静，只能听到附近小河的流水声。他们走上台阶，来到大门前，敲了敲门，喊道："警察，搜查。"

警员们看到斯特普站在厨房里一动不动，若有所思。他已出狱多年，过上了全新的生活。他五岁的、有特殊需要的女儿在楼上的小床上睡得正香。接着，警察用撞锤砸开了他的前门。

在搜查过程中，警员们在一张床的床底下发现了一个拧紧的配电箱，里面装着价值数万美元的毒品，包括可卡因、快克、海洛因和摇头丸。

斯特普想必知道这次自己在劫难逃——调查人员在一张桌子的抽屉里发现了一份针对詹金斯、赫斯勒和泰勒的替代起诉书的打印件。即便如此，斯特普仍在贩毒，甚至把毒品放在家里。

斯特普的保释金被定为十万美元。第二天早上，他缴纳了保释金，离开了监狱。

到了当天上午8点31分，海因斯已经准备好起诉书，并通过电子邮件发给警探们，询问他们能否在午餐后到大陪审团面前做证。天黑之前，他们拿到了一份针对斯特普的联邦起诉书：是与毒品相关的指控，最低刑期为十年，最高刑期为终身监禁。第二天，斯特普再次被逮捕。

斯特普立即坦白了一切。联邦调查局曾推测他在为詹金斯出售毒品，但没有证据。此时，就在詹金斯的案件即将开庭几周前，斯特普供出了多年来同詹金斯一起贩卖毒品等罪行，希望以此换得减刑。他保存了自己犯下的一些罪行的照片，还有他和詹金斯在特拉华公园赌场、"超级碗"，以及在巴尔的摩市警察局总部大楼里胡闹的照片。斯特普甚至告诉警察，他们在搜查他家时漏掉了三千克可卡因，还告诉他们在哪里可以找到那些毒品。他告诉警察，詹金斯从一个涉嫌贩卖毒品的犯罪嫌疑人那里偷了一块价值连城的手表，并把这块手表送给了斯特普；斯特普把它扔进了家后的小河里。联邦调查局的一个潜水队跳入水中，找到了它——就在斯特普说的地方。

斯特普估计，他和詹金斯一起卖出了价值100万美元的毒品，没有任何额外支出，完全是利润。

那么，詹金斯报告的被从车道偷走，随后被遗弃在林区，引擎盖上写着脏话的车呢？斯特普说，詹金斯告诉他，那辆车已经被毁了，因为詹金斯不想再为它花钱了——伴随着抢劫和毒品交易的是偶尔的保险欺诈。

检察官认为，他们已经掌握了詹金斯犯下的一系列惊人罪行的证据。斯特普的供词让他们对此案有了全新的认识。

四名警员已经认罪，另外三人——詹金斯、丹尼尔·赫斯勒和马库斯·泰勒——即将出庭,他们的案件计划从2018年1月底开始审理。

但在1月3日,也就是斯特普被起诉三周后,经过检察官和詹金斯的辩护律师就事实陈述书的反复交涉,詹金斯同意认罪。

在两天后的再次传讯听证会上,詹金斯站起身来,举起右手——像一直以来被他逮捕的那些人一样——在法庭的书记员面前拼出自己的名字。

"对替代起诉书的第一至第六项罪名,你希望如何答辩?"凯瑟琳·C.布莱克法官问道。

"有罪,女士。"詹金斯说。

布莱克法官宣读了詹金斯的一长串罪行,从有组织敲诈勒索到抢劫,到非法搜查和非法扣押,再到毒品交易。詹金斯全部认罪。他还在认罪协议里列举了许多之前没有被披露的罪行。比如,他承认自己没收了在巴尔的摩街头非法骑行的人的越野自行车,然后通过一个同伙出售,他还盗取了执法部门通过邮件截获的12磅高级大麻,以及他和斯特普共同犯下的罪行。布莱克花了好几分钟才把认罪书读完。

"先生,你是否同意,事实陈述书的内容是正确的,你做了上面写的你做过的那些事?"布莱克问道。

詹金斯只想澄清一件事。布莱克说詹金斯"对在那辆车里栽赃海洛因负有责任",这指的是2010年的奥马尔·伯利案。詹金斯虽然承认自己犯下了许多可怕的罪行,但不同意检方对他在伯利案中的角色的描述。

"他不承认毒品是他放到车里的,"詹金斯的律师史蒂夫·莱文告诉布莱克,"但他承认他撰写了一份与另一名警员栽赃的毒品有关的虚假报告。"詹金斯是在指责苏特吗？或者其他什么人？检察官没有追问下去，布莱克结束了听证会。詹金斯的判决结果将择日宣布。

"先生，关于你的认罪或认罪协议的条款，你有任何问题吗？不管是对我，还是对你的律师。"布莱克问道。

"没有，女士，"他说，"我为自己感到羞愧。"

第二十一章　警察与强盗

"这是一个功能失调的警察局,"戴维斯局长在詹金斯认罪几天后接受采访时承认,"我之所以可以这么说,是因为我见过健康的组织。这个(警察局)不是其中之一,但我们正在朝那个方向大步前进。"

戴维斯正在设法保住自己的工作——他在弗雷迪·格雷死后几个月接手了巴尔的摩市警察局。作为一名外来者,他试图与社区保持沟通,以防几名警员的无罪判决引发更多的骚乱,同时努力维护自己与警察之间脆弱的关系,因为他需要警察来打击愈演愈烈的暴力犯罪。虽然枪支追踪特别工作组的丑闻发生在他的任上,但他已经着手废除便衣警察组,并制订了一项计划以追踪枪支案件的质量以及它们在法庭上的表现,而不仅仅是统计逮捕人数。

"我们继承了一种文化,这种文化将'问责制'视为一个令人深恶痛绝的词,"他继续说道,"人们年复一年地忽视它,年复一年地追逐两个'H'——谋杀案(homicide)和海洛因(heroin)。"

"有人知道(枪支追踪特别工作组的事)吗?当然。"

两周后的1月19日,也就是拒绝认罪的枪支追踪特别工作组警员马库斯·泰勒和丹尼尔·赫斯勒的审判正式开始前的那个周五，凯瑟琳·皮尤市长解雇了戴维斯。她没有提到枪支追踪特别工作组的丑闻或戴维斯对苏特案的处理方式，而是提到了该市居高不下的犯罪率。当年的谋杀案达到342起，这是三年里的第二次，人均谋杀率创下纪录。"犯罪现在蔓延到了整座城市，我们必须把注意力放在这个问题上。"皮尤告诉媒体。

她任命达里尔·德索萨接任局长一职，德索萨长期为巴尔的摩市警察局效力。联邦检察官在调查期间听到过这个名字，但他们要先处理枪支追踪特别工作组的两名警探的诉讼。

枪支追踪特别工作组案件的许多细节一直没有对外公布，起诉书和认罪协议只是用寥寥数语概括了警员们的罪行。如果丹尼尔·赫斯勒和马库斯·泰勒像其他人一样选择认罪，这起案件的细节可能永远不会被外界知晓。庭审意味着要公开证据。

在庭审的第一天，怀斯站起身来，扣上西装扣子，走到陪审员面前。"在这次审判中，你们将走进巴尔的摩市警察局，走进实际执法的部门，走进精英的专案组，包括一个名为'枪支追踪特别工作组'的小组，警探们和其他高级警员都在那些地方工作，丹尼尔·赫斯勒和马库斯·泰勒这两名被告同样如此，"怀斯说，"而证据将告诉你们，这些人做出了有组织敲诈勒索的勾当，具体而言，他们抢劫、勒索、骗取加班费……从本质上说，这些被告滥用了人们对他们作为警察、作为被派往精英组的高级警员的信任，为自己牟利。"

"并不是枪支追踪特别工作组走上了邪路，"怀斯说，"而是它本身就是由一群已经走上邪路的警探组成的……简而言之，他们既是警察，也是强盗。"

赫斯勒的辩护律师威廉·普尔普拉尝试使用一种新的辩护策略。他承认赫斯勒偷了钱,但他认为警员在逮捕过程中拿走现金是盗窃,而不是抢劫,因此不是有组织敲诈勒索罪。他说,作为一名执法人员,赫斯勒有权在他认为有合理依据的情况下扣下钱,而后拿走被扣的钱是对巴尔的摩市警察局的盗窃。他将怀斯和海因斯称为"正义的双子塔",说二人合谋用更重的罪名起诉涉事警员。

随后,认罪警员们的证词被公之于众,人们第一次得以知晓这个小组不法行为的猖獗程度。除了抢劫,他们还谈到了种族形象定性和随意拦截盘查,说这些在他们的工作中屡见不鲜。他们谈到骗取加班费的行为在警察局内部广泛存在。沃德点出了一名内务部主管的名字。在调到内务部之前,那名主管曾在便衣警察部门工作,并且发明了"削减日"的概念。这个词指的是,当一名警员查获一把枪时,他能得到非正式带薪休假一天的奖励。

当时,有人将两个大旅行袋拖到法庭正中,海因斯开始从里面往外拿东西。一个袋子装着黑色的衣服、手套和面罩,另一个则装满了工具。这两个袋子是在搜查詹金斯的面包车时发现的。早早承认了有组织敲诈勒索罪的伊沃迪奥·亨德里克斯警探做证说,詹金斯告诉手下的警员:"这些都是他的,一旦遇到'怪物'或大猎物,这些东西就能派上用场。"

"什么是'怪物'?"海因斯问道,"你觉得这个词是什么意思?"

"拥有大量金钱或毒品的人。"亨德里克斯说。

当斯特普出庭做证时,海因斯展示了斯特普在美国亚马逊网站的购物记录截图,证明购买大旅行袋里的工具和其他装备的正是斯特普。

斯特普做证说，他遵照詹金斯的指示，多次入室盗窃，其中一次还与一名身份不明的巴尔的摩县警察合作。他说，他在斯科斯脱衣舞俱乐部见过一个多米尼加毒品供应商，詹金斯让警察保护那个人。斯特普说，他和詹金斯曾经跟踪过肯尼思·"肯尼·伯德"·杰克逊，这名脱衣舞俱乐部老板据说曾与毒品世界有联系，臭名远扬。他们在山姆会员商店的停车场，从杰克逊的银色讴歌车里偷走了1.2万至1.9万美元现金。

"你们，你们竟然撬开了肯尼·伯德·杰克逊的车？"普尔普拉难以置信地问道。

"我不想冒犯肯尼·伯德·杰克逊或其他任何人，但我真的不知道他们是谁。"斯特普说。

检察官还请来了枪支追踪特别工作组罪行的受害者——那些通常站在被告席听警察陈述证词的毒贩。在豁免权的保护下，他们承认进行过毒品交易，然后向陪审员讲述了自己的遭遇。奥里斯·史蒂文森告诉陪审团——他坦言自己不希望出现在法庭上——他持有的毒品远远多于枪支追踪特别工作组警员作为证据所提交的。

海因斯传唤了一个名叫肖恩·怀廷的人，后者说自己在2014年被沃德和泰勒抢走了现金和毒品。海因斯问他，既然被指控的毒品数量比他持有的少，那么为什么不投诉？

"怀廷先生，你为什么不投诉毒品少了？"海因斯问道。

"谁会为了更多的毒品去投诉？"怀廷答道。

不过，怀廷曾向内务部和司法部投诉过自己的钱被盗，但没有结果。

罗纳德·汉密尔顿在与妻子离开家得宝时被逮捕，怀斯给他看了联邦调查局的潜水队在斯特普家后的小河里找到的劳力士表。

"这是自2016年3月22日以来你第一次看到它吗？"怀斯问。

"是的。"

辩护律师反复盘问汉密尔顿，问他是不是在贩毒。汉密尔顿坚持说自己靠赌博和卖车赚钱，但赌场的账本显示赢钱或输钱的情况很少，而且他自己的汽车销售记录根本对不上。当泰勒的律师逼问他怎么买得起这么高档的住宅时，汉密尔顿失控了。

汉密尔顿说："这件该死的事毁了我的整个家庭。"他向法官道歉，但接着说道："它摧毁了我的整个家庭。我现在正在办理离婚手续，就是因为这摊烂事。它毁了我的整个家庭，伙计。你在这里问我关于那栋该死的房子的问题。我的妻子每晚都待在沃尔玛，直到我回家。如果你想知道那个，去担心那个吧。那个才值得关心，伙计。每个人的生活都被破坏了，伙计。我的房子跟这个没有任何关系。"

当陪审员听完一段被监听的对话时，证人席上的拉亚姆也失控了，电话的背景音里有拉亚姆的孩子们的声音。当检察官播放8月那天晚上的录音时，他再次激动起来，当时他和其他警员正在追踪一名犯罪嫌疑人，后者的车撞上了一辆驶来的车。

"很糟糕，真的很糟糕，"拉亚姆在谈到车祸现场时说，"我想回去看看他们，我想回去，但是我们会遇到麻烦。我的意思是，虽然我做了很多错事，但是有些事确实太过分了。"

海因斯问，为什么没有一名警员过去帮忙。

"因为我们太蠢了。我不知道。我们就是没过去……情况非常糟糕。它可能发生在我们中的任何一个人身上，"他转向陪审团继续说道，"可能发生在你们中的任何一个人身上，也可能发生在我的父母身上。但是，我们就是……我们就是没有过去。"

在已经认罪的警员中，贡多是最后一个出庭做证的。在交叉询问环节，辩护律师从贡多的证词中又挖出了一些东西。贡多做证说，长期与他合作的拉亚姆说过自己在2009年枪杀的第三个人，也就是30岁的肖恩·坎纳迪，是没有正当理由的，坎纳迪的车并没有像他们当时说的那样撞到拉亚姆搭档的腿，有人包庇了拉亚姆。贡多说这是拉亚姆亲口告诉他的。

据贡多说，拉亚姆的原话是"去他的，我只是不想追他"。

贡多说，现任副局长迪安·帕尔梅雷曾指导拉亚姆该跟调查人员说些什么。帕尔梅雷在庭审过程中宣布退休，并否认了该指控。

泰勒的一名辩护律师问贡多，贡多是不是告诉联邦调查局，早在加入枪支追踪特别工作组之前，他就开始偷钱了。

"你说你是在十年前进入暴力犯罪影响部的时候开始偷钱的？"

"是的。"

"好的。当时那里有你、苏特警探、沃德、塔里克·爱德华兹……"苏特。

"没错。"贡多说。

"所以你们五个或六个人拿了钱，自己分掉了，对吗？"

"是的。"

一直有人质疑苏特在奥马尔·伯利栽赃毒品案中扮演的角色，而此时联邦调查局的一个重要证人直接指控苏特偷钱。一些人认为，有证据表明苏特可能是自杀的，但鉴于联邦调查局说苏特不是伯利案的调查目标，目前还不清楚他在担心什么。贡多的证词提出了一种可能性，即苏特还隐瞒了其他事。他是不是担心检察官最终会以偷钱为由调查他？

不过，庭审的对象不是肖恩·苏特，而且贡多的指控也没有被进一步追究。

苏特的家人反驳了这种说法。他的舅舅说："肖恩一辈子没做过错事。外面有些流言蜚语，但我不在乎他们说了什么。"

检察官传唤詹姆斯·科斯托普利斯警探作为检方的最后一名证人。科斯托普利斯讲述了詹金斯和赫斯勒带他去兜风的那个晚上，他们问他对偷毒贩的钱有什么看法。怀斯后来解释说，每次庭审都是一出道德剧，而科斯托普利斯向人们展示了一条腐败的警察没有走的路。

"在这两个人的职业生涯的某一刻……他们有同样的机会来做出那样的选择，"海因斯在做结案陈词时对陪审团说，"如果26岁的詹姆斯·科斯托普利斯能够对韦恩·詹金斯和从警17年的丹尼尔·赫斯勒说'不'，那么这两个人当然也可以做出同样的选择。但他们没有。"

这次审判彻底摧毁了巴尔的摩市警察局所剩无几的信誉。这不是一次性的、有争议的事件，也不是关于某个"害群之马"的案件。公众听到了警察自己的声音，他们组成了一个受人尊敬的精英组，却知法犯法。多年来，他们横行无忌，没有受到任何制衡机制的干涉。

陪审团仔细讨论了两天，用了大约12个小时，最终得出一致意见。旁听者拥进法庭，赫斯勒和泰勒被带出监狱。泰勒靠在椅子上；赫斯勒双手紧握，放在面前，然后回头看了看家人，重重地吐了口气。怀斯和海因斯站在一起，怀斯低声对海因斯说："一把定输赢。"

怀斯告诉海因斯,无论结果如何,他们都要为自己的努力感到骄傲。

陪审员大多是白人女性,不过他们选择了唯一的黑人年轻男性担任陪审团团长。这似乎是一种表态,因为黑人年轻男性正是这个组的目标。

陪审团团长宣布判决结果——有组织敲诈勒索罪、共谋罪和抢劫罪成立。赫斯勒低下了头。旁听者几乎没有反应。特别探员詹森坐在检察官身后,不确定当时应该有何感想。这是一个理想的结果,但她并不觉得值得庆祝。"整件事一团糟,完全不觉得有什么可开心的,"她说,"反倒觉得有点悲伤。"

那些受到警察恐吓的人则完全不是这样。38岁的亚历克斯·希尔顿旁听了审判,他说赫斯勒几年前曾多次逮捕他。他松了一口气。"每次我看到警车或便衣警察的车,我都要去看看他是不是在车里。我忘不掉他的脸。"

在法院外,怀斯和海因斯与联邦代理检察官一起告诉记者,对巴尔的摩市警察局腐败问题的调查仍在继续。

随着庭审揭露了令人震惊的事实,新任警察局局长达里尔·德索萨说,他将成立一个反腐组,以调查所有由枪支追踪特别工作组的丑闻带来的指控。"我要明确地说,我对腐败零容忍。"德索萨在一份声明中说道。与此同时,为了打击犯罪,他着手恢复便衣警察组,而便衣警察组此前引发了大量腐败丑闻和投诉。德索萨的警龄有30年,而巴尔的摩市警察局一直依赖这些组。

2月中旬,德索萨说他将组建一个由外部专家组成的委员会来审查苏特之死。虽然州法医办公室仍正式将该案列为谋杀案,但越来越多的人认为苏特可能死于自杀。

德索萨在市警察局举行的第一次会议上对专家组说："证据指向哪里，就去哪里。"

他没有机会以局长的身份看到调查结果。

沃德告诉联邦调查局的调查人员，詹金斯曾拦下德索萨的一名女性朋友的车，发现她持有毒品。詹金斯在与德索萨通完电话后放走了她。而在2015年将詹金斯的违纪案件一笔勾销的正是德索萨。

联邦调查局一直在调查德索萨，发现他长期逃税。5月，怀斯和海因斯以违反联邦所得税法的罪名对德索萨提出指控。市政府高层起初想支持他，但他在压力下辞职，并承认税务欺诈，最终锒铛入狱。短短四个月内，两名警察局局长离任，陷入困境的巴尔的摩市警察局不得不再次寻找新的领导人。

第二十二章 可能与很可能

结束 46 年的执法生涯时,加里·T. 蔡尔兹警探曾打算带妻子去大峡谷旅行七周,然后花时间打理自己的火鸡农场。他在几年前创办农场时就考虑了这一点——他给农场起的名字是"邓劳因农场"(Dunlawin Farms),留着他"结束执法"(done lawing)时用。

他曾在巴尔的摩市警察局工作了 22 年,职责是稽查毒品和抓捕杀人犯。在过去的 21 年里,他一直在巴尔的摩县警察局工作。他总共参与了 600 多起谋杀案的调查。

有一起案件令他记忆犹新。1984 年 12 月 3 日,蔡尔兹的搭档兼好友马塞勒斯·"马蒂"·沃德执行卧底行动,假扮成一名来自费城的毒贩,参与了一笔海洛因交易,地点是位于巴尔的摩西南区的一家名为"坎迪厨房"的商店楼上的公寓。沃德带着窃听器坐在公寓三楼,准备录下交易过程。此前,他两次从卖家那里买过少量毒品,这次警察局计划采取行动。当逮捕小组来到一楼时,目标人物、26 岁的拉塞尔·西蒙斯惊慌失措,朝沃德开枪。窃听器记录下整个过程,包括西蒙斯的点 357 口径马格南手枪发出的巨响,沃德中弹后的呻吟声,以及蔡尔兹如何冲进去帮助他的搭档。"马蒂,马蒂,马蒂!马蒂,你在哪里?"蔡尔兹大喊。在沃德倒下的房间外的走廊上,蔡尔兹让西蒙斯投降。"这是我的警徽!"蔡尔兹一边说,一边把钱包扔进房间,"现在放下枪,走出来。如果那个人死了,我就杀了你!"

这起案件改变了巴尔的摩警方派卧底警察购买毒品的方式。此后,他们在此类行动中更有选择性,并希望他们的谨慎反过来能使他们的案件在法官面前更有分量。到了2005年前后,随着纽约的缉毒模式被带到巴尔的摩,这种做法不再被使用。结果,数以千计的轻案被摆到法官面前,反而降低了这些案件的重要性。

对于蔡尔兹来说,这起案件对他的影响是长期的。沃德和蔡尔兹相识于20世纪70年代中期,当时前者还是一名便衣警察。一次,一名男子试图夺走蔡尔兹的枪,沃德出手帮了扭打中的蔡尔兹。他们后来一起在一个麻醉品小队工作,然后又进了美国缉毒局的一个特别工作组。他们在下班后也是好朋友,他们的孩子在一起玩耍。失去挚友令蔡尔兹备感痛苦。1985年,他在接受采访时说:"我就在那里,我听到了,但什么也做不了。它来得太快,太突然,我们还以为只是例行调查。这些事我们以前做过不下百遍。"直到今天,一说起沃德的死,蔡尔兹仍然无法保持平静。"有的时候,"蔡尔兹说,"这件事会突然浮现,让我很难受。这让我拼命破案。"

如今,蔡尔兹加入了审查肖恩·苏特之死的团队。

在巴尔的摩,由外部人士组成的委员会审查有争议的涉警案件是有先例的。比如,2011年在位于市中心的俱乐部外发生的误伤事件,导致小威廉·H.托比特警员死亡。再比如,2013年蒂龙·韦斯特被警察拦截盘查后,在与警察冲突的过程中死亡。但是,在这两起事件中，审查都是在检察官拒绝提出刑事指控后开始的。而这次，这个团队将审查一起令人瞩目的、悬而未决的谋杀案，这种案件的细节通常会被隐瞒。

这个独立审查委员会的主席由弗吉尼亚州的法律顾问詹姆斯·"奇普斯"·斯图尔特担任，他担任过美国司法部的研究机构国家司法研究所的主任，领导了蒂龙·韦斯特案和托比特案的审查委员会。委员会还包括一名退休的新泽西州警察局警司和一名退休的纽约州罗克兰县地区检察官办公室探长。除了蔡尔兹，另一名退休的巴尔迪摩市凶杀组警探马文·西德诺也加入了这个委员会。

该委员会要遵守一些基本规则。成员们被告知，不要重新调查此案，而是要审查凶杀组的报告。不过，蔡尔兹希望他们的参与能带来新的线索，那些不愿意给市警察局打电话的人或许更愿意帮助由外部人士组成的团队。虽然人们的看法发生了变化，许多高层认为苏特很可能是死于自杀，但蔡尔兹并没有排除苏特被谋杀的可能性——该案被列为谋杀案，蔡尔兹想解决它。

"如果我们能找到充分的证据，让市凶杀组逮捕凶手，对我来说，这就像赢得'超级碗'一样。"蔡尔兹说。

69岁的蔡尔兹拿到了存储在硬盘上的调查文件。他从去大峡谷旅行时便开始阅读这些文件，回到位于巴尔的摩北区一个农村社区的家后，又在家里的办公室反复研读。

苏特一直在调查的那起悬案，也就是发生在本尼特广场的三尸命案，最先引起了蔡尔兹的兴趣。蔡尔兹想，或许苏特即将锁定犯罪嫌疑人，或许他的调查激怒了某人，那个人想要他的命。

进一步阅读文件后，蔡尔兹充满了疑问。这起三尸命案发生于

2016年12月。警探们本应在计算机中录入进度笔记，以详细说明他们为侦破案件做了哪些工作。蔡尔兹吃惊地发现，苏特对该案的最后一份重要的进度笔记，是在那起命案发生当月的月末提交的。当年9月，苏特向未披露身份的证人取证，然后在中枪前一天再次取证。据说，苏特曾告诉其他人，他正在寻找一名叫作"玛丽"的妓女，她可能有关于此案的情报，但进度笔记并没有提到这个人。与此同时，蔡尔兹说苏特遗漏了一条极有价值的线索：犯罪实验室通知蔡尔兹，警方曾逮捕过一个人，从他身上找到了在这起三尸命案中用过的枪。但苏特没有记下这条信息，也没有跟进。

蔡尔兹把注意力集中在物证上。苏特的尸体上没有发现其他人的DNA，而且苏特似乎是被他本人的枪打死的，这两点令人疑惑。他想起了马蒂·沃德的案件。"如果真的发生了一场生死搏斗，就像我听到的马蒂经历的十秒，那不可能完全不留下DNA，"蔡尔兹说，"苏特没有其他伤口——他的手没有受伤，没有防卫性伤口，也没有因脸朝下摔倒而受伤。"

苏特中枪前的行动被街区远处的监控摄像头拍了下来，虽然画面模糊不清，但他似乎站在停在空停车场入口的一辆面包车后。蔡尔兹推测，如果苏特是为了躲避停车场里的犯罪嫌疑人，那么他应该站在面包车的另一侧，用它来掩护自己。但是，他站在车后，这很可能使自己暴露在那人面前。

蔡尔兹做了测试，以质疑一些说法和假设。他对着靶子开了一枪，看看硝烟会不会像波门卡描述的那样，萦绕在苏特身上（确实会）。如果有人在开枪后匆匆离开，硝烟很可能已经消散了。犯罪实验室主任协助探究了什么原因会使苏特的DNA进入他的枪管，以及射出的子弹在爆炸后是否会使 DNA 消失（不会）。验尸官为了研究弹道，用探针穿过人体模型的头部。委员会的结论是，波门卡说他听到了另一声枪声可能是因为周围建筑物造成的"峡谷效应"的回声。

在蔡尔兹看来，苏特生前说的最后一句话"停下！警察"也不符合逻辑。"你不会大喊'停下，停下，警察'。你会喊'放开我'，或者'戴夫，戴夫（对波门卡）'，或者什么都不说，"他说，"你在追赶某人时会那么喊，但在面对某人时不会。"

接着是委员会所说的被忽视的证据：警方在苏特的衬衫右袖口内侧发现了他自己的血迹，这与苏特举起持枪的手，把枪抵近头部，然后开枪的情况一致，这时飞溅的血正好能进入袖口。

蔡尔兹和委员会根据这些物证得出结论：没有枪手。

蔡尔兹推测，当苏特向波门卡打手势时，他其实想让波门卡离开停车场，这样波门卡就完全看不到这里发生了什么。而波门卡却将手势理解为让他过去，这意味着苏特的机会将稍纵即逝。蔡尔兹认为，苏特冲进停车场，倒在地上，向空中开了两枪，希望这能使波门卡寻找掩体或至少暂时停下脚步。"苏特用眼角的余光看到了波门卡，他知道自己的时间不多了，"蔡尔兹解释说，"他开了两枪，让波门卡慢下来。作为警察，当枪声响起时，你的本能是去找掩体。你不会在听到枪声后立即向四周看。他开了两枪，让波门卡犹豫了几秒，然后用同样的动作朝自己开枪。"当时苏特俯面朝下。

为什么要把波门卡卷进来？

"他知道他需要一个目击证人。"蔡尔兹说。

在蔡尔兹和独立审查委员会的其他成员看来，对于苏特来说，即将接受联邦检察官办公室的问询绝非小事，这提供了一个支持物证的合理动机。蔡尔兹记得，他从警不久后曾被带到内务部问话，当时他紧张得不行。为什么苏特让这起三尸命案沉寂了几个月，然后偏偏要在那天重新调查？"如果我知道我必须去见检察官，而且是因为一项可能让我入狱的指控，我肯定不会为了一起一年来毫无进展的案件去找什么'玛丽'。"蔡尔兹说。

独立审查委员会在审查卷宗后了解到，苏特只在10月24日与联邦调查局见过一面。他没有做任何陈述，要求找律师，并问探员他会不会丢掉工作。虽然委员会没有同苏特的律师杰里米·埃尔德里奇谈过话——他仍然负有为当事人保密的义务，但他们从苏特的手机中读到了二人互发的短信，这些短信使委员会多少了解了他们之间的交流。

二人在枪击发生前一天互相发了短信，约好了见面时间。然后，在枪击发生当天的下午4点1分，也就是苏特中枪半个小时前，苏特接到了埃尔德里奇的电话。波门卡说，他记得苏特接了一个电话，并告诉对方，自己不方便说话。苏特没有接埃尔德里奇随后打来的两个电话。

贡多在枪支追踪特别工作组的审判中做证说，他早在九年前就开始偷钱，当时他和包括苏特在内的一些警员一起工作。其他迹象也表明了他们之间的关系，苏特或许想掩盖这种关系。对苏特手机的分析表明，苏特从手机联系人中删除了贡多和沃德。此外，苏特还删除了75条短信和313条通话记录——不知道其中是否包含与贡多或沃德的短信或通话。但他的手机显示，他在2016年3月联系过贡多。委员会还收到了赫斯勒从狱中写来的一封信，他们在报告中扼要地总结了信的内容。赫斯勒在信中提及他和苏特和贡多的一次碰面——那次碰面发生在枪支追踪特别工作组的警员们被捕前不久。根据赫斯勒的描述，贡多"经常消失，去凶杀组找苏特警探，苏特有时会下到五楼找贡多，然后他们二人会一起离开办公室，找个地方谈话，有时会消失二三十分钟"。

2018年8月，独立审查委员会公布了调查结果。

"委员会的结论是，根据现有的全部证据，苏特警探有意识地用自己的公务用枪夺去了自己的生命。"报告写道。

"即便苏特真的决定自杀，他也有充分的动机将自己的死伪装成他杀。"报告接着写道，并指出，巴尔的摩市警察局为因公殉职的警察的家属提供的福利待遇，比为自杀的警察的家属提供的丰厚得多，而且司法部也会资助牺牲的执法人员的家属。

"我们不知道苏特警探在2017年11月15日的精神状态如何，"委员会得出结论，"但我们确实知道，他爱他的家人，也为他们所爱，他有许多朋友。我们还知道，苏特警探承受的压力比我们大多数人的都要大。即便在最好的情况下，巴尔的摩市警察局的警员也是高度紧张的。而当时的情况要恶劣得多。第二天，他就要为一桩可能是巴尔的摩市警察局有史以来最大的丑闻，在联邦大陪审团面前做证。他确实得到了有限的豁免权，至少在奥马尔·伯利案的栽赃证据指控上是这样。但是，如果贡多和其他人向联邦执法部门提供的信息属实，那么苏特警探面对的是一个艰难的选择。他可以如实做证并得到联邦豁免权的保护。但是，如果承认个人在警察局工作期间有违法行为，他的职业生涯很可能就此终结。如果承认罪行，他将被解雇，还可能面临刑事诉讼。事实上，当联邦调查局的探员在一个月前与苏特接触时，苏特曾问过自己是否会丢掉工作。此外，苏特可以在大陪审团面前否认有不当行为。但是，如果大陪审团和检察官认为苏特没有说实话，那么他可能面临联邦起诉。肖恩·苏特警探在生命的最后一个小时里，对他的律师的电话和短信置之不理。相反，他多次开车在本尼特广场附近徘徊，表面理由是寻找神秘的'玛丽'，或许还有神秘的犯罪嫌疑人，但是，正如波门卡警探所说，'（他们）也许只是产生了幻觉'。苏特在下午5点要与人见面，为在大陪审团面前做出上述的艰难选择做好准备。"

"时间所剩无几。苏特徒劳的搜索可能预示着，他在做出最后的悲剧性决定前，已经陷入了一种平静的绝望。"

在独立审查委员会发布报告的第二天，妮科尔·苏特来到丈夫的朋友——律师埃尔德里奇位于市中心的律师事务所。

妮科尔在丈夫死后没有公开发表过任何评论。她认为，依照警察被枪杀的典型处理方式，在她第一天晚上走出医院时，犯罪嫌疑人就会被逮捕归案。当有关苏特要在大陪审团面前做证的消息出现时，她没有发声。当调查的中心不再是寻找凶手时，她仍然保持沉默。每当有与苏特案相关的报道发布时，她总会快速浏览评论区。她说大多数发帖人都断言他的死是某个阴谋的一部分。不过，她还是希望外部人士可以摒弃巴尔的摩市警察局既有的理论，从卷宗中发现一些新东西。

此时，她决定打破沉默，向媒体宣读一份事先准备好的声明。

"我知道公众一直在耐心等待肖恩·苏特警探的妻子发声。在这之前，我没有力量这样做，"她在开篇这样说道，"我不会再允许任何人用虚假的自杀指控来玷污我丈夫的名声，来破坏他的遗产……我和社区中大多数人的看法和想法一样，那就是我丈夫不是死于自杀。

"我不是以一个伤心欲绝的寡妇的身份，而是以一个有意识的个体的身份来发表这份声明。我评估了他们告诉我的每一项证据，而且我也知道，很多证据没有被提出……没有人比我更了解我的丈夫，肖恩的早逝是一场谋杀，我不接受除此之外的任何说法。我和我的家人不知道为什么这起谋杀会被掩盖。"

"整个社区不知道的是，"她继续说道，"在我的丈夫被谋杀前不到一个小时，我和他谈过话。肖恩当时心情很好，很有精神，我们为我拍到的他跳舞的视频开了几句玩笑。没有人知道那会是我和我丈夫的最后一次谈话。"

"我丈夫是一个光明磊落的人，"妮科尔后来在接受采访时说，"如果他犯了罪或做错事，他会像男子汉一样接受并解决它……我的丈夫绝不是懦夫。"

苏特和她讨论过在大陪审团面前会怎样做证吗？

"我是在其他人都知道的时候才知道这件事的。"妮科尔说。

至于苏特为什么没有提起这件似乎很重要的事，妮科尔的解释是，苏特经常要出庭，这是他的工作的一部分，而且因为他没有什么可担心的，这起案件没什么大不了的，不值一提。

虽然苏特没有跟他的同事以至妻子说起过将如何做证，但他和他的律师杰里米·埃尔德里奇深入讨论过这个问题。不过，埃尔德里奇仍然坚信，苏特不是自杀的。

"我从来没有担心过，"埃尔德里奇说，"他根本不会被指控。我从来没有担心过他跟那些抢劫案有牵连。"

但他的说法带来了更多的问题。

他们很早就相识,当时埃尔德里奇是一名年轻的检察官,而苏特是一名缉毒警察。后来埃尔德里奇成了一名辩护律师,而苏特则进了凶杀组。他们是社交媒体上的朋友,一起参加了一个线上的足球联赛,但并不经常见面。

2017年10月底,苏特在与联邦调查局短暂交谈后联系了埃尔德里奇。据苏特转述,西拉基告诉他,调查人员提出了一个栽赃证据案的指控,他们想和他聊聊。苏特很不自在,问自己是否应该找律师。"你觉得你需要律师吗?"西拉基答道。正是在那次见面时,苏特问自己是否会丢掉工作。

埃尔德里奇同意免费为苏特代理,并开始与联邦检察官怀斯交谈,以评估情况。埃尔德里奇说,怀斯告诉他,苏特不是他们正在调查的栽赃证据案的犯罪嫌疑人,其他证人已经为他洗脱了罪名。但怀斯拒绝告诉埃尔德里奇,他们想和苏特谈具体哪起案件。这种回避的态度引起了埃尔德里奇的不快,他说"这就像不想分享玩具的孩子"。埃尔德里奇发现该案是伯利案后,要求怀斯提供该案的卷宗,但怀斯拒绝了。

据埃尔德里奇说,怀斯告诉他:"我想从肖恩身上找到一个干净的突破口,我想确保他的记忆没有被篡改,因为我们知道韦恩写了合理依据陈述书,我们认为韦恩撒了谎。"

埃尔德里奇还是想调出卷宗,反复询问苏特有没有什么办法。"我觉得我必须做好我的工作,那就是弄清楚究竟发生了什么,这样才能确保我的客户准备好接受问询,"他解释道,"联邦调查局知道一切,但他们什么都不愿意分享,我问了无数次。我不知道该怎么形容这让我感到多么不舒服。"

埃尔德里奇多次要求苏特设法拿到伯利案的合理依据陈述书，但苏特似乎并没有理会。"我无论如何都想拿到这份报告。我当时一直在问'你能拿到它吗？'，他的回答是'哦，我可以试试'。然后他就抛诸脑后了。我不能说他（对接受问询这件事）不上心，但还没到为这件事失眠的地步。"

埃尔德里奇试着往前想几步。苏特不知道栽赃毒品的事，但联邦调查局还会问些什么？埃尔德里奇曾在证据出示会上出过岔子，当时客户被问到了他们完全没有想过的问题。他记得自己告诉苏特："'我们不要想当然。如果你听说韦恩偷了钱，你就得告诉他们。'苏特回答说：'好吧，我是听说了一些事。'然后我说：'你最好告诉他们你听到了什么。'"苏特还告诉埃尔德里奇，包括主管在内的其他警员曾建议他远离詹金斯，埃尔德里奇告诉他要准备好解释理由。

在他们的对话中，苏特问了许多问题。他曾多次出庭做证，但这次不同。枪支追踪特别工作组的案件是第一个警察腐败被认真对待的例子——至少在一段时间内是这样的——而且该案还在不断发酵。"我们的对话大多不是在说他真的做错了事。我们的对话类似于，'如果我不得不做证，会变成什么样？我的生活会变成什么样？人们会恨我吗？我还能继续工作吗？杰里米，他们没有抓到所有人……'"

埃尔德里奇说他"逼问"过苏特到底知不知道栽赃毒品的事，还不止一次。苏特坚称自己不知道。怀斯为苏特的证词提供了证据出示豁免权，而埃尔德里奇说他完全不担心苏特可能会被追究刑事责任。

得知苏特中枪身亡的消息后，埃尔德里奇在市中心的办公室里待了一整夜，没有睡觉。第二天早上，他去见了怀斯和海因斯，敦促他们参与调查他的客户之死。"我想知道，为什么当地警察要插手这件事？这是你的证人。"埃尔德里奇记得自己这么说过。

"他们惊慌失措。这就是事实，"他在谈到怀斯和海因斯时说，"从政治角度来看，我在那之后看到的是，不到一周，他们就说'他不是我们的证人，他甚至没能来这里'。这就像是在说，因为他被杀了，我们就不对他负责了。我觉得这是在逃避。"

他们因为埃尔德里奇曾要求苏特去找关于伯利车祸的报告而争吵，怀斯甚至对埃尔德里奇说："好吧，杰里米，如果你让他去找什么东西，你有没有害他被杀？"

怀斯和海因斯后来解释了为什么联邦调查局没有接手此案：后者认为枪击和苏特的证词之间没有可能的联系。"（枪支追踪特别工作组的人）都被关起来了，"怀斯说，"当时的情况并不是说，我们有另一张即将起诉的警员的名单，而苏特握有关键证据。完全没有这样的事。这是一件发生在过去的栽赃证据的插曲，而主要目标是已经被关起来的詹金斯……贡多给了我们一张（涉及不当行为的警员的）名单，拉亚姆也给了，沃德也给了。杀死这个人的动机是什么呢？当时七个人中有四个人已经认罪。那四个人没有杀他。供出（苏特）的人也不会杀他。他们已经插翅难飞了。"

不仅如此，检察官们一直认为苏特可能是自杀的。他们说，后来关于调查的简报没有提供其他可能性。

海因斯说："鉴于他（苏特）是一名联邦证人，我们当然会问有没有任何关于枪手的证据，但我们被反复告知没有证据证明存在第二个开枪者。"

埃尔德里奇成功地说服了联邦调查局的人，让他们在巴尔的摩市警察赶到前搜查苏特的车。他认为苏特的私人汽车里应该有为见面准备的材料，他想知道那些文件是否还在那里，或者有没有可能被什么人拿走了。联邦调查局在没有告知市警察局的情况下，扣押并搜查了这辆车，但一无所获。埃尔德里奇没有把这件事放在心上，不过这似乎至少能让人怀疑，苏特是不是没有准备材料，因为他根本不打算见面。

埃尔德里奇抨击了独立审查委员会关于苏特在开枪前感到焦虑的说法。埃尔德里奇坚称，任何一个在苏特的最后时光里和他谈过话的人，都会觉得独立审查委员会的描述是完全错误的。他还记得他们在枪击前不久最后一次通话时的情形。苏特告诉他："嘿，J，我正在给一些破事儿收尾，做完就过去。"

"我从来没有忘记那句话。"埃尔德里奇说。

埃尔德里奇说，独立审查委员会还弄错了一个很可能非常重要的细节。委员会断言，苏特当晚之所以让波门卡和他一起去本尼特广场，是因为波门卡是一名初出茅庐的警探，容易受骗。但事实是，苏特是陪波门卡去的，因为波门卡要跟进自己负责的一起案件。一名负责谋杀案的检察官要求警方去寻找一起未结案件的证人，该证人对是否出庭做证摇摆不定。检察官认为波门卡或许能说服证人坚持到底。"只有肖恩愿意和戴夫一起去，"一名执法官员说，"如果（协助找人的小队）能把证人带过来，他们根本不会出现在那里。"埃尔德里奇认为，如果是波门卡让苏特去的，那么苏特就更不可能策划在那一刻实施自己的计划。

虽然还有些担忧，但埃尔德里奇并不认为苏特之所以被杀，是因为有人想让他闭嘴。四名认罪并同意与检方合作扳倒詹金斯的警员已经给联邦调查局提供了大量证据。埃尔德里奇在提到詹金斯时说："除了那个已经在监狱里的家伙，他没有'出卖'任何人，而且其他人都在这么做。所以这（杀死苏特）毫无意义。"

如果还有秘密没有被发现呢？只有腐败的警员知道的秘密。

"这就引出了一个问题，谁知道，谁会害怕，肖恩是不是知道了什么人的什么事，那个人会害怕，那么他有没有动机要杀肖恩？这些都是推测。"

在枪支追踪特别工作组庭审的交叉询问环节，贡多做证说，他曾和苏特一起偷钱，这个爆炸性的说法在庭审结束后依然余波未平。但是，在枪击发生前几个月，他和该组的其他警员在和检察官的闭门证据出示会上说了更多，而这些话从未被公开。

2017年3月底，贡多刚开始坦白时便说，他记得自己第一次偷钱就是和苏特一起的。这件事让他印象深刻。那是贡多第一次拿到搜查令，目标是德鲁伊公园路的一间藏有毒品的屋子。他们发现了700美元和一些装着毒品的胶囊。他说，搜查结束后，他们和苏特、伊韦里一起去了西区警察局的停车场，在那里分了钱。贡多并没有指责所有与他共事过的人。他明确表示两名警员没有参与其中。其中一人非常正直，从不拿钱；而他不信任另一个人。

但贡多坚称被他称为"导师"的苏特参与其中。

贡多接着说，苏特曾告诉他，2010年当苏特和詹金斯一起在重案组工作时，他们"每次拦截盘查都要拿钱"，苏特因此要求调职。关于伯利案，贡多说苏特知道毒品是被栽赃的，这件事让苏特"提心吊胆"。

拉亚姆在2017年4月的证据出示会上也将苏特与偷窃联系起来。他告诉调查人员，詹金斯曾经跟自己说过，他和苏特"一直在拿钱"。

与此同时，詹金斯坚称自己没有把毒品放在伯利的车里，不过他承认帮忙掩盖此事。詹金斯虽然从未公开说出谁应该为这件事负责，但他告诉联邦调查局，那个人是苏特。

这些都是在苏特被枪杀之前提出的，联邦调查局一直没有披露这些信息。联邦检察官之所以告诉埃尔德里奇和戴维斯局长，苏特不是他们的调查对象，很可能是因为他们当时正集中精力，准备全力拿下詹金斯。

枪支追踪特别工作组的莫里斯·沃德警探同样选择认罪，并同意配合对有组织敲诈勒索罪的调查。他为苏特辩护，并质疑贡多的证词，即他们一起偷过钱。"我还是不明白为什么贡多说我们曾经一起拿过东西，这不是真的，我从来没有和苏特或（他们的主管肯尼思·）伊韦里一起做过什么。"沃德说。沃德还说，他从未公开与贡多一起偷东西，而且强调这些警员的腐败并不像听起来那么明目张胆。"我听说了他干过的事，他可能也听说过我干的事，但我们从未一起干过这些事。"

值得注意的是，贡多供出的和他在2005年至2010年间一起偷钱的小队中的其他人，并没有因为贡多的指控而被联邦调查局起诉。即便这些指控是真的，而且苏特确实因为担心入狱而自杀，但是只要他坚持不认罪，他的担心也可能永远不会成为现实。

苏特死于自杀的理论逐渐成为警察局内部的共识，但埃尔德里奇对此嗤之以鼻，而且他越来越觉得每个参与者都想放弃调查。他发现了一条他认为很有价值的线索，但没有被警方采纳，因此独立审查委员会也无从知晓：2017年12月，就在苏特被枪杀一个月后，前"黑人游击队家族"的成员，后来成为线人的唐特·波林在接受警探们的问询时，供认了一系列犯罪信息。波林告诉警方，在苏特被枪杀的那天晚上，他在离本尼特广场几个街区外的一家酒吧，他的表亲也来到酒吧，看起来很不高兴。他的表亲说，一个熟人刚刚枪杀了一个突然出现在其面前的人，"就在他藏（毒品）的地方"。

"当他讲这个故事时，我们还不知道（被杀的）是一名警员，直到我们看了新闻报道之后才知道。"波林告诉警探。

波林提供的信息曾被联邦检察官用在一起引人注目的帮派案件中。波林告诉了警探他的表亲的名字，但说他不知道那个所谓的枪手叫什么。

当波林接受警方问询的录像出现在新闻中时，巴尔的摩市警察局被迫做出回应，说他们认为波林的信息不可靠，但拒绝解释原因。

这个故事引起了州助理检察官帕特里克·塞德尔的注意，他认为警方应该跟进这条线索。警探们被派去寻找波林说的那个人。他此时在中西部，警探们找到了他，并采集了DNA样本。这起案件似乎忽然有了新的突破口。

自从两年前苏特去世后，巴尔的摩市警察局换了三任局长，此时即将迎来第四任——来自新奥尔良的、经验丰富的迈克尔·哈里森。他将于2019年初上任。哈里森与此案并无利害关系，不过他确实想让这件事尘埃落定。他让马里兰州警察局做了第二次外部审查，审查结果没有受到公众质疑，于是，他在2019年底宣布苏特的案件结案。但是，州检察官玛丽莲·莫斯比告诉记者，她的办公室认为苏特的案件"尚未完结，仍在调查中"，波林提供的线索还在被追查，这迫使哈里森改变了方向。但在随后的几个月里，警方和检察官拒绝讨论此案。消息人士说，线索已经断了。

该州的首席法医虽然听说了开枪的可能是苏特本人，但决定不更改结论。戴维·福勒医生说，苏特接受过培训，知道接触性伤口的重要性。福勒在2019年底退休后说："我觉得，如果想伪造一起谋杀案，他肯定知道不能把枪顶在头上。"与此同时，他承认调查人员与苏特的关系也是一个问题。"让警察局调查自己人的死可能是不合适的，尤其当死者是凶杀组的警探时。"福勒说。

仍然有人认为，苏特可能与什么人发生了短暂的搏斗，随后那个人或者朝他开枪，或者导致苏特意外开枪击中自己，但这些说法都缺乏物证支持。

苏特的搭档、凶杀组资深警探乔纳森·琼斯坚定地认为苏特死于谋杀。虽然苏特从未跟他提到过枪支追踪特别工作组一案中的大陪审团，但琼斯清楚地记得，他的搭档在死亡当天很有精神。琼斯认为，如果苏特想结束自己的生命并确保他的家人能获得因公殉职的福利，那么他完全可以在回家的路上直接把车开出路边。琼斯说："他为什么要实施一个一切必须完美的方案？"琼斯强烈反驳了波门卡参与其中的阴谋论，但也怀疑波门卡是不是在看到苏特中枪后进入了所谓的"隧道视野"，可能忽视了周边的其他动静。"这不是电视剧。在现实生活中，（射杀一个人）只要一秒，"调查了13年谋杀案的琼斯说，"如果你处于'隧道视野'，把全部注意力放在倒地的搭档身上，即使有人站在你身边，你也可能完全感觉不到。"

枪击事件两周年时，苏特的亲属和埃尔德里奇在市政厅外举行了抗议活动。一条横幅上写道："肖恩·苏特是被谋杀的。破案！"另一条上写着："你们要杀害我父亲多少次？"

埃尔德里奇继续催促调查人员做更多的工作。"我们家有一个笑话，我是一个'找东西的人'。我什么都能找到。我找到了我妻子的钥匙，我找到了每个人丢失的东西。这就是为什么我擅长做我的工作。这就是为什么我是一名出色的检察官。这就是为什么我是一名出色的辩护律师。我的孩子在电视上看到肖恩的照片。她说那是你死去的朋友——谁杀了他？我说我不知道。她说：'你找不到他吗？爸爸，你是那个找东西的人。'……我不知道为什么只有包括我在内的几个人还在关心这件事。"

与此同时，蔡尔兹说，巴尔的摩市警察局的一些人试图让他为自己的结论感到难过。"在职业生涯中，我处理了125起以上的自杀事件。许多家庭成员不愿意相信他们的儿子或女儿是自杀的，而且完全没有来向他们寻求帮助……我明白，我理解。人们很难接受这种事，"蔡尔兹说，"他们让我看看（苏特案），他们想要知道真相。这就是真相。证据是压倒性的。"

肖恩·苏特之死仍然被正式列为未结的谋杀案。

第二十三章　深渊回望

2018年6月8日，韦恩·詹金斯站在联邦地区法院法官凯瑟琳·C. 布莱克的面前，等待后者对自己已经承认的有组织敲诈勒索罪和其他指控的判决。自从15个月前被捕，詹金斯一直被关押，不得保释，在马里兰州和弗吉尼亚州的至少四个监狱之间辗转。他穿着栗色的V领囚服，低头走进法庭。他坐在被告席上，盯着前方。他的家人坐在法庭阶梯式的座位上，坐了几排。他匆忙回头看了他们一眼，情绪瞬间变得激动起来。他的律师史蒂夫·莱文递给他一些纸巾。

这次开庭前，詹金斯的家人和朋友给法官写了很多信，为詹金斯求情，说他虽然犯了错，但不失为好警察、好父亲。他的母亲用儿子形容头号抢劫目标的说法写道："我向您保证，他不是'怪物'。"

法庭允许在奥马尔·伯利造成的车祸中丧生的男子埃尔伯特·戴维斯的两名家属，发表被害人影响陈述[1]。

---

[1] 被害人影响陈述（victim impact statement），在对已被裁决有罪的犯罪嫌疑人判刑之前，由缓刑官准备的一种不公开的官方文件，旨在向法官说明犯罪行为给被害人或其家庭所造成的影响，以供法官量刑时考虑。

"我们不能跟父亲分享我们的生活。我们思念我们的父亲。我们不能再跟父亲一起度过那些特殊的日子,不能一起过生日和节日,"戴维斯的女儿雪莉·约翰逊说,"七年后,我们得知詹金斯警员与那场夺走我们父亲生命的事故有关。对于我们来说,他只是一名罪犯,再没有其他身份。如果不是他那天的所作所为,我们的父亲本应活到今天。我们全家痛彻心扉。我们再也不会像以前一样了。"

助理检察官怀斯说,詹金斯的犯罪行为"令人震惊"。"本应被起诉的毒贩逍遥法外,因为詹金斯拿走了他们的毒品,"怀斯对布莱克说,"对于被起诉的人,他向本市、本州地方法院乃至本州联邦法院的法官提供了虚假陈述,编造了逮捕他们的过程。"

怀斯说,作为警司,詹金斯本应在监督不当行为方面发挥关键作用,而不是为其提供便利。"如果一名警司腐化堕落,与罪犯勾结,那么几乎没有人能设计出一套制度来防止这种事,"他说,"如果没有足够的威慑力,如果这次判决和对其他被告的判决无法发出强有力的震慑信号,那么我们势必将再次面对这个问题。"

根据认罪协议,詹金斯的刑期在20年至30年之间。量刑指南要求判处他24年。怀斯和海因斯要求布莱克判处最高刑期。

詹金斯的律师莱文希望能说服布莱克判处詹金斯20年。

"法官大人,在吉恩·福勒的《晚安,亲爱的王子》里,约翰·巴里摩尔说了下面这番话:'当遗憾取代梦想,人就老了。'虽然还不满40岁,但内心充满遗憾的韦恩·詹金斯已经老了,"莱文说,"韦恩·詹金斯知道他让自己的社区失望,让自己的亲人失望,让自己失望。因为这些,法官大人,他正饱受着悔恨的煎熬。"

"在马里兰州长大的韦恩·詹金斯有无数的梦想。他梦想着像他的父亲一样，成为一个善良正直的人，一个被韦恩·詹金斯称为所有人的好朋友的人。他梦想着保护弱小——保护弱者不受欺凌，他年轻时正是这样做的，这在他给您的信中写得很详细。他梦想着像他的父亲一样在美国海军陆战队服役。他确实这么做了，而且表现优异，这是有据可查的，比如他获得的奖项和他的退伍证书，其中一些给您看过了。

"他也有个人的梦想，其中一些已经实现。詹金斯先生娶了他的高中女友，而且他们至今仍是夫妻。他梦想着拥有一个充满爱的大家庭，梦想着成为家里的顶梁柱。如您所知，如您所闻，法官大人，他确实是这样的人。

"但那些梦想已经逝去。那些梦想不复存在。

"取而代之的是不断折磨着他的痛苦。我指的不是他在拘留期间遭受的肉体上的疼痛。我稍后会说到这个问题，法官大人。我指的是悔恨带来的痛苦，这种痛苦让韦恩·詹金斯彻夜难眠，他希望自己没有做过那些事。这就是为什么眼泪在他的眼眶里打转，因为他知道自己不该做那些事。一想到自己的所作所为，他就感到心痛。"

詹金斯与即将被定罪的巴尔的摩血帮的头目一同被关押在弗吉尼亚州北部的一所监狱里，后者多年前曾指控自己被詹金斯栽赃了一把枪。莱文说，一名囚犯得知詹金斯曾经是警察后，袭击了他，并使他受了重伤。莱文说，詹金斯提醒过狱警，有人要袭击自己，但狱警无动于衷。不过，莱文没有说的是，詹金斯在2017年底被关押在阿勒格尼县拘留中心时，曾两次主动挑起斗殴。记录显示，詹金斯因为与另一名囚犯争论看什么电视节目而试图用头撞击那名囚犯。两个月后，他在打扑克时挥拳打了另一名囚犯的头，从而导致拘留中心被封锁。

"简而言之,"莱文继续说道,"詹金斯先生的刑期将比其他囚犯难熬得多。他会经常被关禁闭,会比其他人更加恐惧和焦虑,而且几乎没有机会见到家人。因此,他现在的梦想是在结束 20 年的刑期后,还能找回些生活的碎片……

"就梦想而言,这不算过分,而且肯定与他早年的想法截然不同。但这个梦想能让他坚持下去。"

布莱克随后问詹金斯是否想在法庭上发言。詹金斯站了起来,转过身,首先对戴维斯的家人讲话。

"对失去挚爱的戴维斯一家,我从心底里希望我可以让那天重新来过,我希望我没有拦下那辆车。我坐在马里兰大学的病床上,握着那位女士的手一个多小时。我握着她的手一个多小时,她是那辆车上的乘客。"

戴维斯的家人后来说他们不记得他在那里,吉恩说自己才是在医院的床边握着弗萨·凯恩的手的人。

对于无法出庭的伯利,詹金斯说那天栽赃毒品的不是他。他虽然知道这件事,但没有说出来:"我发现后没有站出来。我本来应该站出来,但我没有。

"我已经玷污了我的警徽……我做了太多错事,法官大人。在我的一生中,当我犯错时,我会说'对不起',但那并不 ——'对不起'远远不够。没有什么比透过玻璃看我的儿子们,在他们哭泣的时候不能抚摸他们,更让我痛苦。我有一个一岁半的儿子,我甚至都不认识他。当他走进房间看我时,他甚至都不愿意靠近我。"詹金斯啜泣着说。当不再流泪时,他偶尔会破音。

"戴维斯女士，对于你的父亲，对你经历的一切，我感到非常抱歉，因为我的父亲是我最好的朋友。我爱我的父亲胜过我的生命——妈妈，你也是。我希望我从来没有拦下那辆车。但我不能让时光重来。这么多年来，我把全部身心都投入工作中。

"而且，法官大人，这一年半来，我基本是一个人待着，因为我显然不能和监狱里的人待在一起……但是，像我之前说过的，这都是我的错。我知道这是我的错，因为我确实犯了错。我应该受到惩罚。我应该进监狱。"

他说他在监狱里读了 31 遍《圣经》，以寻求宽恕。他转向他的妻子。"克丽丝蒂，"他说，"对不起。我配不上你。"

"对不起，法官大人。我向巴尔的摩市的市民道歉。奥马尔·伯利先生——上帝原谅我。我希望当我发现有人栽赃毒品时，我能说出真相。我本来应该说出真相，但我没有。我很抱歉，法官大人。"

布莱克说她相信詹金斯确实后悔了。但她说："要传达的信息必须是明白无误的，违背誓言，干出抢劫、欺诈勾当的警员将被起诉，他们将因为自己的行为受到公正的惩罚。"

她判决詹金斯服刑 25 年。

当法警给詹金斯戴上手铐时，詹金斯看起来很难过。被带出法庭时，他没有回头。几周后，他被送到西边亚利桑那州沙漠中的一所高安全级别的监狱。而在家乡，巴尔的摩市检察官继续撤销对他逮捕的许多人的定罪。

第二十四章 "我属于这里"

枪支追踪特别工作组在这么长的时间里犯下了如此严重的罪行，警方高层似乎不可能一无所知。不过，联邦调查局的调查人员没有发现任何证据证明警察局内部存在着上下勾结。监管不力肯定是事实，默许违反规则也很有可能。但对于抢劫、贩卖毒品和栽赃证据，没有一名认罪的警员表示主管是知情的。正如利奥·怀斯在谈到联邦调查局对警员的调查时所说的那样："要想保守秘密，最好的办法是不要告诉任何人。"

从制度上讲，至少一部分有过街头工作经验的高层肯定知道发生了什么。不当行为似乎是代代相传的。"你必须意识到，"退休律师理查德·C. B. 伍兹说，他曾在2010年前后两次试图揪出詹金斯，"这些受审的警察只是冰山一角。几十年来，巴尔的摩市的警察一直在做这样的事。这些警察不是自己学会如何欺骗的，有人教会了他们。"

随着枪支追踪特别工作组的成员身陷囹圄，联邦调查局的调查人员开始调查詹金斯曾经的导师基思·格拉德斯通，他也屡屡被投诉有不当行为，时间可以追溯到许多年前。

枪支追踪特别工作组的警员们被捕几周后，格拉德斯通退休了。从20世纪90年代开始，在职业生涯的大部分时间里，他在巴尔的摩市警察局的一些精英缉毒组和联邦缉毒特别工作组中工作。一直有人指控他有不当行为。但正是他与詹金斯的关系——他在2014年德米特里克·西蒙的案件中帮了詹金斯——最终使他受到刑事指控。

2014年，西蒙逃跑时，詹金斯开车撞倒了西蒙。西蒙没有武器，但现场发现了一把气枪。在枪支追踪特别工作组的人被逮捕后，联邦调查局在一些人的车上发现了气枪。认罪的警员说，詹金斯让他们带着这种武器，用于在现场栽赃，以防遇到麻烦。西蒙案便是典型的栽赃证据的例子。

调查人员后来得知，大概在詹金斯认罪的同时，格拉德斯通与手下的警员卡尔米内·维尼奥拉见了面。为了避免被发现，他们使用各自妻子的手机。为了确保二人都不会在见面时录音，见面地点选在格拉德斯通位于宾夕法尼亚州的家附近的一个基督教青年会的游泳池。

"你现在有什么需要担心的吗？詹金斯被逮捕了。你有什么要担心的吗？"据检察官说，维尼奥拉这样问格拉德斯通。

格拉德斯通说没有，除了德米特里克·西蒙的案件。维尼奥拉知道那起案件，詹金斯给格拉德斯通打电话的时候，他正和格拉德斯通一起吃饭，后来和格拉德斯通一起去了现场。他们站在游泳池里，格拉德斯通告诉维尼奥拉，如果联邦调查局询问维尼奥拉，他应该告诉他们，他去那里只是为了做"现场评估"，以及保护被卷入其中的第三名警员。

他们的小把戏没有起到任何效果。格拉德斯通于2019年2月27日被起诉，罪名是侵犯西蒙的公民权利和干扰证人。格拉德斯通同意合作并认罪。

251　　在等待宣判期间，格拉德斯通于2019年6月为一场民事诉讼提供书面证词，并表示他和詹金斯的关系从来没有那么密切。那么，他为什么要在2014年冒着毁掉职业生涯的风险去栽赃气枪呢？

"我认为这跟我的自我价值感有关，"格拉德斯通说，"你知道，我出身普通家庭。在家里时，我有一些兄弟，我们非常亲密，我和兄弟们一起长大。我离家后进了军队，又是兄弟情。进了警察局，还是兄弟情。然后，你碰到了这种事，而这个人总是在你身后，那么还有谁会照顾他们？没有人。所以，他打电话给我，向我求助。我帮了他，我抛开了一切，因为我觉得他也会为我这样做。"

"你把他当作兄弟吗？"律师问道。

"我几乎把和我一起工作的大多数警察都视为兄弟。我可能会为一百个人那么做，"格拉德斯通回答说，"我有两个家庭，我想我把一个家庭看得比另一个重要得多。而现在恰恰是另一个家庭付出了代价。"

维尼奥拉被指控在气枪一事上对联邦大陪审团说谎。虽然怀斯和海因斯给了他豁免权，但维尼奥拉告诉陪审员，他没有看到格拉德斯通当晚从汽车后备箱里拿过任何东西，他们直接去现场找詹金斯。这不是事实。维尼奥拉后来也承认，他们先去了他们小队的另一名警员罗伯特·汉卡德的家，取走了那把气枪。汉卡德也被指控在这件事上向大陪审团说谎。

怀斯后来评论说，虽然他在调查巴尔的摩警察不当行为的四年里看到了很多东西，但他还是无法相信，两名被给予了豁免权的警察会在大陪审团面前信口雌黄。格拉德斯通的起诉书因此多了一条提供虚假信息的指控。怀斯说，在担任检察官的15年里，他第一次意识到这种情况的存在。怀斯说，对他来说，这段经历相当于戳破了联邦大陪审团的房间是一个神圣空间，执法人员在那里会讲真话的"神话"。维尼奥拉讲了一个精心编造的故事。"他知道如何操纵这个系统。"怀斯说。

联邦调查局继续深挖过往，发现了詹金斯的新罪行。2009年，詹金斯查获了41千克可卡因，当时他还在格拉德斯通的小队，这在当时打破了巴尔的摩市警察局查获毒品的纪录。而实际上，他们查获的毒品数量比对外公布的还要多。

格拉德斯通用面包车将毒品运回市警察局，后面的事由特殊武器与战术部队负责，他们要在时任警察局局长的弗雷德里克·比勒菲尔德的新闻发布会上帮忙，并担任警卫工作。但是，3千克可卡因被留在了面包车里——目前尚不清楚究竟是意外，还是有意而为。格拉德斯通和该小队的另外两名警员制订了一个计划，让他们的一个秘密线人卖出毒品，将赚来的钱分掉。提供线人的警员分到了2万美元，另一名警员分到了1万美元——枪支追踪特别工作组被起诉时，这名警员还在和美国烟酒枪炮及爆炸物管理局合作侦破重大案件。虽然这起案件的诉讼时效已过，但检察官可以指控他们对联邦探员撒谎。

枪支追踪特别工作组的8名成员被判在联邦监狱服刑：詹金斯的刑期是25年，赫斯勒和泰勒的刑期都是18年，阿勒斯的刑期是15年。拉亚姆的刑期是12年，贡多的刑期是10年，亨德里克斯和沃德的刑期分别是7年，其他7名警员或前警员，包括曾经的警察局局长，被指控触犯了联邦法律。

安东尼奥·施罗普希尔被判处25年监禁，他的毒品生意引发了对这些警员的调查。

与丑闻有关联的警员陆续离开警察局。在詹金斯职业生涯早期亲自挑选其进入便衣警察组的迈克尔·弗里斯，以及在詹金斯从2005年以后到2010年以前声名鹊起的这段时间里担任其主管的威廉·克诺林退休了。詹金斯在2013年和2014年的搭档本·弗里曼在2019年初辞职了。克莱威尔同样如此。他虽然没有被牵扯进枪支追踪特别工作组的犯罪，但也被停职并最终离开了警察局。警龄长达24年的托马斯·威尔逊于2018年7月退休。在对枪支追踪特别工作组的审判中，斯特普指控威尔逊曾经担任毒贩的保镖，当时这些毒贩在一家脱衣舞俱乐部碰面。两名在巴尔的摩县工作的前市警察受到牵连，离开了警察局。

253　　大多数合作的警员不仅做证说他们曾经撒谎和偷窃，而且一贯如此，并不担心会被发现。他们称这是巴尔的摩市警察局"文化的一部分"。任何与被定罪警员一起工作的人都受到怀疑——他们知道发生了什么吗？他们怎么会不知道？究竟还有多少腐败的警察逍遥法外？马修·里克曼曾经是警察，在2013年和2014年与詹金斯共事，后来成为加利福尼亚州的联邦探员。他向联邦调查局坦白了他与詹金斯一起犯下的罪行。里克曼未被起诉，而这引出了一个问题：还有多少人通过与检察官合作逃避了惩罚？

更重要的是，存在着多少不公正的定罪？多少有罪的人将被释放，仅仅因为警员污染了他们的案件？

所有这些都发生在双方同意的判决生效期间，而这份判决本应使人们恢复对这座城市的警察的信任。

玛丽莲·莫斯比在竞选连任时为自己塑造了为社区而战的形象，

但她也因为弗雷迪·格雷之死的起诉失败、创纪录的谋杀率，以及她的办公室没有发现枪支追踪特别工作组警探们的不当行为而饱受批评。她在竞选中获胜，赢得了49%的选票，另外51%的选票投给了伊万·贝茨和另一名竞选者。她的办公室花了两年时间审查受枪支追踪特别工作组和其他受丑闻影响的案件，并宣布这次审查将导致800多起刑事案件被驳回或推翻。随着更多警员卷入其中，这个数字预计还会增加。"一些被定罪的人确实非常危险，"莫斯比在谈到丑闻发生后被推翻的案件时说，"它消耗了大量资源，而且极其耗费时间。"

值得注意的是，虽然该案暴露了巴尔的摩市警察局长期存在系统性的腐败，但在枪支追踪特别工作组案宣判18个多月后，该警察局仍未对相关情况做内部审查。许多现任和前任警员的作为或不作为，可能够不上被检察官提起联邦起诉的标准，但仍应被追究责任，这样才有些许可能阻止类似的情况一再发生。毕竟，这次的调查也是始于偶然——市郊的缉毒警察在追捕贩卖海洛因团伙时偶然发现了这些警员的罪行，随后联邦调查局才介入。几乎所有未能发现或阻止不当行为——从不合规定的搜查到骗取加班费——的直接主管和部门负责人，都仍在市警察局工作。

新任警察局局长迈克尔·哈里森原来在新奥尔良市警察局工作，巴尔的摩市经过长达数月的寻找，于2019年1月聘请他来接替德索萨。他告诉一个州委员会，虽然过去的警察局局长承诺要调查，但他的机构并未深刻检讨腐败为何能够长期存在，而且愈演愈烈。在被问及原因时，他让市律师替自己回答，后者指出了一个原因——揭露腐败可能带来针对市警察的更多民事诉讼，而这些诉讼的赔偿金额预计将在百万美元以上。最终，该市在2019年底任命前司法部总检察长迈克尔·布罗米奇进行独立审查。

市政府不想支付警员的行为带来的诉讼赔偿，称他们是"碰巧在巴尔的摩市警察局工作的罪犯"，他们的行为远远"超出了他们的职责"，纳税人不应为他们的罪行付账。马里兰州最高法院的法官们没有接受这种说辞。

"鉴于共谋的恶劣程度、持续时间，参与共谋的该警察局枪支追踪特别工作组前成员的数量，以及该警察局承认枪支追踪特别工作组栽赃证据的案件有很多，本庭有理由得出结论，该警察局理应知晓枪支追踪特别工作组前成员的不当行为，"雪莉·M.沃茨法官代表法庭写道，"最终要为警员们的不当行为负责的是雇用和监督他们的政府机构，也就是市政府和市警察局。"

2019年初夏，就在格拉德斯通认罪后不久，瑞安·吉恩在家里接受了我的采访。他的家位于巴尔的摩市东北区的市县交界处外。他坐在客厅里，穿着运动长裤、运动鞋和一件连帽运动衫，准备在奈飞上观看《广告狂人》，一只温顺的老斗牛犬在沙发上睡觉。

餐厅里放着一个箱子，里面放着他从警察局拿回来的东西。

"去他们的，"吉恩在谈到巴尔的摩市警察局时说，"我不干了。"

吉恩被联邦调查局要求在联邦大陪审团面前就格拉德斯通的气枪一事做证——与伯利案一样，吉恩也在现场。与伯利案一样，吉恩仍然坚持说他不知道有任何违法行为，但可以告诉大陪审团，谁在那里，都做了些什么。

然而，在格拉德斯通被起诉后，哈里森局长停职了一批警员，吉恩便是其中之一。那些曾与腐败警员共事的人再次受到怀疑。吉恩在伯利案后也曾被停职，但那次停职的时间很短——联邦调查局向时任警察局局长的戴维斯保证，吉恩没有做错任何事——他很快恢复了职务。此后，媒体披露，吉恩举报了贡多和拉亚姆，还在枪支追踪特别工作组案调查初期为联邦调查局提供了帮助。他的一名前主管提名他接受警察局最高荣誉——荣誉勋章。

而这次，新任局长不仅再次将吉恩停职，还告诉他，他将被从警校调到青少年拘留中心——这是一份不受欢迎的工作，有问题的警员通常会被调到这里。在被停职几个月后，同时也是最初的逮捕发生两年多，枪支追踪特别工作组案宣判一年多后，吉恩受到内务部的指控，罪名是将对贡多的调查"泄露"给詹金斯。

吉恩听说该指控后的第一反应是："这是在开玩笑吧。"

吉恩和詹金斯谈论过贡多，但当时詹金斯没有受到刑事调查，也没有和贡多共事。吉恩说，詹金斯一直在说贡多手脚不干净，他本以为詹金斯可能会向联邦调查局提供更多关于贡多的信息。

他一向不喜欢贡多和拉亚姆。他也不太喜欢詹金斯，但主要是因为觉得被他辜负了。

"我信任他，"吉恩说，"许多人都信任他。许多人尊重韦恩，包括我在内。我可以花一整天说他做过的错事，基本上都是执法方式方面的。但在这一天结束时，我们都会认为他只是一个行事风格非常激进的'超级警察'。他总把自己扮成那个样子。每个人都喜欢韦恩。

"人们可以说，他们早就知道他手脚不干净，但这纯粹是胡说八道。没有人觉得韦恩是腐败的警察。这么说的人都是骗子。他确实经常走捷径，但哪名警察不这么做呢？让我看看哪名警察在调查过程中能做到从头到尾全按规矩来。在那样的压力下，我们还能做事吗？"

吉恩不仅在不同时期与詹金斯、贡多和拉亚姆共事过，还与多年来被指控有不当行为的许多其他警察一起工作过。"你真的能在那样的环境下工作，既看不到，也听不到任何不道德的行为吗？"

"他们没有当着我的面偷东西，"他坚称，"他们没有这么笨。他们不信任我。"

"我知道我没有做错任何事，"他继续说，"我不顾生命危险去做证，提供了关于这些人的信息。我没有必要这么做。我本来可以像其他知道贡多和拉亚姆不干净的警察一样闭上嘴。我站了出来。我做了我应该做的事。"

吉恩没有接受去青少年拘留中心的新工作。他因为经常出现严重的焦虑和抑郁症状而申请休病假，试图不完全依靠药物。吉恩开始在笔记本上记下自己的梦，这是医生的建议。他复述了最近做的一个梦。他待在新泽西的父母家，他和家人一起住在那里。他听到孩子们的哭声和尖叫声，于是朝着声音传来的方向跑去。他来到地下室，在那里看到了一扇由他的父亲制作的大松木门。他打开门，看到两个身穿连帽衫的人。他的孩子们躺在地上，穿连帽衫的人转过身来，是贡多和拉亚姆。吉恩伸手掏枪，但摸不到枪。

他惊醒过来，马上去看他的儿子们。此后，他再也不让孩子们坐在靠近前窗的沙发上，而且除非有他陪着，否则也不让他们出去。

吉恩在找机会离开执法部门。不久后，他觉得自己可以去纽约州，在岳父的公司做保险理赔工作。他参加了考试，并取得了优异成绩。他想离开巴尔的摩，越远越好，不过300英里也已足够。

2019年秋，一个周六的黄昏，奥马尔·伯利正驾车沿着巴尔的摩西区的一条林荫道行驶，一辆亮着警灯的巡逻车从后方驶来，让他停车。伯利十分惊慌，但知道不能逃跑。他立即停车，环顾四周，看看有没有目击者。他想知道这名警员是不是詹金斯的朋友。当这名警员走到车旁时，伯利对着窗外挥了挥自己的驾驶执照。

"你还好吗，先生？"警员问道，他的随身摄像机拍下了这次相遇。

"不，我对警察有意见，"伯利说，"我的名字是奥马尔·伯利，就是那个被（韦恩·）詹金斯栽赃毒品的人。所以，我和警察有过节。所以，我希望这件事能快点过去。"

这名警员说伯利的刹车灯坏了。伯利曾因刹车灯的问题被拦下，州警察还为此发了拖车令。警员说，这辆车被扣押了，并要求伯利交出钥匙。伯利拿出手机，给律师打电话。

"我不相信你们，"伯利告诉警察，"我不相信你们。"

这是他有车以后，市警察第六次拦下他。

"我成了众矢之的，"伯利说，"看起来他们想让我走投无路，这样一来，我最后只能回到街头。"

随着伯利起诉巴尔的摩市警察局的案件开庭，他被告知，由于创伤后应激障碍，他无法工作。即使工作了，他赚的钱也将用于支付2014年的百万美元民事判决。最后，2020年11月，代理伯利和布伦特·马修斯（詹金斯拦下伯利时，马修斯和伯利一起在车上）的律师与市政府达成了一项历史性的和解协议，赔偿金额为800万美元，多于弗雷迪·格雷的家人获得的赔偿金。但伯利在和解协议正式生效的那天并没有感到庆幸。"在这件事里，唯一的好消息是我还活着。"他说。

詹姆斯·科斯托普利斯仍在警察局工作。2019年底，他被分配到重建的便衣警察组——宾夕法尼亚大道特别工作组，穿着运动鞋、深蓝色迷彩裤和连帽运动衫在街头工作。科斯托普利斯正在调查一起毒品案，已经花了六个月，使用了（合法的）全球定位系统追踪器和其他监控手段。

"我希望一旦我们解决了这起案件，一切都会结束。这个街区将被封闭，"他说，"至少封闭一段时间。这将制造一个真空，其他人会试图填补进来。希望我们能阻止它，不让这种事发生。"

一个周二，天下着雨，他和搭档乔舒亚·鲁岑带着逮捕令，在这一带寻找犯罪嫌疑人。他们开始执勤时，上司不会让他们列队点名，不会重申规定和规则，也不会告诉他们，他们可能因为自己的行为而被问责。但他们的上司说，他们知道该怎么做。鲁岑因为超强的记忆力被称为"雨人"，他能记住人们的名字和长相。他把头探出他们的福特运动型多用途车，在列克星敦市场附近一个拥挤的地方寻找目标人物。他看到那人正站在一家街角商店外，于是下车走到那人面前。那人没有反抗，顺从地被押进了一辆装有后置摄像机的警车——这个技术装备是在弗雷迪·格雷死后采用的。

在工作期间，两名警员反复查看自己的手机。他们已经申请晋升为警司，而且有消息说当天会公布晋升名单。

"我什么都没收到。"科斯托普利斯说。

"我觉得这是好事，"鲁岑说，"你只有在没上榜的情况下才会收到电子邮件。"

科斯托普利斯曾在 2015 年离开巴尔的摩市警察局，后来在 2016 年回归。但在枪支追踪特别工作组的案件中出庭做证后，他再次考虑离开。"我就是为了这个回来的吗？为了这堆烂摊子？"他记得自己在联邦法院焦急等待时这样想过,他等了两天才出庭做证。

但从那以后,他下定了决心。现在人们会在给警校学员开设的伦理课上讲述他的故事。

"我离开了,青草不会更绿。这里有许多机会,能做许多好事。许多人需要帮助。"科斯托普利斯说。

"我属于这里。"

特别探员埃丽卡·詹森离开了巴尔的摩办事处,调到联邦调查局总部接受新的任命。她抱怨说,她一直无法监听詹金斯的电话。在调查中,他们得知詹金斯的线人参与了抢劫并提供了虚假陈述,但她说仅凭这些还不足以监听他的电话。直到詹金斯被起诉,案件被广泛报道后,他们才知道詹金斯的所作所为到底有多疯狂。联邦调查局在詹金斯被捕后搜查了他的家,但一无所获。调查人员认为,无论是听到了风声,还是良心发现,詹金斯似乎已经预料到了自己的结局。即便如此,他也仍然在谋划更多的犯罪。

"有时候回过头来想想,我很好奇他是不是已经知道自己即将(被逮捕),列车即将脱轨,而他根本控制不住自己。"詹森说

那么,那些钱呢?除了抢劫和贩卖毒品得来的钱,詹金斯通过工资、加班费和骗取的加班费,一年有17万美元的收入。虽然他确实装修了自己的住宅,买了一些廉价的房屋用于出租,但詹金斯从未搬离他与高中女友在2005年购买的面积不大的牧场式住宅。一名警员告诉联邦调查局,詹金斯说他在某个地方埋了20万美元,正在攒50万美元。这些钱目前还没有找到。"我们已经做了调查,试图找到(钱),"詹森说,"我不想扮演心理学家的角色,但我觉得他控制不住

自己的冲动。他是不是一拿到钱，马上就花了？"

260   虽然记者和电影制片人纷纷伸出橄榄枝，但韦恩·詹金斯在服刑前三年里一直没有接受采访。他最初被关押在亚利桑那州的一所监狱，在2018年底被转移到南卡罗来纳州中等安全级别的埃奇菲尔德联邦惩教所。

2020年1月，我的桌子上出现了一个牛皮纸信封，里面有一沓文件和一张光盘。文件第一页的说明是用监狱打字机打的，上面写着"专递"两个字，收件人写着"美国公民和外国媒体"。

"请花一点时间听听我要说什么，这很有意义。"开篇这样写道。

詹金斯为了让自己的话听起来像法律术语，故意用了生硬难懂的语言。他把重点放在不久前对他提起的一起民事诉讼，该诉讼最终被驳回。原告安德烈·克劳德参加了2018年伊万·贝茨举行的新闻发布会，参加那场发布会的都是自称是枪支追踪特别工作组案受害者的人。克劳德告诉记者，他曾因违反安全带规定被詹金斯拦下。警察搜查了他的车，发现了一把枪。他说，他们后来去了他家，偷走了一万美元。在被关押期间，他三岁的儿子过世了。他的故事是一个尤其令人痛心的例子，说明了警察造成的伤害。克劳德在起诉时说枪是被栽赃的。但在庭审过程中，詹金斯委托的律师找到了警察拦截盘查时用随身摄像机拍下的录像，该录像清楚地显示了警察是如何发现被扔在车下的枪的。在录像中，克劳德承认枪是自己的，并向警员解释了他是如何得到枪的。

联邦有组织敲诈勒索罪的指控并不包括克劳德的案件，他关于枪是被栽赃的谎言是在事后提出的，是在警察遭受攻击时提出的。你很难责怪一些被捕者在警察说了那么多年谎之后试图报复。

但詹金斯抓住了克劳德被驳回的诉讼,想利用这个机会挽回自己的声誉。詹金斯说,随身摄像机的录像显示,提出指控的人在撒谎,而他一直在勤勤恳恳、诚实地执法。

赫斯勒、泰勒和阿勒斯仍然主张针对他们的案件是捏造的。赫斯勒甚至在一封从密苏里州监狱寄出的信中写道,他发现自己"处于和电影《冲突》的主人公一样的位置上,成了一个与坏警察共事的好警察"。

"作为一线警员,韦恩·厄尔·詹金斯从未在遭扣押的人身上——或其他地方——栽赃毒品、枪支,也没有偷窃金钱。"詹金斯在信中写道。他说,因为唐纳德·斯特普的证词,他将自己的案件提交审判的希望破灭了,而怀斯和海因斯不仅"不断骚扰"他,还"恐吓共同被告和证人,指使其编造谎言,说他们想要的东西来确保定罪(原文如此)或使他们的案件成立。这就是为什么我、赫斯勒警探和泰勒警探直到宣判时仍然没有达成合作协议,而且刑期特别长。因为我们拒绝诬陷其他人"。詹金斯的妻子转发了这封信和随身摄像机的录像。她说如果我公布这些材料,詹金斯将接受采访,而我本来就打算公布它们。不过,我尝试继续跟进,但并不成功。

我通过监狱的电子邮件系统向莫里斯·沃德转述了詹金斯的话。"哦,韦恩还在玩他的老把戏(大笑的表情)。"他回复道。

韦恩·詹金斯将于2039年1月出狱。

尾 声

2015年春，当弗雷迪·格雷之死引发的骚乱达到高潮时，我正身处骚乱中心宾夕法尼亚大道和北大道。身为记者，直觉告诉我，我必须去那里，但我不确定那里是否安全。这样的担忧多次得到证实。当我一开始试图沿街往南走时，一名警察告诉我，为了我的安全，他不能让我通过。省省吧，我说。我要去那里，故事就在那里。他说："那么，你不能从这条路过去。"我沿着一条小路往西走，看到一辆载着一家人的面包车停在路边，车里的一个女人警告我不要再往前走。她说："他们会杀了你！"我继续往前走，转过北大道的拐角，看到现场一片混乱。到处都是人，一辆车起火了，一辆警车被毁。我走近十字路口，那里的一家西维斯药店正在被洗劫。我紧靠一栋排屋，希望尽可能不被人注意。

就在这时，一个身高约两米的男人走到我面前，一把搂住了我的肩膀。在这样的环境下，我觉得这个举动并不友好。我的第一反应是，我成了一只待宰羔羊，他随时可以用搭在我肩膀上的胳膊勒住我的脖子，抢劫我。如果他有这样的打算，我只能听之任之，于是我努力保持冷静。

我告诉他,我是记者,他说他要保护我。他说:"如果我说你是和我一起的,他们就不会对你出手。我们需要你安然无恙,这样你就能告诉世人今天这里到底发生了什么。"他把我带到西北大道的一栋排屋前,从那里可以看到正在发生的一切。门是开着的,几个人站在门外,一些人戴着蓝色头巾。他说他们是瘸帮的。我和他们站在一起,看着混乱的场面,包括一个年轻人打开一辆被遗弃的警用巡逻车的后备箱,拿走里面的东西。

深入混乱的现场似乎非常有吸引力。虽然瘸帮的人说,只要和他们在一起,我就安全无虞,但我还是在对他们表示谢意后离开了。我没走出多远,便听到有人跑到我身后说:"踢走种族歧视[1]。"他用连帽衫遮住脸,让我交出手机。他掏出一罐胡椒喷雾,我赶紧转身离开,后脑勺被喷中。

我走到排屋附近,那里相对安全,我可以继续观察。我一度待在一家有着真人秀《创智赢家》风格的大门的店铺里,老板把我们锁在里面。我花了几个小时观察这场始于蒙道明购物中心的事件,我有篇报道要写。随后,我告诉那个高个子男人,我要走了,并感谢他照顾我。他执意要送我离开,我们走的是我来时的那条路——这条街的名字恰巧是"撤退街"。我再次担心起来,只要他想,他仍然有机会打劫我。但他只是跟我说了声再见。

"等等,"我说,"你叫什么?我怎么才能联系上你?"

---

1 原文是 Kick it Out,这是源自英格兰足球超级联赛的一项运动,旨在减少足球比赛、学校和社区中的歧视行为,尤其是种族歧视行为。该运动的口号为"让我们踢走足球中的种族主义"。

我在笔记本上潦草地写下"查尔斯·谢利"和一个电话号码。

接下来的几个月,巴尔的摩仍是一片混乱:持续不断的骚乱、对警员们提起的诉讼,以及猖獗的暴力活动。在2015年4月的一连串事件发生时,我的妻子已经怀有八个月的身孕。一个月后,她生下了我们的第一个孩子。在学习如何为人父的同时,我继续记录对警员们的审判和街头暴力。

虽然我经常想要联系查尔斯,但大概过了几年,我才翻出那天的笔记本,决定试着联系他。我按照当天记下的电话号码给他打电话,但无人接听。我想起了骚乱中的一个出现在全国性媒体头版的报道,说巴尔的摩市的帮派同意休战。查尔斯是这篇报道中的重要人物。在一张照片中,他穿着芝加哥公牛队的球衣,脖子上围着黄色头巾,搂着一个男人,那个人被确认是血帮的人。查尔斯驳斥了警方在骚乱当天,格雷的葬礼举行前数小时发布的报告,该报告称黑帮正打算联手袭击警察。

"这是假的,绝对是假的,"查尔斯说,"如果是这样的话,我们今天为什么不这么做?我们今天是站在他们一边的。"

我想知道查尔斯到底是什么人。

骚乱发生一个月后,警方和美国缉毒局突击搜查了为我提供庇护的那栋房子。该帮派的头目被指控持有枪支和毒品,案件由联邦法庭审理。美国缉毒局声称该帮派煽动人们抢劫药店,但从未在法庭上提出这一指控。

当我找到查尔斯并试图与他面对面交流时,他已经离开这座城市,搬到了佐治亚州。我一直没打通他的电话。

随着 2020 年春五周年纪念日的到来，我再次尝试联系查尔斯。此时查尔斯已经回到巴尔的摩，我们在他位于巴尔的摩东北区的家里见了面。

他迎我进了门，家里一片狼藉。除了他，还有其他几个人住在这里。灯是关着的。我们还没开始叙旧，查尔斯便告诉我，我们要去街角的一家外卖店，为家里的其他人买些吃的。当时正是新型冠状病毒流行的第一个月。他似乎认识店内外的所有人。当我后来问起巴尔的摩瘸帮的事时，他说："一秒前，你身边就有不少，不过你永远不会知道。"

查尔斯解释说，虽然当时他还没有完全意识到，但在骚乱发生时，他正站在人生的十字路口。他过去是，现在仍然是黑帮成员。他说："我不能某天早上起来宣布说，我不再是瘸帮的人了。没有这样的事。"不过，在骚乱开始时，他已经入读社区大学，并努力获得普通教育证书。他住在骚乱中心宾夕法尼亚大道和北大道以北的几个街区外。他说自己别无选择，只能加入战斗。他说帮派休战是真的，至少确实有人在促成休战。

查尔斯说，在那段时间里，他和其他帮派成员一起走上街头，向遇到的人宣传和平与团结。

如果说这看起来像在宣传帮派，查尔斯还驳斥了骚乱完全是由警察挑起的说法。他说，他亲耳听到年轻人在地铁上讨论"大清洗"——据说这是事发前在社交媒体上传播的一个骚乱计划。他说："这种事本来听听就好——他们还是孩子，他们在虚张声势，他们不打算对警察动手。结果呢，出事了。"

他坚称帮派休战是自然而然的，比表面上看起来的更加简单——那些早就认识但加入了敌对帮派的人，决定联系老熟人。"我们的看法是，我穿蓝衣服，你穿红衣服，但我们绝大多数是黑人。如果你从来没想过黑人团结，那么现在是时候想想了，"查尔斯解释说，"你现在有一个强大的敌人——如果还要防备身后的敌人，那就不能集中精力盯着眼前的敌人。"

查尔斯说，骚乱发生后，他见到了到访巴尔的摩的有影响力的领袖，如阿尔·沙普顿和杰西·杰克逊，以及来访的说唱歌手和其他名人。除了当地媒体，他还出现在全国性的电视节目上。他说，他不想利用这些关注来赚钱，也不想在这件事结束后为自己争取任何新的机会。但这一经历确实影响了他的想法。

"它让我知道，我可以做些大事……我可以找到一份工作，在小范围内做一些积极的事，至少对我自己的生活有益的事。从那时起，我不再卖毒品，也没有参与过任何帮派暴力，"他告诉我，"我一直在努力工作，付我的账单，努力提高我的信用，照顾我的孩子们。尽我所能，积极生活。"

我仍然想知道，那天他为什么要照顾我？当时我是个局外人，而他还要照顾他自己。

"当时每个人想干什么就干什么，"他说，"（坏事发生在你身上的）概率是百分之百。"

但我追问道，那又怎样？

"我关心人。我是好人。无论我卷入了怎样的烂摊子——我有点像一个悖论，"他说，"我可以揍你，可以狠狠地揍你。但我必须有一个理由。同时，我不会让一些事情发生在你身上。如果这种事真的发生了,我会觉得,我本来可以救那个人的。那是我人生的分水岭。我相信因果报应。这不一定是为了你。这是为了我自己。"

查尔斯以前做过合法的工作,但常常感到很压抑,不管是在办公室里工作,还是碰上任何让他感到不受尊重的事。在街头,他知道自己可以通过贩卖毒品轻松赚钱,但风险是不可避免的。"终于到头了。我不能再继续找借口了。每当事情变得太难的时候,我不能继续回到那里(街头)。因为如果我继续回到那里,到了我40岁的时候,我一觉醒来,会发现自己还在别人的角落里卖毒品,然后进监狱。我要做一些改变。"

他搬到佐治亚州并不是事先计划好的。他的父亲已经搬到那里,让他去那里一起住一个月。查尔斯丢掉了通过劳务中介公司找到的工作,于是决定接受父亲的提议。他喜欢这种变化。那里的空气更加清新。他找到了工作并决定留下来。他甚至拿到了隐蔽持枪证,还自豪地拿给我看。

"那是我一生中最幸福的时刻,"他说,"想想我做过的所有坏事——我正在改变。感觉社会正在慢慢接纳我。"

查尔斯说,骚乱是一再被逼到墙角的人发起的反击。我问他,警察如何对待他的社区的人。查尔斯一生中多次被捕,2011年还曾被后来加入枪支追踪特别工作组的丹尼尔·赫斯勒逮捕过一次。他说赫斯勒是个混蛋,但没有给他栽赃过毒品,也没有对他施暴。不过,其他警察对待他的方式同样糟糕,包括在公共场合脱衣搜身——司法部的公民权利报告提到了这种行为——以及在没有正当理由的情况下扣押他,目的是套取情报。

"他们想知道,为什么当警察——好警察——试图以正确的方式调查和执法时,社区没做任何回应,"他点燃一支烟,说道,"因为我们不信任他们。你们做了什么值得我们信任的事?"

"让我们实话实说,"他继续说道,"没有人愿意跟杀手做邻居。没有人愿意看到有人整天在他们的街上卖毒品,特别是像这样的地方——虽然这里的情况很糟糕,但这些人是这些房子的主人,他们不希望看到这些事。但他们不能打电话(叫警察)。警察不会帮你的。"

一直以来,最终聚集在枪支追踪特别工作组的警员在没有正当理由的情况下搜查人们,在没有搜查令的情况下编造借口进入他们的家,偷窃财物,并让毒品重新回到社区。有据可查的例子表明,警察会为了达到自己的目的,栽赃或侵占证据。人们往往甚至不想投诉,即便投诉,十有八九也无人理会。这当然是这些警察能够长期逍遥法外的主要原因,他们因此变得更加肆无忌惮。在警方高层恳求公民合作,许多警察致力于改善同社区的关系时,一些最精锐的警察却对贫困社区的黑人男子为所欲为,为任何想要利用贫困黑人的人提供了绝佳的机会。那些受过不公对待的人,那些听到他们的故事的亲戚、朋友和同事,以及那些从一开始就不信任警察的人,会更加敌视警察。巴尔的摩的黑人社区一方面遭到了过度执法,另一方面又面对着执法不足的困境。

269   格雷过世一周年之后的几周,佐治亚州一个名为阿莫德·阿尔贝里的男子被杀的视频在网上快速传播。阿尔贝里慢跑经过一个社区时,两名白人市民凑上前,说他们觉得阿尔贝里犯了罪,于是紧跟在他身后,并当街枪杀了他——这是现代的私刑。随后,明尼阿波利斯的警察杀害乔治·弗洛伊德的录像引发了全国的愤怒，这名警察在弗洛伊德的脖子上跪了超过八分钟，而弗洛伊德反复说："我无法呼吸。"本已渐渐平息的"黑人的命也是命"抗议活动再次袭来，这次参与的人数更多，形势更加紧张。几乎所有美国城市都发生了大规模抗议活动，明尼阿波利斯被烧毁，包括纽约、华盛顿、亚特兰大和旧金山在内的一些城市因抢劫而实行宵禁。

巴尔的摩并不在此列。

在当地抗议活动的头三天晚上，人们很紧张——巴尔的摩经历过这样的事，许多人觉得五年后不会有什么变化。在那些相信"没有正义，就没有和平"的人看来，再次发生骚乱是可以理解的，即便他们没有直截了当地煽动骚乱。但这次，人们在街头谈论的是上次的事件如何玷污了这座城市的名声，以及其他人付出了怎样的代价。

在由年轻人领导的市政厅抗议活动中，组织者要求聚集在一起的抗议者不要做任何可能引发警察激进反应的事，以免有人受伤。一名活动人士赶走了一个在游行中踢翻垃圾桶的男子。第二天晚上，每当有瓶子飞向身穿防暴装备的警察时，年轻的社区领导者就会分开人群，让扔瓶子的人停手。后来，有人向警察投掷烟花，其他抗议者将被怀疑是肇事者的人按倒在地。警察待在警戒线后，看着抗议人群自行维持秩序。信号已经十分清楚。在接下来的几周里，数千人参加了热情而和平的抗议活动，并组织起未来的游说活动。他们发誓这次要带来影响更为深远的变化。

在2018年的证词中，韦恩·詹金斯警司的毒品交易搭档唐纳德·斯特普说巴尔的摩的警察是"这座城市的主宰"。他是对的，因为一直以来，他们不仅大发其财，还在街头树立了权威。但他们曾经宣誓要履行的职责——获得人民的信任，保护人民的安全——并不是单靠警察的权力就能实现的。

看着民众再次走上街头——不过这次约束了那些企图使局势升级的人——我回想起那年春天早些时候查尔斯跟我说过的话。

"我们仍在管理这个烂摊子，"他说，"作为一名警察，你实际上只能做我们允许你做的事。我们——社区，甚至包括毒贩——我们在管理这座城市。"

致　谢

只有采访当事人，我才能讲述这个故事。我要特别感谢奥马尔·伯利、加里·蔡尔兹、杰里米·埃尔德里奇、瑞安·吉恩、詹姆斯·科斯托普利斯、安东尼奥·施罗普希尔和莫里斯·沃德与我分享他们的故事，也感谢联邦检察官办公室、联邦调查局巴尔的摩办事处和巴尔的摩市警察局允许我采访调查人员，包括联邦助理检察官德里克·海因斯和利奥·怀斯、联邦调查局探员埃丽卡·詹森和格雷格·多姆罗，以及巴尔的摩市警察局的约翰·西拉基警司，感谢他们付出的时间、提供的见解。我还要感谢哈福德县警察局的戴维·麦克杜格尔警士和巴尔的摩县警察局的斯科特·基尔帕特里克警司。

我要特别感谢迪安德烈·亚当斯、加里·布朗、塞里涅·盖耶、马利克·麦卡菲和德米特里克·西蒙，因为他们讲述了自己与警察的遭遇，以及他们的生活因此受到的影响。包括伊万·贝茨、乔舒亚·英斯利、德博拉·K.莱维、埃琳·墨菲和史蒂夫·西尔弗曼在内的许多巴尔的摩市的律师帮助我完成了这个故事。前高级警员凯文·戴维斯和安东尼·巴克斯代尔欣然接受了我的采访。我还想感谢罗伯特·F.彻利一直以来为我提供的深刻见解。

最后，我要感谢查尔斯·谢利，感谢他在2015年4月对我和其他人的关照，感谢他在五年后愿意坐下来谈论此事。

正如我将在注释部分讨论的，这些年来我还采访了其他几十个人，但没有提到他们的名字。这或者是因为本书没有使用他们提供的信息，或者是因为他们的信息融入了文中某些主题或事件的背景当中。还有一些冒险发声的人要求匿名。虽然我无法在致谢部分写出他们的名字，但我感谢他们付出的时间和提供的洞见。

大卫·西蒙对我的帮助很大。他在枪支追踪特别工作组庭审期间建议我写一本书，并为我联系了他的文学经纪人雷夫·萨加林，萨加林和他的助手布兰登·科沃德一起指导了我的写作。大卫的非虚构写作为全国的警务记者，特别是《巴尔的摩太阳报》的记者定下了一个难以企及的标准，我有幸在这些年里待在他身边。在我接受这种新形式写作的挑战时，雷夫和布兰登对我很有耐心，并为这个写作项目找到了出版社。

我非常感谢兰登书屋的安迪·沃德。他决定接手该项目，并和玛丽·潘托扬一起编辑书稿并指导我的写作。安迪看到这个写作计划后，抽出时间与我见面，甚至在他升任公司的新职位后也一直参与编辑工作。他和玛丽都是细心的编辑，改变了我日常写作新闻报道时的习惯。

没有彼得·格里芬，本书可能无法顺利出版。在最紧张的六个月写作期及其后，彼得作为"编辑前的编辑"，给了我很大的帮助。

威尔·希尔顿和汤姆·弗伦奇在我撰写提纲的过程中为我提供了重要的指导和支持。威尔是我的良师益友，而汤姆则在我感到迷茫时同意花费大量精力修改我的提纲。亚历克·迈克吉利斯和 D. 沃特金斯提供了进一步的建议，我对此也表示感谢。

我要感谢我在《巴尔的摩太阳报》的家人们——不管是过去，还是现在——我于 2005 年受雇于该报，2008 年被安排到警务版工作，这使我能够报道本书涵盖的大多数时间里发生的事件。感谢这些年来我在报道犯罪方面的伙伴，特别是彼得·赫尔曼、格斯·森特门特斯、梅利莎·哈里斯、贾斯廷·乔治、伊恩·邓肯、凯文·雷特、杰茜卡·安德森和蒂姆·普鲁登特。本书对 2015 年骚乱的叙述完全是团队工作的例证，本书借鉴了他们的成果。那些尚未被提及的人包括但当然不限于卢克·布罗德沃特、科林·坎贝尔、梅雷迪斯·科恩、斯科特·丹斯、道格、多诺万、埃里卡、格林、琼·马韦利亚、马克·普恩特、凯瑟琳·伦茨、丹·罗德里克斯和伊冯娜·温格，以及包括特里夫·阿拉察斯、艾琳·坎齐安、萨姆·戴维斯、卡拉尼·戈登、理查德·马丁、劳拉·史密瑟曼和肖恩·威尔士在内的《巴尔的摩太阳报》编辑主管们。还有很多人，包括伟大的摄影师、文字编辑和设计师，他们是新闻工作中不可或缺的人。我还要感谢与我并肩报道这些事件的其他许多记者，特别是朱丽叶·林德曼和已停刊的《巴尔的摩城市报》的工作人员，后者在我市历史上的一个关键时刻被压制了声音。

特别要提到的是戴安娜·萨格，她近年来帮助指导了我许多的重要写作计划，并慷慨地为我和其他许多人提供了支持。

我还要感谢论坛报出版集团的律师迈克·伯克，他帮助我为该写作计划扫清了障碍。

我感谢那些支持本地新闻工作的读者，感谢那些具有批判思维，对我提出富有建设性的批评意见，使我不敢松懈的读者，还有那些让我进入他们的世界，为我讲述这些年所发生的故事的人。

感谢珍妮弗和夏洛特在我为这个写作计划辛勤工作的夜晚和周末给予的耐心和支持，并基本上容忍了我这些年来对自己的要求，因为我想尽可能做好这份工作。我还要感谢我的父母——他们订阅了两份报纸，在我周末睡过头时会为我送来报纸，后来还支持我的职业规划，以及我的兄弟们和我们大家庭的其他家人。

安息吧，肖恩和凯文·坎纳迪、肯德尔·芬威克、弗雷迪·格雷、格雷戈里·哈丁、沃尔特·普赖斯和肖恩·苏特。

注　释

（说明：注释中所涉及页码均系英文原著页码，在中文版中以边码标注。）

这是一本关于多年来的掩盖和谎言的书，所以我尽可能在文中引用材料出处。在注释部分，我会注明那些可以追溯到某段特定的对话、某个文件或事件的信息片段。我为写作本书采访了两百多人，这还不包括我为《巴尔的摩太阳报》撰稿时采访的人。只要得到许可，我就会在采访时录音。但有些采访对象要求匿名，这或者是因为他们没有被授权发言，或者是因为他们想坦率地谈论某些敏感话题。有些采访对象多次接受我的采访，时间长达数小时；另一些人则主要是谈论某个特定的事实或某件事的某个方面。

我至少看过数千份与这些警员相关的法庭记录和内部记录。对丹尼尔·赫斯勒和马库斯·泰勒的审判，以及对安东尼奥·施罗普希尔和其他被指控参与他的麻醉品共谋案的人的审判，构成了这个故事的核心。此外还有几十起涉及这些警员或他们的目标的审判，我观看了法庭录像或阅读了庭审记录，但基本没有将其纳入本书。这些案件既包括被这些警员逮捕过的人的案件，也包括被指控有不当行为的其他警员的案件——它们发生在枪支追踪特别工作组的案件之前，而且与

277

其无关。

通过申请公开记录，我获得了枪支追踪特别工作组的警员们用随身摄像机拍下的录像，以及韦恩·詹金斯的电子邮件（托马斯·阿勒斯的电子邮件的价值仅次于詹金斯的电子邮件），并得到了重要的启发。巴尔的摩县警察局提供了数百页与他们调查唐纳德·斯特普相关的材料，而马里兰州保险管理局也提供了数百页关于斯特普的资料。

虽然本案和其他案件披露了部分警察的不当行为，但根据马里兰州法律的规定，与警察不当行为相关的记录仍然属于秘密。不过人们一直在推动修订法律，以使这些记录变得更加透明。本书所披露的内务部和人事部报告的信息是通过线人获得的，他们冒着风险提供了这些信息，我感谢他们的努力。

我引用了司法部 2017 年发布的关于巴尔的摩市警察局的报告，此外还参考了另一项关于巴尔的摩市警察局的研究，即无边界联盟于 2016 年 3 月发布的《人民对巴尔的摩西区警察不当行为的调查报告》。

第一章 "敲门人"

页 3　几个月前，伯利：2019 年 10 月 7 日，对奥马尔·伯利的采访。

页 4　一个便衣警察小队的成员：2018 年 6 月 24 日，对瑞安·吉恩的采访。

页 4　"我们走"：同上。

页 5　"维京人"：2018 年 8 月 14 日，对凯文·戴维斯的采访。

页 5　经常会得到……名字：2019 年 6 月 24 日，对瑞安·吉恩的采访。

页 6　"嘿，肖恩"：警方的无线电通话录音。

页6 追逐过程持续了不到一分钟：伯利的车在车祸前驾驶了不到 0.8 英里。

页6 "你为什么要跑?"：2019 年 10 月 7 日，对奥马尔·伯利的采访。

页7 吉恩抓住那名乘客：2018 年 6 月 24 日，对瑞安·吉恩的采访。

页7 "东西在车里"：2017 年，美国诉詹金斯案的起诉书。

页7 这对夫妇被……送到市中心：2018 年 6 月 24 日，对瑞安·吉恩的采访。

页7 他对监狱生活并不陌生：2019 年 10 月 7 日，对奥马尔·伯利的采访。

页7 2007 年：美国诉伯利案的法庭卷宗。

页8 但伯利……发誓说：2019 年 4 月 29 日，对詹姆斯·约翰斯顿的采访。约翰斯顿是伯利的律师，为他代理由州检察官发起诉讼的案件。后来为伯利处理联邦案件的托马斯·克罗律师也记下了类似的话，下文会引用他的答辩状。

页8 吉恩后来说：2020 年 2 月 18 日，对瑞安·吉恩的采访。

页9 "如果这起案件开庭"：美国诉詹金斯案的起诉书。

第二章 不惜一切代价

页10 "毫无疑问"：Donald Kimelman, "Baltimore Mayor Charms City with Unusual Style," *Knight-Ridder*, August 22, 1979。

页11 突然进入公众视野：Peter Jensen, "Killer of Two Men, Their Pregnant Wives Gets Life, No Parole," *Baltimore Sun*, December 16, 1989。

页 11　他的父亲劳埃德·"李"·詹金斯：马修·詹金斯给凯瑟琳·C. 布莱克法官的信，递交时间是 2018 年 5 月 24 日。

页 11　韦恩不仅是最小的孩子：同上。

页 11　"韦恩天不怕，地不怕"：2019 年，对安迪·亚诺维奇的采访。

页 12　詹金斯进入东部技术高中：东部技术高中 1998 年年鉴。

页 12　"鲁迪"：劳埃德·李·詹金斯二世给布莱克法官的信。

页 12　橄榄球教练尼克·阿米尼奥：2019 年，对尼克·阿米尼奥的采访。

页 12　几个月后：美国海军入伍信息。

页 12　他结识了巴尔的摩同乡：2020 年 2 月 15 日，对帕特里克·阿梅塔的采访。

页 13　2000 年，詹金斯晋升为：美国海军。

页 13　"……最完美的人"：托德·A. 布朗士官长给布莱克法官的信。

页 13　詹金斯最关心的：2020 年 2 月 15 日，对阿梅塔的采访。

页 13　"这是我的社区"：鲍里斯区志愿消防局前主任埃里克·鲍姆加特给布莱克法官的信。鲍姆加特接着写道："那天晚上，我派韦恩救援了十几次，挽救了无数生命。如果没有他，我不知道那些被他救下的家庭会怎么样。"

页 13　拒绝了詹金斯：詹金斯的人事档案。

页 14　他的从军经验和坚韧不拔的精神：2019 年春，对詹金斯的警校同学贾森·拉塞尔、丹·霍根和吉利恩·惠特菲尔德的采访。

页 14　"毒品泛滥成灾"：David Simon, "In Police Front Lines,

Sense of Duty Falters," *Baltimore Sun*, February 8, 1994。

页 14 "破窗理论": James Q. Wilson and George L. Kelling, "Broken Windows: The Police and Neighborhood Safety," *Atlantic Monthly*, March 1982, 29-36, 38。

页 14 20 世纪 90 年代末，巴尔的摩市警察局局长：Peter Hermann, "Police to Begin Ticketing in Oct.," *Baltimore Sun*, September 18, 1996。

页 15 "我们是警察"：Peter Hermann, "Wanted: Less Social Work, More Law Enforcement; 'I'd Like for Us to Be the Police Again,' Says Commissioner," *Baltimore Sun*, April 20, 2000。

页 15 黑人政治领袖……的担忧：Ivan Penn, "Black Officials Raise Zero-Tolerance Fears," *Baltimore Sun*, December 21, 1999。

页 15 最终……长达 152 页的报告：Van Smith, "Believe It…Or Not," *Baltimore City Paper*, August 27, 2003。

页 15 戴维斯愤怒地指责……警员们的宣誓书中：Gail Gibson, "U.S. Judge Rebukes City Police After Rejecting Evidence," *Baltimore Sun*, March 10, 2003。

页 16 警校时期的班长霍根：2019 年，对丹·霍根的采访。

页 17 "记下违法行为！"：Del Quentin Wilber, "Police Commissioner Begins Plan to Drive Drug Gangs off Streets," *Baltimore Sun*, May 12, 2003。

页 18 制作者希望传递的信息：Ethan Brown, *Snitch: Informants, Cooperators and the Corruption of Justice* (New York: Public Affairs, 2007), 172。

页 18 在法庭上，金做证说：Matthew Dolan, "City Detective

Speaks Out at Corruption Trial," *Baltimore Sun*, March 28, 2006。

页19　市政府官员将此案视为：当时另一起被当作风向标的案件，涉及西南区警察局的特别执法小组。其成员在一系列诉讼中被指控做出的一些不当行为，同十年后枪支追踪特别工作组被起诉的罪名非常相似，比如，不当拦截盘查、在没有搜查令的情况下进屋、偷钱。原告的律师在一份存档文件中写道，州助理检察官托尼·焦亚告诉他们，特别执法小组的一名警员同意合作，条件是他能够作为拥有"良好声誉"的警察继续执法。焦亚告诉律师们，这名警员愿意做证，提供该小组的其他成员"伪造起诉书、说谎和盗窃"等不当行为的细节。没有一个人受到刑事指控。威廉·哈里斯警司被列入时任首席检察官帕特里夏·C. 杰萨米的"禁止出庭"名单，但该名单后来在2010年被她的继任者格雷格·伯恩斯坦废除，玛丽莲·莫斯比也没有恢复该名单。哈里斯近年来在特殊武器与战术部队工作。他凭借着加班费，成为该市收入最高的政府雇员之一。

页19　这一年，一名男子：Gus G. Sentementes, "O'Malley, Hamm Hear Criticism of Arrest Policies," *Baltimore Sun*, January 5, 2006。

页19　前警员埃里克·科瓦尔奇克：Eric Kowalczyk, *The Politics of Crisis: An Insider's Prescription to Prevent Public Policy Disasters* (Oceanside, CA: Indie Books International, 2019), 24−25。

页20　一个周六的晚上：2008年，奥康纳诉弗里斯等案的证词。

页21　"整件事毫无缘由"：2019年，对查尔斯·李的采访。

页22　"他们对待这些人像对待动物一样"：2018年，对迈克尔·皮尔韦的采访。

页22　这件事后离开……的奇雷洛：2018年12月，对罗伯特·奇雷洛的采访。

页23 当弗里斯升职加入：2010年，乔治·斯尼德诉迈克尔·弗里斯等案，迈克尔·弗里斯的证词。

页23 2005年底：州不动产记录。

第三章 持枪恶徒

页25 最终……警察局与这两个组织达成和解：虽然比勒菲尔德立即开始放松零容忍策略，但美国公民自由联盟和全美有色人种协进会于2006年提起了诉讼（全美有色人种协进会马里兰州分会等诉巴尔的摩市警察局等），直到2010年6月零容忍策略才被正式废除。

页25 巴克斯代尔认为，严厉的执法是必要的：2018年4月23日，对安东尼·巴克斯代尔的采访。

页26 "我们承受着巨大的压力"：2019年5月20日，对约翰·斯金纳的采访。

页27 "我不想要2 900个穿着警服的稻草人"：Annie Linskey, "From the Sidewalk Up," *Baltimore Sun*, May 18, 2008。

页27 虽然现在其他城市也有这样的名单：2020年6月6日，帕特里夏·C.杰萨米通过电子邮件发表的声明。

页27 另一个标志性项目：这个组最开始的名字是"枪支追溯特别工作组"（Gun Tracing Task Force），几年后最终变成了"枪支追踪特别工作组"（Gun Trace Task Force）。

页27 瑞安·吉恩警探是第一批成员之一：2019年3月18日，对瑞安·吉恩的采访。

页28 这个特别工作组的任务：巴尔的摩市警察局2007年的年

度报告这样描述该组的任务,"特别工作组的调查会非常深入和耗时,为了准备起诉,他们可能要分析大量数据,并经常在街头监视。特别工作组的调查手段包括：找出警方没收的犯罪嫌疑人的武器最初的买家,确定从最初购买到警方没收之间经过的时间,调查最初的买家和犯罪嫌疑人之间的关系,审查枪店的销售记录以确认已定罪的重罪犯是否曾尝试购买枪支弹药"。

页 28　该组成立后的第一年：Baltimore Police, "Annual Report, 2008," 41。

页 28　他们抓到一个……枪贩后：Stephen Janis, "Mayors Vow Action on Illegal Firearms," *Baltimore Examiner*, February 14, 2008。

页 28　作为证人出庭的詹金斯被问及：2011 年 3 月 24 日,特洛伊·史密斯等诉诺尔林等案,韦恩·詹金斯的证词。

页 29　"查获 41 千克可卡因"：Ben Nuckols, "Baltimore Police Make Largest-Ever Drug Seizure," Associated Press, February 21, 2009。

页 29　一名警员回忆说：2018 年,对一名要求匿名的警员的采访。

页 29　另一个人这样回忆詹金斯：2018 年,对另一名要求匿名的警员的采访。

页 29　不过,也有人持怀疑态度：2020 年,对第三名要求匿名的警员的采访。

页 30　业余时间：来自詹金斯的综合格斗教练詹姆斯·盖伊的网站,该网站已停止更新。

页 30　一个细雨霏霏的下午：2010 年,美国诉米基·奥克利案,罗德尼·贝勒的证词。

页32 当酒吧案被提交给一个民事陪审团：2011年1月23日，安东尼奥·李被枪杀，地点是巴尔的摩东区。一辆面包车停在他的车旁，面包车上的人朝他开枪。民事审判始于2011年3月22日。

页32 为詹金斯和他的同事辩护的律师：警员们的辩护律师是迈克尔·马歇尔。

页33 伍兹慷慨激昂地反驳：2011年3月30日，埃里克·史密斯等诉巴尔的摩市警察局等案，庭审中播放的录像。

页33 "以后他们可以无法无天了"：Brendan Kearney, "Baltimore Jury Awards $1 to Bystander in Bar Bust," *Daily Record*, March 30, 2011。这句话是原告特洛伊·史密斯说的。陪审团团长詹姆斯·莫里森补充说道："我们只是觉得没有足够的证据给任何一名被告定罪。从根本上说，这些人在一个……正在突击搜查毒品的地方。"

页33 吉恩说，詹金斯拒绝：2018年6月24日，对瑞安·吉恩的采访。

页34 这个时期与詹金斯共事过的一名警探说：2019年，对第四名要求匿名的警员的采访。

页35 一件离奇的事：这件事被罗伯特·韦尔特警司记录在一份内部报告中，时间是2011年4月。

第四章 耳目

页36 韦恩·詹金斯晋升：韦恩·詹金斯的人事档案。

页37 詹姆斯·科斯托普利斯在当年早些时候加入：2019年5月8日，对詹姆斯·科斯托普利斯的采访。

页37 "来段即兴说唱对战"：2018年9月或10月，对莫里斯·沃德的采访。

页38　他坐在汽车前排：2020年4月28日，对詹姆斯·科斯托普利斯的采访。在2013年9月24日发生的这起严重车祸中，共有三人死亡，包括两名驾车逃逸者和一名无辜的行人。詹金斯被起诉后，有传言说，詹金斯参与了追逐——他很喜欢高速追逐——但是这个事实被掩盖了。根据过往的经验，在很多案例中，真相常常和当时的报道相抵牾。不过，我无法证实詹金斯是否参与了追逐，我只知道当另一名警司命令警员们停下时，他通过无线电询问情况。调度记录显示，一个名叫塔沙尼亚·布朗的警司命令警员们停止追逐。然后，詹金斯通过无线电询问警员们最后看见那辆车是在什么地方。一名警员转到另一个无线电频道，说出了追逐的地点，直到车祸发生。正如本章所述，科斯托普利斯说他当时和詹金斯在一起，他们在该市的另一个地方。他们开车去那里帮忙，然后听说发生了车祸。这场追逐的"时间不太长"。

页38　在情况没那么紧急的时候：2019年5月8日，对詹姆斯·科斯托普利斯的采访。

页38　升职两周后：2018年2月1日，美国诉赫斯勒等案，唐纳德·斯特普的证词。

页39　前巴尔的摩县警察局局长詹姆斯·约翰逊：2019年，对詹姆斯·约翰逊的采访。

页39　七年前：2004年2月2日，美国诉斯特普案减刑听证会记录。

页40　成为该机构最优秀的信贷员：2013年，丹尼斯·丹尼尔奇克写给马里兰州保险管理局的推荐信。

页40　由于要还房贷：2018年2月1日，美国诉赫斯勒等案，斯特普的证词。

页40　他在一个众包在线设计网站上：我找到了回复斯特普的人，那个人给我发了斯特普的短信。

页41　"我猜这里有一些女性主义者"：Tyler Waldman, "Racy Bail Bonds Sign Draws Ire," *Towson Patch*, November 15, 2011。

页41　在这封两页的信中：2003年1月21日，韦恩·詹金斯写给马里兰州保险管理局的推荐信。

页42　在特拉华公园赌场之旅结束几个月后：2018年2月1日，美国诉赫斯勒等案，斯特普的证词。

页43　但詹金斯又在玩火了：巴尔的摩县警察局的记录。

第五章　"别这么死板"

页44　2014年1月：2014年1月14日，雪莉·约翰逊等诉奥马尔·伯利案，庭审录像。

页44　他当时精神萎靡：2019年10月7日，对奥马尔·伯利的采访。

页47　随着谋杀案和枪击案：虽然削减了数百个职位，但巴尔的摩市警察局仍然是美国人数最多的警察局之一。在罗林斯-布莱克的任期内，巴尔的摩市警察局的预算大涨，从2011年的3.52亿美元增至2016年的4.76亿美元。但这些数字具有误导性，因为警察预算在一年内（2013财年）增加了7 000万美元，这其实只是会计核算方法的变化——养老金支出计入警察局预算。由于养老金的转移，警察预算中的"其他人事费用"从2012财政年度的4 600万美元上升到 2013 财政年度的 1.11 亿美元，而当年的工资支出实际上是下降的。实际支出并没有增加 7 000 万美元，因此长期数据具有误导性。

页 48　巴茨之所以离开奥克兰：Tasion Kwamilele, "Anthony Batts, the Exit Interview: In Oakland, the Police Department Is Seen as the Necessary Evil," *Oakland North*, November 7, 2011。

页 48　德米特里克·西蒙：2018 年，对德米特里克·西蒙的采访。

页 49　詹金斯联系了警察调度员：韦恩·詹金斯的调度记录。

页 49　"你干了什么？"：2019 年 3 月 18 日，对瑞安·吉恩的采访。

页 50　格拉德斯通当时正在……吃饭：基思·格拉德斯通的认罪协议。

页 50　"我都没看到它"：2014 年，本·弗里曼的内务部问询记录。

页 50　"我告诉我的当事人"：2018 年，对保罗·波兰斯基的采访。

页 50　但在随后长达数月的调查中：武器调查小组审查德米特里克·西蒙案的调查文件。

页 50　内务部的调查员：韦恩·詹金斯的人事档案。

页 51　当她追问弗里曼时：内务部调查摘要，日期为 2015 年 3 月 17 日。

页 51　普赖斯的律师说：2017 年，对布赖恩·莫布利的采访。

页 52　"当我看到录像时"：2017 年，对莫莉·韦布的采访。

页53 "我认为他把想说的都说了"：这是2017年末一个线人告诉我的。

页53 这两名警员……分别接受了问询：2015年，内务部文件，沃尔特·普赖斯的调查记录。

第六章 立场转变

页55 在一个电台节目中：2014年6月5日，玛丽莲·莫斯比在摩根州立大学广播电台马克·斯坦纳秀的访谈。

页56 "事实上"：2013年1月24日，格雷格·伯恩斯坦的新闻发布会。

页56 莫斯比公开称赞警察：2013年6月24日，玛丽莲·莫斯比的宣布参选演讲，参见 https://www.youtube.com/watch?v=iXu4-zZeXGM。

页57 在1998年的高中年鉴中：Mark Puente, "Mosby Says She Learned from Mistakes of Family Members in Law Enforcement," *Baltimore Sun*, July 15, 2015。

页58 詹金斯本人曾在2013年卷入：2013年9月4日，内务部对枪击事件的调查文件。

页58 目击者……提出异议：Justin George and Justin Fenton, "Man Killed in Police-Involved Shooting Is Identified," *Baltimore Sun*, September 5, 2013。

页59 与此同时，《巴尔的摩太阳报》：Mark Puente, "Undue Force," *Baltimore Sun*, September 28, 2014。普恩特的深度报道显示，自2011年以来，纳税人已经为此类和解支付了750万美元。他还写

319

了几名受害者的故事。值得一提的是,《马里兰每日记事报》的布伦丹·卡尼在2011年的一系列文章中记录了这件事对城市经济的冲击。他认为,从2004年7月到2011年初,该市至少支付了1 680万美元——一名官员说这个数字可能是"被严重低估的"。《巴尔的摩太阳报》发表于2006年的一篇文章说,该市仅在2005年就支付了350万美元,2004年支付了500万美元。

页59　他多次:对一名要求匿名的前市政府官员的采访。

页59　"人们一直跟我说":2015年2月13日,安东尼·巴茨对总统设立的21世纪警务工作小组的评论。

第七章　让我们并肩作战

页61　一项研究表明:Amanda Petteruti, Aleks Kajstura, Marc Schindler, Peter Wagner, and Jason Ziedenberg, "The Right Investment? Corrections Spending in Baltimore City," Justice Policy Institute and the Prison Policy Initiative, February 25, 2015, www.justicepolicy.org/uploads/justicepolicy/documents/rightinvestment_design_2.23.15_final.pdf。

页61　发展史:Lawrence Lanahan, *The Lines Between Us: Two Families and a Quest to Cross Baltimore's Racial Divide* (New York: New Press, 2019), 11-12。

页63　另一名居民凯文·穆尔:Catherine Rentz, "Videographer: Freddie Gray Was Folded Like Origami," *Baltimore Sun*, April 23, 2015。

页63　53岁的杰奎琳·杰克逊:Kevin Rector, "The Forty-Five Minute Mystery of Freddie Gray's Death," *Baltimore Sun*, April 25, 2015。

页 65　大约在这个时候：Terrence McCoy, "How Companies Make Millions off Lead-Poisoned, Poor Blacks," *Washington Post*, August 25, 2015。

页 66　就在一个月前，詹金斯："The Baltimore Uprising-Part 1," uploaded to YouTube by Baltimore BLOC. Uploaded May 26, 2015, https://www.youtube.com/watch?v=Vz5urbdwjCg。其他视频拍到了身穿警服的詹金斯参与平息骚乱。"Protesters put in back of the police wagon in front of shake and bake": https://vine.co/v/ea0636lIeuA; "Protesters Surround a police car Pennsylvania Avenue #FreddieGray #JusticeForFreddie #BlackLivesMater": https://vine.co/v/ea06MDIZrUF; "Police arrest Freddie Gray protesters on Pennsylvania Ave": https://www.youtube.com/watch?v=UoW7PLlQtjs&feature=youtu.be.

页 67　在巴尔的摩市警察局总部大楼里：来自《巴尔的摩太阳报》记者贾斯廷·乔治已发表及未发表的材料。已发表的材料，参见《巴尔的摩太阳报》"寻找答案"系列报道，2015 年 10 月 9 日。未发表材料由乔治提供。

页 70　十年前，巴尔的摩的一个陪审团：1997 年，"粗暴驾驶"导致杰弗里·奥尔斯顿脖子以下瘫痪。陪审团裁定警方赔偿他 3 900 万美元。2005 年，老唐迪·约翰逊告诉医生，警察没有给他系安全带，让他趴在面包车里，脸朝下，然后面包车突然转弯。约翰逊的脖子断了，两周后死于肺炎。他的亲属获赔 740 万美元。市政府支付给前者 600 万美元，达成了和解。由于州法律对赔偿金有限制，后者的赔偿金减为 21.9 万美元。

页 70　次日：根据贾斯廷·乔治的报道。

页70　巴茨……的眼睛布满血丝，视力模糊：同上。

页71　科瓦尔奇克后来说，一个线人：Eric Kowalczyk, *The Politics of Crisis: An Insider's Prescription to Prevent Public Policy Disasters* (Oceanside, CA: Indie Books International, 2019), 97。

页71　联邦调查局后来说：Jason Leopold, "Fearing a 'Catastrophic Incident,' 400 Federal Officers Descended on the Baltimore Protests," *Vice News*, June 24, 2015。

页71　据报道……第一块石头：Kevin Rector, "What Happened at Mondawmin? Newly Obtained Documents Shed Light on Start of Baltimore Riot," *Baltimore Sun*, April 20, 2019。

页72　韦恩·詹金斯站在……昏暗的灯光下：本书参考了詹金斯自己对该事件的描述、上级在推荐信中的描述、惩戒部的司机安德烈·琼斯警士对事件的描述、其他内部报告、新闻机构和市民提供的视频资料，以及对现场人员的采访。我从有线电视新闻网（CNN）获得了一盘已播出的录像，而网上存档的录像包括来自福克斯公司的录像。（https://www.youtube.com/watch?v=sCtKKU64e1M, around the 14:40 mark）；CBS news（https://www.youtube.com/watch?v=UBNRj1eRWLs, the 5:45 mark）；以及 RT（https://www.youtube.com/watch?v=_5kHRQGMyC0, at the 21:10 mark）。值得注意的是，当天因为帮助詹金斯而获得表彰的其他七名警员中，没有一个人愿意谈论该事件，琼斯的报告显示，詹金斯在5月征用车辆时，告诉他的是另一名警员的名字。所有的内部报告都指出，征用面包车的警员是约翰·贝里警司，而贝里警司实际上没有参与此事。

页73　詹金斯后来写了他自己版本的事情经过：2015年5月18

日，韦恩·詹金斯的电子邮件。

页 73　当时在现场的一名主管：对一名要求匿名（因为没有得到授权）的警员的采访。

页 73　其他警员回忆说：数名没有得到授权的警员在接受采访时回忆起了这件事。

页 73　冲突蔓延到靠近居民区的街道：接下来的两段来自我自己的观察，当天我正在骚乱的中心地带。

页 73　"抢劫在意料之中"：Baltimore City Fraternal Order of Police, Lodge #3, "After Action Review: A Review of the Management of the 2015 Baltimore Riots," July 8, 2015, https://fop3.org/wp-content/uploads/2019/08/AAR-Final.pdf, 30。

页 74　被捕后，当被问及：美国诉唐塔·贝茨案的卷宗。

页 74　近 31.5 万剂药品被盗：Meredith Cohn, "DEA: 80 Percent More Drugs Taken During Pharmacy Looting Than Previously Reported," *Baltimore Sun*, August 17, 2016。

页 74　那天深夜：2018 年 2 月 1 日，美国诉赫斯勒等案，唐纳德·斯特普的证词。

页 75　公众已经……失去了信心：2020 年 4 月 18 日，对塞缪尔·科根的采访。

页 75　与此同时，莫斯比认为：Wil Hylton, "Baltimore vs. Marilyn Mosby," *New York Times*, October 2, 2016。

页 76　在新闻发布会开始前大约五分钟：同上。

页 77　在警察局总部大楼：Justin George, "Tension Mounts Between Police, Prosecutors as Charges Announced in Freddie Gray Case," *Baltimore*

Sun, October 9, 2015。

页 78 "好吧,我们全都完蛋了":警方调查文件公布的弗雷迪·格雷案的短信。

页 78 不到半个小时:2015 年 5 月 1 日,韦恩·詹金斯的电子邮件。

页 78 接下来,詹金斯……组织了一次筹款活动:2015 年 5 月 14 日,韦恩·詹金斯的电子邮件。酒类管理委员会的记录显示,该酒吧属于丹尼尔奇克。

页 79 一名……检察官:对一名要求匿名的线人的采访。

页 79 "人们都在谈论":对一名要求匿名的线人的采访。

页 80 安德烈·亨特:亨特在 2013 年 10 月被詹金斯和弗里曼逮捕。美国缉毒局第 52 组参与了该案,在搜查中发现了两千克海洛因。亨特认罪,打算于 2015 年 5 月 18 日自首。他于 2015 年 4 月 29 日的白天遭枪杀。该案的细节,参见彼得·赫尔曼于 2015 年 5 月 17 日发表在《华盛顿邮报》的文章《巴尔的摩骚乱后,谋杀案大增》。

页 80 一名 31 岁的女性和她 7 岁的儿子:这指的是珍妮弗·杰弗里·布朗和她的儿子凯斯特·"托尼"·布朗于 2015 年 5 月 28 日遭枪杀。

页 80 他的 22 岁的儿子:2015 年 5 月 31 日,龙尼·托马斯三世被枪杀。2013 年,他第一次中枪。当时他在巴尔的摩东南区的一家海鲜餐厅与人斗殴,打倒了对方。次年,托马斯遭指控枪击某人。被指控枪击托马斯的卡洛斯·惠勒被定罪三天后,托马斯被杀。暴力没有平息,检察官说有人后来杀了惠勒的兄弟,为托马斯在 2013 年被惠勒枪杀报仇。

页 80　与警员们见面：2015 年 5 月 26 日，安东尼·巴茨在工会大厅对警员们讲话的记录。

页 80　罗林斯-布莱克市长觉得巴茨已经失去了人心：2019 年 7 月 1 日，对斯蒂芬妮·罗林斯-布莱克的采访。

页 81　"我们正通过全员参与的方式"：2015 年 7 月 12 日，斯蒂芬妮·罗林斯-布莱克的新闻发布会。

页 81　社区成员和警员：2018 年 8 月 14 日，对凯文·戴维斯的采访。

页 82　"不再抱任何希望"：Eric Kowalczyk, *The Politics of Crisis*, 131-33。

第八章　脱罪

页 83　沃德认为这是"一项荣誉"：对莫里斯·沃德的几次采访。

页 84　当他们遇到一群年轻人聚在一起时：2018 年 1 月 23 日，美国诉赫斯勒等案，莫里斯·沃德的证词。

页 85　他们经常拿走人们的钥匙：对莫里斯·沃德的几次采访。

页 85　三个孩子，他是长子：2018 年 5 月 29 日，莫里斯·沃德的判决备忘录。

页 86　"我很兴奋"：对莫里斯·沃德的几次采访。

页 87　2015 年年末：2015 年 12 月 24 日，韦恩·詹金斯给迪安·帕尔梅雷的短信。

页 87　"长官，真不好意思，要再找您帮忙"：2016 年 1 月 4 日，韦恩·詹金斯给达里尔·德索萨的电子邮件。

页87 同詹金斯共事：对莫里斯·沃德的几次采访。

页88 詹金斯后来真的这么做了：美国诉赫斯勒等案中莫里斯·沃德的证词和对沃德的几次采访。

页89 11月，詹金斯和他的妻子：数名家庭成员和朋友在他们给法官的信中提到了夭折的孩子，这些信被收入詹金斯的判决备忘录。

页90 但是，这些并没有发生：2018年，半岛电视台对罗德尼·希尔的采访和詹金斯的人事档案。詹金斯人事档案显示，德索萨和后来的另一名副局长贾森·约翰逊批准了对詹金斯的处罚。2019年5月，德索萨说他不记得这个案子了："所有纪律处分决定都经过了高层和巴尔的摩市警察局法务部门的慎重考虑。没有一个人能独自做出纪律处分决定。"半岛电视台提供了这次访谈的完整内容，包括没有播放的部分。

页90 几个月前：Jessica Lussenhop, "When Cops Become Robbers," *BBC News*, April 3, 2018。

页90 他选择抨击内务部：2016年1月15日，韦恩·詹金斯给凯文·琼斯警监的声明，人事档案。

页91 詹金斯设法与新上任的凯文·戴维斯局长见了一面：从2015年9月30日到10月6日的邮件记录了詹金斯如何安排这次会面。

页91 与此同时，詹金斯也试图说服部门负责人：2015年12月3日，韦恩·詹金斯的电子邮件。

页91 他出现在现场，试图指导拉龙德怎么说：三个线人跟我说过这件事，而且这件事被记录于Baynard Woods的文章"Internal

Affairs," *Real News Network*, May 23, 2018。

页 92 "他知道红线在哪里"：半岛电视台对罗德尼·希尔的采访。

第九章　追踪器

页 95　作为一名在巴尔的摩县各市工作的缉毒警察：2019 年 8 月 30 日，对斯科特·基尔帕特里克的采访。

页 96　有时，县警察会拒绝协助处理某些案件：除了基尔帕特里克的观察，巴尔的摩县检察官在 2015 年 2 月证实，他们撤销过一起詹金斯和弗里曼在其辖区内提交的案件，理由是辩护律师伊万·贝茨称两名警员的可信度有问题。检察官弗兰·皮拉尔斯基称，他问了一个认识的县警察，后者承认詹金斯的诚信确实有问题。

页 96　2012 年，巴尔的摩县：马里兰州卫生署的报告。

页 96　当基尔帕特里克和其他县警察：2019 年 8 月 30 日，对斯科特·基尔帕特里克的采访。

页 96　"你的人詹金斯"：2016 年 3 月 14 日，电话记录器申请书。

页 97　安东尼奥·施罗普希尔……抚养成人：对安东尼奥·施罗普希尔的采访。

页 98　都逮捕过他：法院卷宗。

页 98　取了"布里尔"这个绰号：对安东尼奥·施罗普希尔的采访。

页 100　麦克杜格尔在一个联邦毒品特别工作组里工作：2019 年 6 月 25 日，对戴维·麦克杜格尔的采访。

页 100　来自……海滨小镇：Tim Prudente, "How Heroin Overdoses in the Suburbs Exposed Baltimore's Corrupt Police Squad, the Gun Trace Task Force," *Baltimore Sun*, March 16, 2018。

页 100　"有'男孩'吗？"：美国诉施罗普希尔案等案的证词。

页 100　"奥施康定差不多断货了"：美国诉施罗普希尔案，肯尼思·迪金斯的证词。

页 101　麦克杜格尔检查了"消除冲突"数据库：2019 年 6 月 25 日，对戴维·麦克杜格尔的采访。

页 102　"这些人会在阿拉梅达购物中心卖一整天毒品"：2019 年 8 月 30 日，对斯科特·基尔帕特里克的采访。

页 102　一名在丈夫去世后开始吸毒的寡妇：美国诉施罗普希尔案，购买毒品者的证词。

页 103　"伙计，有警察，"：针对安东尼奥·施罗普希尔的卧底毒品交易行动录像。

页 104　卧底警员再次提出想从施罗普希尔那里购买毒品：美国诉施罗普希尔案的卷宗。

页 105　安德森曾经被抓：2016 年 3 月 14 日，电话记录器申请书。

页 105　麦克杜格尔觉得很奇怪：2019 年 6 月 25 日，对戴维·麦克杜格尔的采访。

第十章　英勇奖章

页 107　午夜时分，拉亚姆坐在车里：2018 年，美国诉赫斯勒等案，杰梅尔·拉亚姆的证词。

页 107　拿枪的人：肖尔夫妇等诉拉亚姆等案，民事诉讼。

页 108　"我给杰梅尔打电话"：美国诉芬尼根案，托马斯·芬尼根在判决前的听审。

页 108　"我是执法者"：2017 年 10 月 25 日，美国诉施罗普希尔案，杰梅尔·拉亚姆的证词。

页 109　"在巴尔的摩内城长大的我"：谢瑞尔·拉亚姆的量刑品德证明信。

页 109　2007 年 6 月，拉亚姆第一次朝人开枪：2007 年，杰梅尔·拉亚姆对调查人员的陈述。

页 109　拉亚姆离开巴尔的摩市警察局：谢瑞尔·拉亚姆的品德证明信。她写道："当时他所在小队的主管凯文·琼斯警司非常看重杰梅尔，他告诉杰梅尔，如果在那里干得不顺心，随时可以回来。杰梅尔在纽约只待了两周，然后打电话激动地告诉我，内心里的什么东西催促他回到巴尔的摩。他回来了，回到了琼斯警司的小队，受到了欢迎。"

页 110　另一名乘客基思·希尔：2009 年，基思·希尔接受凶杀组问询的记录。2019 年，我通过一名辩护律师联系了希尔，但他拒绝接受采访。

页 110　拉亚姆……获得了英勇奖章：值得注意的是，2009 年以后，拉亚姆再未卷入任何枪击事件。

页 110　他和一个同毒贩过从甚密的女人合伙：2018 年 1 月 30 日，美国诉赫斯勒等案，杰梅尔·拉亚姆的证词。

页 111　"他们告诉我"：2017 年 10 月 19 日，对加里·布朗的采访。

页 112 "就像电影里演的那些乱七八糟的东西"：同上。

页 114 拉亚姆重返工作岗位后：承诺拉亚姆如果想从纽约州警察局回来，就会给他提供一份工作的凯文·琼斯警司此时负责枪支追踪特别工作组。

页 114 "我们几乎都在协助巡警组"：2013 年，肖恩·坎纳迪财产权诉拉亚姆等案，杰梅尔·拉亚姆的证词。

页 115 在 2013 年底发布了报告：Anthony Batts, "Public Safety in the City of Baltimore: A Strategic Plan for Improvement," November 21, 2013。

页 115 一名巡警说，他觉得：法院卷宗显示，2014 年 6 月 30 日，杰伊·罗斯警探对那个无辜的人提出了 17 项指控。2014 年 7 月 15 日，逮捕令被撤销，指控被驳回。因为那个人没有申请消除这些指控，所以它们至今仍然保存在公开记录中。

第十一章 "系上安全带"

页 116 "说实话，如果克莱威尔打电话来说"：2019 年 9 月 9 日，采访安德烈娅·史密斯。

页 117 助理检察官利奥·怀斯：这段对怀斯的职业道德的评价，来自对包括马里兰州联邦检察官罗德·罗森斯坦在内的他的同事的采访。

页 117 他通常不处理毒品案件：2019 年 8 月 14 日，对利奥·怀斯的采访。这里再补充一些怀斯和海因斯的背景。怀斯毕业于哈佛大学法学院，2004 年通过荣誉课程计划进入司法部，在四年间，他带着旅行箱奔波于全国各地，参与了一系列受到关注的案件，包括起诉烟草公司的有组织敲诈勒索案和安然公司的案件。他离开司法部后，得到了一个新设立的职位，成为首任众议院独立道德监督员。年仅31岁的他可以让有权有势的政客解释一些问题，而后者通常不会受到这样的严格审查。在任职的三年里，他和他的小团队揭露了众议员滥用职权的行为，但也激怒了一些人，他最终不得不离职。众议院的一个委员会驳回了他提起的大部分案件，当他加入马里兰州联邦检察官办公室时，官员们在讨论限制该职位的权力。怀斯一度入职约翰斯·霍普金斯大学，并在那里认识了他的妻子，他们想回到巴尔的摩市。他降薪2.3万美元，成为一名负责处理欺诈和腐败案件的检察官。海因斯比怀斯小九岁。在家乡宾夕法尼亚州兰开斯特县的富兰克林与马歇尔学院读本科时，他修了政府学和西班牙语双学位，还加入了该校的篮球队。随后，他就读于维拉诺瓦大学法学院。从法学院毕业后，他先与前联邦调查局局长路易斯·弗里一起前往路易斯安那州调查"深水地平线"钻井平台石油泄漏相关的索赔请求，然后在蒙大拿州做了11个月奇佩瓦克里印第安部落的律师，期间处理了引发争议的罢免部落主席问题。

页117　一天，詹森在翻看：2019年8月16日，对埃丽卡·詹森的采访。

页118　看着这些新信息：2019年6月25日，对戴维·麦克杜格尔的采访。

页118　他们还发现，两年前：吉恩于2013年举报贡多这件事在搜查令宣誓书中得到证实。吉恩被称为"1号警员"："调查人员认为，'1号警员'站出来提供信息的动机是他有义务上报可疑的不当行为。而且调查人员认为'1号警员'是可靠的。"调查人员在宣誓书中多次提到吉恩的信息，他们认为这提供了认定贡多与毒贩有关系的合理依据。

页 118　这两个人……的所作所为：2018 年 6 月 24 日，对瑞安·吉恩的采访。

页 119　"有几个人会去接你"：2019 年 3 月 18 日，对瑞安·吉恩的采访。

页 119　一名举报同事的便衣警察：这里指的是乔·克里斯特尔警探的案子，他说在举报同事后，他在汽车的挡风玻璃上发现了一只死老鼠。吉恩没有明确提及这个案子，但该案发生的时间与吉恩举报贡多的时间相近。

页 120　对贡多的电话记录的分析：搜查令。

页 121　"如果他们在电话里讨论违法勾当，请系好安全带"：2019 年 8 月 16 日，对埃丽卡·詹森的采访。

页 121　"要想保守秘密"：2019 年 8 月 14 日，对利奥·怀斯的采访。

页 121　在调查过程中：在此前后，2015 年 11 月，拉亚姆再次被怀疑有不当行为，当时巡回法院的巴里·威廉斯法官在一起案件中拒绝采信拉亚姆提交的所有证据。"也许有一天，我会相信（拉亚姆的话）。但根据他今天的表现，本庭无法接受他的任何说法。"威廉斯在听证会上说。不过，即便在后来认罪并承认一直以来犯下的罪行后，拉亚姆仍然坚持认为自己在该案中没有撒谎。这凸显了调查不当行为相关指控的难度。

页 121　十年前，一名质疑过赫斯勒的可信度的辩护律师：Julie Bykowicz, "Drug Case Falls Apart," *Baltimore Sun*, March 27, 2006。这

名辩护律师是布拉德利·麦克菲，回应麦克菲的是当时的首席法律顾问卡伦·斯特克姆·霍尼格。

页 122　截至 2014 年，该市为在多起涉及赫斯勒的诉讼中达成和解：Mark Puente, "Some Baltimore Police Officers Face Repeated Misconduct Lawsuits," *Baltimore Sun*, October 4, 2014。

页 122　扬·穆斯：我报道了穆斯的指控，但对于他当时所处的环境，最好的描述出自作词家劳伦斯·伯尼于 2017 年 5 月 10 日发表在 *Vice* 上的文章《一个腐败的巴尔的摩市警察的积怨，如何使一名前途无量的嘻哈歌手的事业脱离了原来的轨道》。

页 122　"赫斯勒一直是一名出色的警探"：2016 年 4 月 6 日，约翰·伯恩斯给凯文·琼斯警监的电子邮件。

第十二章　"怪物"

页 123　有人把这一年比作棒球的类固醇时代：该评语出自凶杀组的一名警探。2015 年底，为了撰写《巴尔的摩太阳报》的系列报道"追踪一名凶手"，我密切跟踪了警方的调查。

页 123　格雷事件后，肖恩·苏特警探被调入：这里提到的案件是肯德尔·芬威克谋杀案，他于 2015 年 11 月 9 日在公园高地（一片包括 12 个较小的社区的区域）被枪杀。芬威克的案件引起了媒体相当程度的关注，因为据说他是被毒贩枪杀的，理由是他建了一道围栏，阻止毒贩经过他的房产。大批社区成员聚集在一起，修完了围栏。当犯罪嫌疑人接受审判时，检察官认为，芬威克之所以被杀，是因为犯罪嫌疑人在对另一起枪击案报复时错将其当成目标。此案的检察官是州助理检察官帕特里克·塞德尔，本书第二十二章提到了他。

页 124　沃尔特·普赖斯死于非命：2016 年 11 月 22 日，沃尔特·普赖斯在兰德姆 500 街区遭枪杀。

页 124　这个 20 岁的年轻人：2018 年 11 月 7 日，对马利克·麦卡菲的采访。

页 124　失去了父亲奥利弗·麦卡菲：2019 年 2 月 22 日，对洛丽·特纳的采访。

页 125　"他总是在家里"：2019 年 2 月 20 日，对莉德拉·特纳的采访。

页 125　马利克 13 岁时第一次中枪：美国诉麦卡菲案判决备忘录。

页 126　麦卡菲面临四项与武器相关的指控：关于马利克案，有一点需要说明。他曾经在联邦大陪审团面前做证，而且他的案件也被包含在对枪支追踪特别工作组的指控中。但检察官并未让他在警员们的审判中出庭做证，因为在案件等待裁决时，这个 22 岁的年轻人持枪抢劫了巴尔的摩东北区一家卖酒的商店。出警警员的随身摄像机的录像显示，他躲在一个步入式冰箱里。"如果我能找到那名警员，我会给他一个拥抱，"麦卡菲的母亲洛丽·特纳后来说，"那名警察本来有可能杀了他。但我觉得他处理得很好。"司法部将麦卡菲的案件提交给联邦法院，麦卡菲因抢劫罪被判处八年监禁——比不少利用警徽抢劫的腐败警察的刑期还要长。麦卡菲因持枪被詹金斯和他的小队逮捕，该案最终撤诉。他当时因为抢劫罪（与那把枪无关）在监狱服刑，但他坚称被詹金斯当作逮捕他的理由的那把枪支并不属于他。

页 127　"只要看到一名成年男子背着一个书包"：2018 年 1 月 23 日，美国诉赫斯勒等案，莫里斯·沃德的证词。

页 127　詹金斯把车停在那辆小型面包车前：2016 年 10 月 31 日，州政府诉史蒂文森等案，韦恩·詹金斯的证词。莫里斯·沃德、奥里斯·史蒂文森和伊沃迪奥·亨德里克斯同样在美国诉赫斯勒等案中做证说，他们在面包车前拔出了枪。

页 127　詹金斯问史蒂文森：这里引用的对话出自针对史蒂文森家的搜查令中警员们的陈述。亨德里克斯在美国诉赫斯勒等案中做证说，史蒂文森告诉警员们，他有一个保险箱，里面有几千克可卡因和枪。不过史蒂文森在这次庭审中做证说，他没有对警员们说过这样的话。

页 128　詹金斯走出小型面包车：亨德里克斯在证据出示时的陈述。

页 128　十年前：这里说的起诉书指的是美国诉赖斯等案的起诉书。我看了该案的卷宗，而且参考了《巴尔的摩城市报》记者范·史密斯的报道。

页 128　"我要你尽快去这个地方"：2018 年 2 月 1 日，美国诉赫斯勒等案，唐纳德·斯特普的证词。据斯特普的说法，詹金斯说过，"我们抓到了一个'怪物'"。随后，他又补充说，詹金斯同时也使用了"**毒枭**"这个词。

页 128　詹金斯偶尔会：同上。

页 129　史蒂文森……买下了：州不动产及交易记录。

页 129　警员们看见：2018 年 1 月 23 日和 29 日，美国诉赫斯勒等案，莫里斯·沃德和伊沃迪奥·亨德里克斯的证词。

页 130　詹金斯怀里抱着一千克白色粉末：2018 年 1 月 23 日，美国诉赫斯勒等案，莫里斯·沃德的证词。

页 130 斯特普从望远镜里：2018 年 2 月 1 日，美国诉赫斯勒等案，唐尼·斯特普的证词。

页 130 在中央拘留所：2017 年 2 月 24 日，奥里斯·史蒂文森和乔纳·霍洛韦的通话记录。

页 131 最终，他们拿到了搜查令：霍洛韦告诉调查人员，她在凌晨 12 点 30 分左右回家，而詹金斯就是在此时来的，向她出示了搜查令，让她离开。这条信息包含在 2017 年 2 月联邦政府申请电话记录的申请里。

页 131 "你知道这间房子里"：马库斯·泰勒拍摄的韦恩·詹金斯的视频，由泰勒提供。

页 131 里面有 20 多万美元：该说法遭到了驳斥。莫里斯·沃德和伊沃迪奥·亨德里克斯做证说，他们拿了 10 万美元，将 10 万美元留在保险柜里。史蒂文森坚称他的钱不止这些。他告诉联邦调查局，保险柜里有"26 万多美元现金"，另外家里的两个包里有 4 万美元。这条信息包含在 2017 年 2 月 24 日申请电话记录的申请书里。史蒂文森在美国诉赫斯勒等案中做证说，保险柜里有"20 万美元和一些零钱"，袋子里有 4 万美元。

页 132 "他（史蒂文森）说有多少钱"：莫里斯·沃德在证据出示时的陈述。

页 132 詹金斯估摸着取出：2018 年 1 月 23 日和 29 日，美国诉赫斯勒等案，莫里斯·沃德和伊沃迪奥·亨德里克斯的证词。

页 132 "嘿，警司，快下楼"：打开保险柜的录像。

页 132 特别工作组的警员伊桑·格洛弗：2018 年 1 月 25 日，美国诉赫斯勒等案，伊桑·格洛弗的证词。

页 133　在史蒂文森家伪造现场后：2018年1月23日和29日，美国诉赫斯勒等案，莫里斯·沃德和伊沃迪奥·亨德里克斯的证词。

页 133　当沃德开车回到城东的家时：2018年1月23日，美国诉赫斯勒等案，莫里斯·沃德的证词。

页 133　他告诉联邦调查局，最主要的是：莫里斯·沃德在证据出示时的陈述。

页 134　史蒂文森确实很担心：2017年2月24日，奥里斯·史蒂文森和乔纳·霍洛韦的对话记录，电话记录申请书。

页 134　詹金斯想出了一个办法：2018年1月23日，美国诉赫斯勒等案，莫里斯·沃德的证词。

第十三章　监听

页 135　约翰·西拉基警司：2019年9月12日，对约翰·西拉基的采访。

页 135　通过先前获得授权的对施罗普希尔手机的监听：美国诉施罗普希尔案的起诉书，以及2017年10月25日莫莫杜·贡多的证词。

页 136　"就是它"：2019年8月16日，对埃丽卡·詹森的采访。

页 136　这表明双方存在着"长期的私谊"：2016年5月16日，电话记录器申请书。

页 136　5月4日：同上。

页 136　后来，调查人员多少有些轻描淡写地写道：同上。

页 137　"我们本周就可以做那件事"：2016年6月8日，闭路监控系统录像申请书。

页 137　西拉基上街：2019 年 9 月 12 日，对约翰·西拉基的采访。

页 138　一把只有两发子弹的点 22 口径手枪：美国诉尼古拉斯·德福尔热案的起诉书。

页 138　联邦调查局的团队接下来决定：2019 年 8 月 16 日，对埃丽卡·詹森的采访。

页 139　"你的钱呢？"：2016 年 6 月 8 日，闭路监控系统录像申请书。

页 139　德福尔热的母亲后来说：2018 年 7 月 31 日，对劳拉·斯莱特的采访。

页 139　"你不会相信"：2019 年 8 月 16 日，对埃丽卡·詹森的采访。

页 139　詹森……被戏称为"蜜獾"：同上。

页 140　"即使秘密线人"：2016 年 6 月 8 日，闭路监控系统录像申请书。

页 140　联邦调查局租了：同上。

页 140　麦克杜格尔的哈福德县团队：对戴维·麦克杜格尔的采访。

页 141　"他们——尤其是拉亚姆——非常警觉"：2019 年 9 月 19 日，对埃丽卡·詹森的采访。

页 141　预定计划：同上。

页 142　他们仍然确信：对一名要求匿名的线人的采访。

页 143　陪审团陷入僵局……只差一票：2016 年 1 月 16 日，《巴尔的摩太阳报》的记者凯文·雷克托和我报道了此案，一名陪审员告诉我们内情:"在对波特警员的审判中,陪审团只差一票就能在最严重的指控上裁定他无罪。"

页143 "一个犯罪率高企的地区":该评语是2016年1月27日,巡回法院的帕梅拉·怀特法官在排除证据的听审过程中说的。

页143 "警察被允许做出判断":这段话是辩护律师马克·扎翁说的。

第十四章 "马蜂窝"

页145 "周一":2016年6月10日,肖恩·米勒给凯文·琼斯的电子邮件。

页146 "阿勒斯被调走了吗?":2016年6月6日,迪安·帕尔梅雷给肖恩·米勒和弗兰克·艾伯茨的电子邮件,这封邮件也被密送给了他自己。

页146 警员们也起了疑心:2016年6月15日,杰梅尔·拉亚姆和莫莫杜·贡多的通话监听记录。

页147 "当我们第一次来枪支追踪特别工作组时":对莫里斯·沃德的采访。

页147 "这家伙就是这样的":2016年6月14日,莫里斯·沃德和莫莫杜·贡多的通话监听记录。

页148 贡多给拉亚姆打电话,把这个好消息告诉了后者:2016年6月14日,杰梅尔·拉亚姆和莫莫杜·贡多的通话监听记录。

页148 "韦恩回来了!!!!!":2016年6月15日,约翰·伯恩斯的电子邮件。

页148 "虽然我不想这么做":2016年7月10日,罗伯特·海姆斯的电子邮件。

页 148　1998 年……时年 27 岁：Peter Hermann and Nancy Youssef, "Loot Links Prothero Killing to Drug Ring," *Baltimore Sun*, March 8, 2000。

页 149　2009 年 5 月：美国诉基南·休斯等案的卷宗。

页 149　由于汉密尔顿曾被定罪：同上。

页 149　卷宗显示，汉密尔顿供出了：美国诉格雷戈里·怀特案。

页 149　2016 年，就在出狱两年后：不动产记录。

页 149　一个线人——后来被发现是汉密尔顿的亲戚：美国诉丹尼尔·赫斯勒等案，威廉·普尔普拉和杰梅尔·拉亚姆的法庭陈述。

页 150　但过了几天：2016 年 8 月 10 日，搜查令申请书。

页 150　后来人们才知道：2019 年 1 月 29 日，美国诉丹尼尔·赫斯勒等案，杰梅尔·拉亚姆的证词。

页 150　贡多让……格伦·韦尔斯：美国诉詹金斯等案，替代起诉书。

页 150　"伙计们，我知道那里面有钱"：2019 年 1 月 29 日，美国诉丹尼尔·赫斯勒等案，杰梅尔·拉亚姆的证词。

页 150　"我们觉得詹金斯在联邦调查的问题上撒了谎"：对莫里斯·沃德的采访。

页 152　"我们必须重新制定"：这段话出自时任有色人种协进会主席的特莎·希尔-阿斯顿。

页 152　"我知道他们习惯"：2017 年 10 月 25 日，美国诉施罗普希尔等案，莫莫杜·贡多的证词。

页 153　"（詹金斯）非常鲁莽"：同上。

页 153　"我不知道会这样啊"：2016 年 6 月 28 日，莫莫杜·贡多和格伦·韦尔斯通话的监听记录。

页 153　他鼓励警员们：2016 年 6 月 29 日，韦恩·詹金斯和莫莫杜·贡多通话的监听记录。

页 153　到了 7 月初……警员们很兴奋：2016 年 7 月 1 日，杰梅尔·拉亚姆和莫莫杜·贡多通话的监听记录。

第十五章　铸就伟大

页 155　"我们可以等他们把车停在县里再动手吗？"：2016 年 10 月 21 日，监听记录，监听申请书。

页 156　"我们让人扮成吸毒者"：罗纳德·汉密尔顿的采访，引自 "Charm City," *New York Times* podcast, June 13, 2018。

页 156　"那房子是用来掩人耳目的"：2018 年 2 月 5 日，美国诉丹尼尔·赫斯勒等案，莫莫杜·贡多的证词。

页 156　"你基本上可以说"：2018 年 1 月 29 日，美国诉杰梅尔·拉亚姆案，杰梅尔·拉亚姆的证词。

页 157　"别说话"：对罗纳德·汉密尔顿的采访，引自 "Charm City," *New York Times* podcast, June 13, 2018。

页 158　"你帮我们的忙"：2017 年 2 月 24 日，罗纳德·汉密尔顿接受警方问询，搜查令申请书。

页 158　拉亚姆递给他一张名片：2018 年 1 月 31 日，美国诉丹尼尔·赫斯勒等案，罗纳德·汉密尔顿的证词。

页 158　"我们每年可以干三票"：2018 年 2 月 5 日，美国诉丹尼尔·赫斯勒等案，杰梅尔·拉亚姆的证词。

页 158　"我数了好几遍"：2016 年 7 月 8 日，联邦调查局的监听设备。

页 159　监控录像显示：2017 年 2 月 24 日，搜查令申请书。

页 159　"今晚我说服（詹金斯）"：2016 年 7 月 9 日，贡多和韦尔斯通话的监听记录。

页 159　听证会结束后：2016 年 11 月，罗纳德·汉密尔顿，限制令申请书。

页 159　更早的时候，他发现钱被偷走后给拉亚姆发了短信：美国诉赫斯勒等案，汉密尔顿的证词。

页 160　"天啊！"：2016 年 7 月 26 日，胡安·米纳亚给韦恩·詹金斯的电子邮件。

页 160　"干得好，韦恩警督！"：2016 年 7 月 22 日，迈克尔·普尔给韦恩·詹金斯的电子邮件。

页 160　"如果我们能让其他团队"：2016 年 7 月 26 日，理查德·沃利给韦恩·詹金斯的电子邮件。

页 161　接下来，对负责逮捕格雷的加勒特·米勒的审判：州检察官办公室成功地传唤被指控的警员们为证人，让他们对质。但这需要一个新的检察官团队（所谓"干净的团队"）来处理对加勒特·米勒警员的起诉，以确保米勒在其他案件庭审时的证词不会影响他自己的案件。正如我为《巴尔的摩太阳报》报道的那样，"干净的团队"的检察官认为针对米勒的案件不应继续进行。

页 162　驾驶面包车的西泽·古德森：2020 年 4 月 24 日，对古德森的辩护律师肖恩·马隆的采访。

页 162　2016 年 8 月 3 日，临近午夜时：为了保证叙事流畅，本书没有提到警员们参与的几起有完整时间线的案件。其中一起发生在该事件发生的两天前：2016年8月1日，一个名叫艾伯特·布朗的人以持枪的罪名被逮捕，他当时正在为巴尔的摩市卫生局开展的"安全街道"反暴力项目工作。该计划雇用罪犯和其他具有街头公信力的人调解纠纷，不会让警察介入。布朗是另一个因为没有在加油站的停车场系安全带而遭到拦截盘查的人。据说布朗允许警察搜查他的汽车，不过当时赫斯勒的随身摄像机没有打开。他们发现了一把枪和可卡因。据说这些物品是在顶棚发现的——就像2014年的沃尔特·普赖斯案一样，他们试图让他说出其他人的信息。"这好像是我们抓到的第三个参与'安全街道'项目的持枪者。"詹金斯在加油站的停车场责问他。然后詹金斯的声调低了一些："你想找个地方把事情说清楚吗？你想让这件事看起来像我们逮捕了你，然后离开这里，这样人们就看不到了吗？我不关心那把枪和那些毒品。要不要去什么地方谈谈？你可以留下所有东西。"由于他参与了调解冲突的工作，布朗很可能掌握着警察想知道的各种信息。他的工作要求他对这些信息保密。"你还不如把我带到监狱去。"布朗回答。六分钟后，当警察把车停在拐角时，赫斯勒向沃德保证，他的随身摄像机已经关了。但赫斯勒还没完全掌握这项新技术，他的随身摄像机实际上仍在录像。他们驱车前往布朗登记的地址——就在西区警察局的正对面，那里是18个月前弗雷迪·格雷骚乱的起点。"你们就这样在没有搜查令的情况下进屋？"布朗在后座问道。"他们可以保全任何东西，"赫斯勒答道，"这叫紧急状况。"他低声说道："'安全街道'，哎我告诉你，他们所有人都很糟。整个项目会被叫停。"五个月后的2017年1月，该案首次开庭时，布朗的辩护律师伊万·贝茨问该案的检察官觉得他看到的这些证据有没有问题。"你是否承认你的警员有一些问题？（他们）在没有搜查令的情况下进入他的房子。"贝茨问道。"那又怎样，"检察官答道，"这是在加油站的拦截盘查。（在没有搜查令的情况下入室搜查）与本案无关。""有关系，"贝茨断言，"因为他们说的全是谎言。"

页 162　詹金斯最先发现了端倪：巴尔的摩县警察局记录。

页 163　巴尔的摩县的布鲁斯·沃恩警司：2016 年 8 月 9 日，布鲁斯·沃恩警司的报告。

页 163　县警探贾森·梅茨：2019 年 9 月 9 日，对贾森·梅茨的采访。

页 163　县警察转头看着詹金斯：2016 年 8 月 9 日，布赖恩·考利警探的报告。

页 164　"逃犯特别工作组。"：沃恩警司的报告。

页 164　"这里还有毒品和一把枪"：2016 年 8 月 12 日，乔·巴克豪斯警探的报告。

页 164　一名县警察让他安静：考利警探的报告。

页 164　两年前：巴尔的摩县警察对唐纳德·斯特普的调查记录。

第十六章　打猎

页 166　"我们开车四处转，感觉像在打猎"：2017 年 1 月 15 日，丹尼尔·赫斯勒的证词。

页 166　"你一生中办过的那些大案"：2016 年 8 月 10 日，丹尼尔·赫斯勒的随身摄像机的录像。

页 166　"我们没有看到的是所有那些拦截盘查没有发现犯罪证

据的案例":2019年春,对戴维·亚罗什的采访。

页167 一直以来,詹金斯和其他警员:这里说的警员们"用手机摄像头来录制视频",不仅包括奥里斯·史蒂文森案中用苹果手机录的视频。在配发随身摄像机之前,我发现警员们在多起案件的合理依据陈述书中称,他们已经提交了苹果手机拍摄的短视频,这些视频拍下了他们和犯罪嫌疑人的对话或声明。被警员们逮捕的人也提到,警员们会为了特定的目的录像。

页167 遭拦截盘查:2016年8月10日,丹尼尔·赫斯勒的随身摄像机的录像。

页167 这名保安:2018年9月27日,对迪安德烈·亚当斯的采访。

页168 放走亚当斯后,他们紧接着:2016年8月10日,丹尼尔·赫斯勒的随身摄像机的录像。

页169 在巴尔的摩西北区的一个加油站:同上。

页169 司法部发布报告后的几周里:美国诉肯顿·贡多等案的起诉书。

页169 警员们从来不会打开他们的随身摄像机:我拿到了这些警员的随身摄像机拍下的录像的日志,但日志显示,警员们没有录下这些录像。警员们无法删除或审改他们的摄像机拍下的录像。

页169 他的话被录了下来:2017年3月7日,美国诉赫斯勒案,对反对审查拘留令的动议的回应。

页169 近两个月来:2019年8月16日,对埃丽卡·詹森的采访。

页170 这个兼具录音和录影功能的设备:该设备拍下的录像从

未对外公布。詹森说警员们主要在晚上工作，所以录像画面非常不清晰。

页171　次日，也就是2016年8月31日晚上：2016年8月31日，监控设备的录音。

页171　逃走的车：此处的对话来自我从马里兰大学和巴尔的摩市警察局获得的录像。

页172　她"真的吓到了"：2019年8月16日，对埃丽卡·詹森的采访。

页172　调查人员监听了拉亚姆和贡多的对话：2016年9月22日，联邦调查局监控设备的记录。

页172　枪支追踪特别工作组在一条小巷内追逐一名扔枪的男子：2016年9月24日，随身摄像机的录像。

页173　艾伯特·佩辛格：2018年5月25日，对艾伯特·佩辛格的采访。

页173　一份警察局内部通讯出炉：为了保证叙事流畅，警员们参与的几起有完整时间线的案件没有被提及。还有一起发生在这个时候，即2016年10月5日的案件——格雷戈里·哈丁的抢劫案。根据起诉书，警员们开始了高速追逐。哈丁将九盎司多的可卡因扔出窗外后，詹金斯在蒙道明购物中心附近故意开车撞向他的车。随身摄像机记录了接下来发生的事。詹金斯对贡多说："就像上次一样。这里有半千克，我们能抓到一条大鱼。"稍后，他说："这家伙很有钱。我们绝不能犯错，要做好准备，然后抓住他。"他问贡多，随身摄像机是否还在运行。拉亚姆后来做证说，詹金斯把可卡因给了他，让他把毒品卖掉，把钱拿回来。两天后，拉亚姆前往费城，与前巴尔的摩市警察、当时在费城警察局工作的埃里克·斯内尔见了面，后者将毒品交给一个亲戚出售。斯内尔于 2017 年 11 月被提起诉讼。检察官提交的证据显示，拉亚姆和斯内尔在短信中用暗语讨论出售毒品。詹金斯也给拉亚姆发过紧急短信。拉亚姆做证说，他的警司想要钱。斯内尔案开庭几天前，我采访了哈丁，他对被传唤出庭指证警员感到很担心。"我只想让这件事过去。这不是我第一次遇到腐败的警察。巴尔的摩永远都会有这种事。"最终，他没有被传唤。几个月后，也就是 2019 年 2 月 26 日，39 岁的哈丁在巴尔的摩东北部区被枪杀。警方没有公布犯罪动机，也没有逮捕任何人。

页 174　两页之后，该刊物：*Your BPD News*, October 2016。

页 174　从 2012 年到 2016 年：克里斯汀·张为《巴尔的摩太阳报》做的分析，参见 "Cops and Robbers, Part II: Corrupt Squad Scoured Baltimore Streets in Pursuit of Black Men to Search, Arrest—and Steal From," *Baltimore Sun*, June 12, 2019。

页 174　贝茨说：2018 年 10 月 17 日，对伊万·贝茨的采访。

页 174　他记得有一次：2019 年 6 月 11 日，伊万·贝茨对恢复警务信任委员会的证词。

页 174　到了 10 月：2016 年 10 月 31 日，美国诉奥里斯·史蒂文森和迪米特里厄斯·布朗的录像。

页 175　贝茨跟着詹金斯：2018 年 10 月 17 日，对贝茨的采访。

第十七章　读懂言外之意

页 177　"我相信您一定还记得"：2016 年 2 月 2 日，韦恩·詹金斯的电子邮件。

页 177 "10-4，韦恩"：2016 年 2 月 3 日，达里尔·德索萨的电子邮件。

页 178 "我曾经在回家的路上给我爸爸打电话"：2019 年 5 月 8 日，对詹姆斯·科斯托普利斯的采访。

页 178 那个月早些时候：2016 年 10 月 5 日，联邦调查局记录，见第一份起诉书第 26 页。金、默里和西尔韦斯特在前文出现过，肯德尔·里奇伯格是暴力犯罪影响部的一名警探，他的电话在 2012 年被联邦调查局窃听。联邦调查局发现他与一名线人串谋贩卖毒品。他在电话中承认贩卖没收的毒品，讨论了栽赃证据，还让线人去抢劫里奇伯格搜查过的人。里奇伯格被判在联邦监狱服刑八年。

页 179 当格拉德斯通和其他警员靠近施罗普希尔家时：这次逮捕的时间是 2016 年 10 月 11 日。

页 179 "给韦恩打电话！"：对安东尼奥·施罗普希尔的采访。

页 180 麦克杜格尔问：同上。

页 180 当麦克杜格尔和基尔帕特里克开车：斯科特·基尔帕特里克的采访和庭审证词。

页 180 施罗普希尔的案件首次开庭：2016 年 11 月 30 日，施罗普希尔审前会议的警方记录。

页 182 "他们使犯罪分子掌握了权力"：Kevin Rector, Justin George, and Luke Broadwater, "Baltimore, Justice Department Reach Consent Decree Agreement on Police Reform," *Baltimore Sun*, January 12, 2017。

页 182 凌晨 2 点左右：2017 年 1 月 29 日，巴尔的摩县警察局，随身摄像机录像。

页 183 一周后……徒步旅行的人：2017 年 2 月 5 日，巴尔的摩县警察局，随身摄像机录像和事件报告。

页 183　在詹金斯休假期间：内务部报告。

页 183　"他说，我只想让你知道"：2018 年 10 月 17 日，对伊万·贝茨的采访。

页 184　2 月的一天晚上：詹姆斯·科斯托普利斯的庭审证词和 2019 年 5 月 8 日的采访。

第十八章　认知失调

页 189　联邦调查局的调查人员又监听到：监控设备的记录。

页 190　大多数人"一点都不想牵扯进来"：2019 年 8 月 16 日，对埃丽卡·詹森的采访。

页 190　怀斯回忆说：2019 年 8 月 14 日，对利奥·怀斯的采访。

页 190　贝茨还带来了其他客户：2019 年 6 月 11 日，伊万·贝茨对恢复警务信任委员会的证词。

页 190　"他的说法是"：2019 年 8 月 14 日，对德里克·海因斯的采访。

页 191　"说实话"：2019 年 5 月 14 日，对凯文·戴维斯的采访。

页 191　詹森考虑了数个逮捕方案：2019 年 8 月 16 日，对埃丽卡·詹森的采访。

页 192　戴维斯局长：2019 年 5 月 14 日，对戴维斯的采访。

页 192　当西拉基把车从警察局的车库开到：2019 年 9 月 12 日，对约翰·西拉基的采访。

页 192　"我们知道他们在车库里有一辆坏了的车"：2019 年 8 月 16 日，对埃丽卡·詹森的采访。

页 193　与此同时，巴尔的摩市警察局清空了：对罗德尼·希尔的采访。

页 193　詹金斯手机的全球定位系统一度显示：2019 年 9 月 19 日，对埃丽卡·詹森的采访。

页 194　"我是你们的人！"：2019 年 9 月 12 日，对西拉基的采访。

页 194　八分钟后，拉亚姆被捕：警员们到达的时间由联邦调查局特别工作组的约翰·西拉基警司提供。

页 194　"我没想过自己会被逮捕"：对莫里斯·沃德的采访。

页 194　戴维斯局长从一个房间走到另一个房间：2018 年 8 月 14 日，对凯文·戴维斯的采访。

页 195　州助理检察官安娜·曼泰尼亚：2019 年，对安娜·曼泰尼亚的采访。曼泰尼亚与此案的关联程度比本书描述得更深。怀斯和海因斯说，巴尔的摩市的一名检察官向詹金斯透露了联邦调查局的调查（在本书第十七章中提到过），而联邦检察官办公室最终告诉州检察官办公室，他们认为这名检察官就是曼泰尼亚，理由是电话记录显示她和詹金斯在那段时间有过一次时间很长的通话。虽然联邦检察官说他们没有理由指控她，但曼泰尼亚被市检察官办公室解雇。曼泰尼亚坚称她不知道，也不可能知道联邦调查局的调查。"我对联邦调查局的调查一无所知，"曼泰尼亚告诉我，"什么都不知道。"她说，她确实与詹金斯谈过，她担心拉亚姆和贡多的诚信问题。曼泰尼亚告诉联邦调查局，她曾对詹金斯说："这些人手脚不干净，要像鹰一样盯着他们。"曼泰尼亚提起诉讼，但最终败诉。

页 195　当时经历了这件事的另一名检察官后来说：2019 年，一名经历了这件事的检察官接受了采访，但要求保持匿名。

页 196　巴尔的摩市警察局派人对枪支追踪特别工作组的主管做了内部调查：内务部报告。

页 197　另一名接受内务部问询的警督：同上。

页 197　詹金斯试图号召警员们团结起来：对莫里斯·沃德的采访，其他警员在证据出示时的陈述可以作为佐证。

页 198　在另一起案件中，詹金斯记得：莫莫杜·贡多和伊沃迪奥·亨德里克斯在证据出示时的陈述。

页 198　"我在工作之外做了太多事"：伊沃迪奥·亨德里克斯在证据出示时的陈述。

页 198　此案的检察官怀斯和海因斯：2019 年 8 月 14 日，对利奥·怀斯和德里克·海因斯的采访。

页 198　"我没有做过这种事"：2019 年 9 月 12 日，对约翰·西拉基的采访。

页 198　他们随意对待被没收的毒品，其态度令怀斯感到震惊：2018 年 2 月 21 日，对利奥·怀斯的采访。

页 199　杰罗姆·赫斯勒在拜访：2017 年 6 月 21 日，哈福德县议会会议的档案记录。

页 200　据说，阿勒斯的成年儿子也参与过一次抢劫：美国诉托马斯·阿勒斯案的起诉书。

页 200　和他的女朋友对视后：美国诉安托万·弗雷泽案，勒凯尔·惠特克的证词。"我永远不会忘记他看我的眼神。"惠特克做证说。弗雷泽被控谋杀了罗宾逊，但陪审团最终裁定针对他的所有指控均不成立——一名关键证人拒绝配合，而弗雷泽的辩护律师称还有太多疑点没有厘清。

页 200 他拒绝与检察官合作：2018 年 5 月 10 日，对安杰尔·阿勒斯的采访。

页 201 "他说，万一发生什么事"：2018 年 1 月 29 日，美国诉赫斯勒等案，伊沃迪奥·亨德里克斯的证词。

页 201 他在俄克拉何马州的一所监狱里：2019 年 10 月 7 日，对奥马尔·伯利的采访。

页 202 詹金斯也联系过联邦调查局：代理联邦检察官斯蒂芬·申宁在 2018 年 2 月 15 日的一封谈及走漏风声的巴尔的摩市检察官的信中披露，詹金斯已经同意签署证据出示协议。关于詹金斯的证据出示会议的其他信息来自线人。

页 202 他们问吉恩：2018 年 6 月 24 日，对瑞安·吉恩的采访。

第十九章 哈莱姆公园

页 203 "看得出来"：2017 年 11 月 16 日，对马丁·巴特尼斯的采访。

页 203 "他不仅是个好警察"：2017 年 11 月 16 日，对里克·威拉德的采访。

页 203 他在凶杀组的搭档：2017 年 11 月 16 日，对乔纳森·琼斯的采访。

页 204 第二次拜访这里：Independent Review Board, "Report to the Commissioner of the Police Department of Baltimore City Concerning an Independent Review of the Nov. 15, 2017 Incident and Its Aftermath," August 27, 2018, 26。

页 204　帮派"黑人游击队家族"的"巢穴"：Justin George, "Police Say Home Where Three Killed Was Gang Hangout," *Baltimore Sun*, December 7, 2016。

页 207　"肖恩叫我过去"：随身摄像机显示戴维·波门卡对警员们的回答，参见 Independent Review Board, "Report to the Commissioner of the Police Department of Baltimore City Concerning an Independent Review of the Nov. 15, 2017 Incident and Its Aftermath," August 27, 2018, 39。

页 207　还有人："Baltimore Police Department Monitoring Team: First Semiannual Report," July 18, 2018, 64。

页 207　几个小时后：2019 年 5 月 5 日，对妮科尔·苏特的采访。

页 209　瑞安·吉恩第二天准时出庭：2019 年 3 月 18 日，对瑞安·吉恩的采访。

页 209　有个人给城市防止犯罪专线打电话：来自警方对收到的线索的总结。

页 210　缉毒署监听了：2018 年，州政府诉卡雷·奥利维斯案的调查文件。

页 210　巴尔的摩市警察局还在没有搜查令的情况下：美国诉西德尼·弗雷泽案的动议。弗雷泽控制着苏特被枪杀的停车场旁边的房屋，那栋房屋正在装修，看起来是空的。警方在没有搜查令的情况下进屋，在里面发现了一个枪盒和其他违禁品，然后申请了搜查令，声称从停车场到这栋房屋有一条血迹。并没有这样的血迹。

页 210　他说警方正在搜查：2017 年 11 月 16 日，凯文·戴维斯的新闻发布会。

页210 他们在那里找到了一颗嵌入泥土中的子弹：这件事发生在2017年11月20日周一。

页211 "仅仅因为这个人第二天要在大陪审团面前做证"：2019年5月14日，对凯文·戴维斯的采访。

页212 巴尔的摩市警察局公开证实：2017年11月17日，凯文·戴维斯的新闻发布会。

页212 数百名警员：葬礼在芒特普莱森特教堂举行。

页212 抬棺人之一：2020年7月，负责调查的詹姆斯·劳埃德警司被指控犯有绑架罪和勒索罪。据称，他威胁了一个在他家干活的承包商，要求后者退款，否则就将其逮捕。他开车把那个人带到一家银行取款。巴尔的摩市警察局说，这件事发生在劳埃德的工作时间内。

页213 苏特从未站到大陪审团面前：起诉书特别写道："车祸发生后，在奥马尔·伯利和布伦特·马修斯被捕后，詹金斯让'2号警员'（吉恩）给一个不在场的警司打电话，因为他的车里有'东西'或'狗屎'或类似的词。'2号警员'给那名警司打了电话，但谈话很简短，因为那名警司听到'2号警员'用警用无线电请求援助后，已经到达现场。在与那名警司谈话后，'2号警员'将注意力转移到年纪较大的司机身上，后者仍然被困在停在排屋前廊的车里。紧急医疗救护人员到达现场后，'2号警员'回到了站在奥马尔·伯利和布伦特·马修斯的汽车附近的詹金斯身边。当时，詹金斯告诉'2号警员'，'东西'或'狗屎'在车里，他指的是奥马尔·伯利和布伦特·马修斯的车。詹金斯打算让'1号警员'（苏特）去车里找，因为'1号警员''毫不知情'或类似的词。过了一会儿，'2号警员'看到'1号警员'在搜查汽车。'1号警员'示意他发现了什么。'1

号警员'发现了约 28 克海洛因，这些毒品是詹金斯放在车里的。"

页 213　吉恩后来说：2018 年 12 月 18 日，对瑞安·吉恩的采访。

页 214　数周后，伯利：2017 年 12 月 18 日，法庭听证会。

第二十章　认罪

页 215　2017 年 12 月 13 日：巴尔的摩县警察克里斯托弗·托兰的报告。

页 216　一个月前，托兰：巴尔的摩县警察局记录。

页 216　"同意和我们合作的人都谈到了这件事"：2018 年 2 月 21 日，对利奥·怀斯的采访。

页 216　县警察此前曾调查过：巴尔的摩县警察局记录。

页 217　到了当天上午 8 点 31 分：德里克·海因斯的电子邮件，包含在巴尔的摩县警察局对斯特普的调查文件中。

页 218　詹金斯报告的被从车道偷走……的车：从线人处得知的斯特普在证据出示时的陈述。伊沃迪奥·亨德里克斯也告诉当局，詹金斯曾想出售那辆车，而且那辆车被盗的故事根本不可信。亨德里克斯的妻子也有一辆差不多的车，那辆车的报警系统和特殊的钥匙使其很难被偷走。

页 218　但在 1 月 3 日：关于双方就事实陈述书"反复交涉"的信息，来自 2018 年 2 月 15 日，代理联邦检察官斯蒂芬·申宁给该市联邦检察官办公室的信。

第二十一章　警察与强盗

页 220　"这是一个功能失调的警察局"：2018 年 1 月 8 日，对凯文·戴维斯的采访。

页 221 "犯罪现在蔓延到了整座城市":2018 年 1 月 19 日,凯瑟琳·皮尤的新闻发布会。

页 221 在庭审的第一天:开庭陈述的时间是 2018 年 1 月 23 日。

页 221 盗窃,而不是抢劫:在州一级的案件中,起诉被指控偷钱的警员的罪名是盗窃,而不是抢劫。例如,2004 年,迈伦·索尼斯警员被指控从一名便衣警察那里拿走了 500 美元,最终被以盗窃罪的罪名起诉。2009 年,第十章提到的迈克尔·西尔韦斯特警员在一次诱捕行动中(一名警校生参与其中)被指控盗窃。还有几个这样的案例。我找不到拿钱的执勤警员被以抢劫罪的罪名起诉的案例。不过,普尔普拉的辩护最终还是失败了。

页 222 他们谈到骗取加班费:2018 年 1 月 23 日和 25 日,沃德的证词。2018 年 1 月 24 日没有开庭。

页 222 当时……两个大旅行袋:2018 年 1 月 29 日,亨德里克斯的证词。

页 222 当斯特普出庭做证时:2018 年 1 月 1 日,斯特普的证词。

页 223 他坦言:2018 年 1 月 31 日,史蒂文森的证词。

页 223 海因斯传唤了一个名叫肖恩·怀廷的人:2018 年 1 月 25 日,怀廷的证词。

页 223 辩护律师反复盘问汉密尔顿:2018 年 1 月 31 日,汉密尔顿的证词。

页 224 拉亚姆也失控了:2018 年 1 月 29 日和 30 日,拉亚姆的证词。

页 224　贡多是最后一个：2018 年 2 月 5 日，贡多的证词。

页 224　帕尔梅雷在庭审过程中宣布退休，并否认了该指控：Kevin Rector, "Top-Ranking Baltimore Police Official Retires, Denies He Coached Gun Task Force Officer on How to Avoid Punishment," *Baltimore Sun*, February 5, 2018。帕尔梅雷告诉雷克托："这不是事实。我不会指导任何人怎么说。我一直以我的道德和正直为傲。"

页 224　泰勒的一名辩护律师：这个问题是辩护律师克里斯托弗·涅托提出的。

页 225　苏特的家人反驳了这种说法：这个舅舅是凯文·巴兹尔。

页 225　检察官传唤詹姆斯·科斯托普利斯警探：科斯托普利斯出庭做证的时间是 2018 年 2 月 6 日。

页 226　"一把定输赢"：2019 年 8 月 14 日，对德里克·海因斯的采访。

页 226　"整件事一团糟"：2019 年 2 月 12 日，对埃丽卡·詹森的采访。

页 226　"我要明确地说"：2018 年 2 月 12 日，达里尔·德索萨给媒体的声明。

第二十二章　可能与很可能

页 229　这起案件改变了：2010 年，对弗雷德里克·H. 比勒菲尔德的采访。

页 229　"我就在那里"：Luther Young, "A Partner Remembers," *Baltimore Sun*, December 3, 1985。

页 229　直到今天：2019 年 4 月 19 日，对加里·蔡尔兹的采访。

页 233　互相发了短信：Independent Review Board, "Report to the Commissioner of the Police Department of Baltimore City Concerning an Independent Review of the Nov. 15, 2017 Incident and Its Aftermath," August 27, 2018（2018 年 8 月 28 日对外公布）。

页 233　其他迹象也表明了：同上。

页 233　根据赫斯勒的描述：2017 年 12 月 10 日，赫斯勒的信由线人提供。赫斯勒接着写道，苏特和贡多见了几名来自哈莱姆公园社区的女性。他猜测她们与苏特的死有关。

页 233　"委员会的结论是"：Independent Review Board, "Report to the Commissioner of the Police Department of Baltimore City Concerning an Independent Review of the Nov. 15, 2017 Incident and Its Aftermath," August 27, 2018。

页 234　发布报告的第二天：2018 年 8 月 29 日，妮科尔·苏特的新闻发布会。

页 235　"我丈夫是一个光明磊落的人"：2018 年 8 月 29 日，对妮科尔·苏特的采访。

页 236　"我从来没有担心过"：2019 年 3 月 21 日，对杰里米·埃尔德里奇的采访。

页 236　据苏特转述：2019 年 3 月 19 日，对杰里米·埃尔德里奇的采访。

页 236　"这就像不想分享玩具的孩子"：2019 年 3 月 21 日，对杰里米·埃尔德里奇的采访。

页 236　"一个干净的突破口"：同上。

页 237　埃尔德里奇还是想调出卷宗：同上。

页 237　但苏特似乎并没有理会：2019 年 3 月 19 日，对杰里米·埃尔德里奇的采访。

页 237　埃尔德里奇试着往前想几步：同上。

页 237　在他们的对话中：同上。

页 237　得知苏特中枪身亡的消息后：2019 年 3 月 21 日，对杰里米·埃尔德里奇的采访。

页 238　"他们惊慌失措"：同上。

页 238　争吵：2019 年 3 月 19 日，对杰里米·埃尔德里奇的采访。

页 238　怀斯和海因斯后来解释了：2019 年 8 月 14 日，对利奥·怀斯和德里克·海因斯的采访。

页 238　埃尔德里奇成功地：2019 年 3 月 21 日，对杰里米·埃尔德里奇的采访。

页 238　联邦调查局在没有告知市警察局的情况下，扣押并搜查了：Independent Review Board, "Report to the Commissioner of the Police Department of Baltimore City Concerning an Independent Review of the Nov. 15, 2017 Incident and Its Aftermath," August 27, 2018, 115。

页 239　埃尔德里奇抨击了独立审查委员会……的说法：2019 年 3 月 21 日，对杰里米·埃尔德里奇的采访。

页 240　贡多刚开始坦白时：贡多的陈述，由线人提供。

页 240　拉亚姆在 2017 年 4 月的证据出示会上也将苏特与偷窃联系起来：拉亚姆的陈述，由线人提供。

页 240　与此同时，詹金斯坚称：詹金斯的陈述，由多名线人提供。

页 240　"我还是不明白"：对莫里斯·沃德的采访。

页 241　波林在接受警探们的问询时：问询唐特·波林的录像。

页 241　当波林接受警方问询的录像：该录像最早由巴尔的摩当地的 WMAR 电视台在一期名为《凶杀组的问询使苏特死因调查再起波澜》的节目中播出，时间是 2018 年 11 月 29 日。

页 241　这个故事引起了州助理检察官帕特里克·塞德尔的注意：2019 年 11 月，帕特里克·塞德尔给巴尔的摩市警察局的电子邮件。

页 242　"如果想伪造一起谋杀案"：2020 年 3 月 5 日，对戴维·福勒的采访。

页 242　坚定地认为苏特死于谋杀：2020 年 7 月 19 日，对乔纳森·琼斯的采访。

页 243　埃尔德里奇继续催促调查人员：2019 年 3 月 21 日，对杰里米·埃尔德里奇的采访。

第二十三章　深渊回望

页 247　吉恩说自己才是：2018 年 6 月 24 日，对瑞安·吉恩的采访。

第二十四章　"我属于这里"

页 249　"你必须意识到"：2018 年 3 月 11 日，对理查德·C. B. 伍兹的采访。

页 250　格拉德斯通退休了：根据巴尔的摩市警察局的记录，格拉德斯通在 2017 年 5 月 1 日退休。这其实是他第二次退休——他曾在 2012 年 12 月退休，在一年后的 2013 年 12 月重新回到了警察局。

页 250　大概在詹金斯认罪的同时：格拉德斯通的起诉书。

页 251　怀斯后来评论说：2020 年 2 月 6 日，利奥·怀斯，美国诉卡尔米内·维尼奥拉案判决前的听审。

页 252　格拉德斯通和该小队的另外两名警员：另外两名警员分别是伊沃·洛瓦多警探和维克托·里韦拉警探。卖掉毒品的是里韦拉的线人。该陈述出自 2020 年春针对洛瓦多和里韦拉的刑事检举书。

页 252　安东尼奥·施罗普希尔被判处 25 年监禁：我在 2020 年春让施罗普希尔对照那些腐败警员的刑期，想想他自己的刑期。他承认，考虑到他的犯罪记录，他的刑期应该更长。但他还是认为，他和那些警员的刑期都太长了。"这些刑期都太长了，"他在给我的信中写道，"因为我自 2005 年以来一直在违法，所以我的刑期应该比那些警员的更长，这是实话。（但是）除了谋杀和性犯罪，任何两位数的刑期都是不公正的，无论你是什么人，黑人或白人，警察或平民……我的判决无疑是不公平的。整个司法系统都是不公平的。"

页 253　马修·里克曼曾经是警察：2018 年 11 月，联邦助理检察官蒂莫西·德尔加多的信。

页 253　玛丽莲·莫斯比在竞选连任时：在 2018 年的民主党党内初选中，莫斯比获得了 49.4% 的选票，贝茨获得了 28.1% 的选票，西鲁·维格纳拉贾获得了 22.5% 的选票。在民主党占绝对优势的巴尔的摩市，赢得民主党党内初选相当于赢得了最终的选举。

页 253　"一些被定罪的人"：2018 年 6 月 4 日，玛丽莲·莫斯比出席巴尔的摩市市议会会议。

页 254　直接主管：撰写本书之时，在阿勒斯和詹金斯之前担任枪支追踪特别工作组主管的凯文·琼斯，是巡警部的高级警督。贡多和拉亚姆是在琼斯执掌枪支追踪特别工作组时进入该组的,而琼斯也监督过詹金斯。迈克尔·哈里森局长只告诉《巴尔的摩太阳报》的记者杰茜卡·安德森,联邦调查局已经审查过琼斯是否有犯罪行为。负责便衣警察部的前高级警监肖恩·米勒被降职为警督,目前在南区工作。

页254 新任警察局局长迈克尔·哈里森:这是哈里森在2019年9月17日于该州恢复警务信任委员会的一次会议上说的。对市政府的连带责任表示担忧的市律师是安德烈·戴维斯,他在担任联邦法官时曾在2003年痛斥基思·格拉德斯通和托马斯·威尔逊在搜查令问题上撒谎。值得注意的是,任命哈里森和戴维斯的市长凯瑟琳·E.皮尤本人也因为一桩儿童读物丑闻而辞职,并因联邦欺诈和逃税指控被起诉,最终认罪并被判处三年监禁。联邦检察官利奥·怀斯在不调查腐败警察期间协助调查此案。

页254 市政府不想支付:市律师戴维斯向州最高法院提出了这个问题,要求免除市政府在枪支追踪特别工作组诉讼中的法律责任。他主张,他们的行为远远"超出了他们的职责",市政府不应该承担他们的法律费用。上诉法院在2020年4月24日的裁决中驳回了这个理由。

页254 2019年初夏:2019年3月18日,对瑞安·吉恩的采访。

页257 "我成了众矢之的":2019年10月7日,对奥马尔·伯利的采访。

页258 "我希望一旦我们解决了这起案件":2019年10月22日,对詹姆斯·科斯托普利斯的采访。

页259 "有时候回过头来想想"：2019年8月16日，对埃丽卡·詹森的采访。

页259 虽然他确实装修了自己的住宅：巴尔的摩县许可、核准和审查部的记录显示，詹金斯确实装修了自己的住宅。其他不动产记录显示，他在米德尔里弗至少有另外两处房产。

页259 一名警员告诉联邦调查局：贡多在证据出示会上的陈述，由线人提供。

页260 原告安德烈·克劳德：克劳德参加了2018年2月2日的新闻发布会，他说警员在2016年9月28日搜查了他的车，发现了一把枪。他说，他们后来在搜查他家时拿走了1万美元。在他被拘留的三天里，他三岁的儿子过世了。"这比他们对我提出的指控要严重得多，"克劳德说，"他们在我的记录上打的记号和他们拿走的现金都无所谓，但是由于这些，在我儿子生命的最后时刻，我没有陪在他身边。"随身摄像机的录像公布后，他的律师撤诉了。

页261 赫斯勒、泰勒和阿勒斯仍然主张：赫斯勒、泰勒和阿勒斯仍在为自己"申冤"。赫斯勒给州立法机构的恢复警务信任委员会写了多封信件；泰勒在被定罪后和我通信数月；2018年，我采访了阿勒斯的家人和朋友，他们谈到了他的良好品行，认为他是无辜的，绝不会拿钱。在阿勒斯本人于2019年6月10日提交的定罪后动议中，他写道，考虑到他的错误的严重程度——与其他人相比，他的错误是微不足道的——他不认为自己犯了重罪。阿勒斯没有说自己是完全清白的，而是说自己"收了大约5 000美元，而不是10万美元以上"。

索 引

（说明：索引中所涉及页码均系英文原著页码，在中文版中以边码标注。）

Adams, D'Andre 迪安德烈·亚当斯 167—168

Allers, Thomas (LEO) 托马斯·阿勒斯（执法人员）117，137—139，145，146，200—201，252

Anderson, Aaron 阿龙·安德森 100，104—106，117—118，199

Anderson, Anthony 安东尼·安德森 56

Anderson, John (LEO) 约翰·安德森（执法人员）75

Anthony, Carmelo 卡梅隆·安东尼 18

Arbery, Ahmaud 阿莫德·阿尔贝里 269

Armetta, Patrick 帕特里克·阿梅塔 12

Arminio, Nick 尼克·阿米尼奥 12

arrestee robberies 抢劫被捕者

    Brown and 和布朗 111—114

    DeForge and 和德福尔热 137—140

    Hamilton and 和汉密尔顿 148—150，155—159，223—224

    McCaffity and 和麦卡菲 124—126

    Oakley case and 和奥克利案 30—32

    Robinson and 和罗宾逊 200

    Whiting and 和怀廷 223

    See also Stevenson, Oreese 参见奥里斯·史蒂文森

Baltimore 巴尔的摩

    about 关于 10—11

    civil unrest (2015) 市内骚乱（2015）71—74，75，263—265

    crime statistics 犯罪统计 14，17，24，26，80，81，123

    Gray protests (2015) 格雷案示威者（2015）66，70—71，142

    protests (2020) 抗议活动（2020）269

Baltimore 6 巴尔的摩六人 142

Baltimore County Police 巴尔的摩县警察局 28，34，95—96，162—164

    See also Baltimore/Harford counties drug investigations 参见巴尔的摩县/哈福德县的毒品调查

Baltimore/Harford counties drug investigations 巴尔的摩县/哈福德县的毒品调查

    Aaron Anderson investigation 对阿龙·安德森的调查 100，104—106，117—118，199

    combining cases 合并案件 101—102，106，116

    Jenkins and 和詹金斯 95，96—97，162—164

opioid overdoses and 和阿片类药物滥用 99—100

Stepp and 和斯特普 43，164，217

surveillance and controlled buys 监视和卧底买卖 102—103

undercover officer added 加上卧底警察 103—104

See also Broken Boundaries case; Shropshire investigation 参见无边界联盟的报告；对施罗普希尔的调查

Baltimore Police Department (BPD) 巴尔的摩市警察局

  accountability and 和问责 16，54，165

  aggressive policing philosophy 激进的执法策略 15，19—20，110，229

  city officials and 和城市官员 19—20，254

  credibility of 信誉 225—226

  culture of 文化 14，15—17，18—23，244

  custody deaths 羁押期间死亡 55—56，64，66，69—70，151

  disregard of abuses 忽视滥权行为 19—20，91

  gun violence and 和枪支暴力 25—26，27

  homicide rates and 和凶杀率 14，24，26，80，81，123，221

  internal discipline and 和内部纪律 14，90

  Justice Department consent decree 司法部下的双方同意的判决 83，166，173—174，182

  Justice Department investigation report 司法部调查报告 165—166

  opioid crisis and 和阿片类药物危机 99，102

  outside review panels and 和外部审查委员会 229—230

  police commissioner turnover 警察局局长换人 17，24，242

  police shootings 警察枪击 26—27，58，109—110

  ranks of 警衔 36

  systemic corruption in 系统性腐败 253—254

  undercover drug buy policies 卧底警察购买策略 229

  See also commander's results expectations; Gray, Freddie; Internal Affairs 参见部门负责人对成果的期待；弗雷迪·格雷；内务部

Baltimore protests (2020) 巴尔的摩的抗议（2020）269

Baltimore protests and civil unrest (2015) 巴尔的摩市内抗议和骚乱（2015）66，70—74，75，142，263—265

Baltimore's Black communities 巴尔的摩的黑人社区 15，62，70，165—166，266—268，269—270

  See also unconstitutional stops and searches 参见违宪的拦截盘查和搜查

Baltimore Sun, The《巴尔的摩太阳报》14，

19, 24, 59, 67, 208

Barksdale, Anthony (LEO) 安东尼·巴克斯代尔（执法人员）25—26

Bartness, Martin (LEO) 马丁·巴特尼斯（执法人员）203

Bates, Ivan 伊万·贝茨 134, 161—62, 174—76, 183, 190

Batts, Anthony (LEO) 安东尼·巴茨（执法人员）

 commander's meetings and 和部门负责人会议 59

 firing of 解雇 80—81

 Force Investigation Team 使用武器情况调查团队 48, 50—51

 Gray investigations 格雷案调查 67—70, 75, 76, 77, 79, 165

 Gray unrest and 和格雷案骚乱 70—71, 74

 as police commissioner 作为警察局局长 47—48

 on racism 评论种族主义 59

Baylor, Rodney 罗德尼·贝勒 30—31, 32

Bealefeld, Frederick H., III (LEO) 弗雷德里克·H.比勒菲尔德三世（执法人员）24—25, 27, 28, 29, 47, 106

Bennett, Richard D. 理查德·D.贝内特 214

Bernstein, Gregg 格雷格·伯恩斯坦 52, 53, 55, 56

Betts, Donta 唐塔·贝茨 74

Black Lives Matter movement "黑人的命也是命"运动 58, 65—66, 142, 269

Blake, Catherine C. 凯瑟琳·C.布莱克 32, 218

Bloomberg, Michael 迈克尔·布隆伯格 28

Bomenka, David (LEO) 大卫·波门卡（执法人员）203—206, 209, 211, 212

Boyd, Michael (LEO) 迈克尔·博伊德（执法人员）78

Brandford, Stanley (LEO) 斯坦利·布兰德福德（执法人员）76

Bratton, Bill (LEO) 比尔·布拉顿（执法人员）115

Brent, Bob 鲍勃·布伦特 12

Broken Boundaries case (FBI) 无边界联盟的案件（联邦调查局）

 Allers charges 阿勒斯的指控 200—201

 Allers/Clewell/Gondo background investigations 对阿勒斯/克莱威尔/贡多的背景调查 117

 Aaron Anderson-Rayam connection 阿龙·安德森和拉亚姆的联系 117—118

 charge preparation 准备起诉 190

 convictions and 和定罪 252

 DeForge and 和德福尔热 137—140

 De Sousa federal tax fraud 德索萨的联邦税务欺诈 227

 focus of 焦点 139, 140

 Gladstone investigation and case 对格拉德斯通的调查和案件 249—252

 Gondo investigation 对贡多的调查 118,

120—121, 136—138, 169—171, 172, 198, 200
GPS devices 全球定位系统追踪器 105—106, 116, 149, 150, 199
GTTF arrests 对枪支追踪特别工作组的逮捕 194—195
GTTF fouled convictions and 和枪支追踪特别工作组丑陋的定罪 248
guilty pleas 认罪 218—219
Guinn and 和吉恩 202, 213
on institutional corruption 关于系统性腐败 198—199, 249, 253—254
Jenkins investigation 对詹金斯的调查 147, 150, 194, 218—219
Jensen role 詹森的角色 117
jury verdict 陪审团裁决 226
overtime theft 骗取加班费 153, 190—191, 196, 197, 221, 222, 254, 259
plea deals 认罪协议 198
Rayam investigation 对拉亚姆的调查 113, 117—118, 150, 172, 194, 198, 200
retirements and 和退休 252
Stepp-Jenkins connection and 与斯特普和詹金斯的关系 164
sting operation 诱捕行动 140—141
switching tactics 改变策略 170
takedown operation 抓捕行动 192—193
trials 庭审 221—226
Wells-Gondo connection 韦尔斯和贡多的关系 136

See also Baltimore/Harford counties drug investigations; Shropshire investigation 参见巴尔的摩县/哈福德县的毒品调查；对施罗普希尔的调查
broken windows theory 破窗理论 14
Bromwich, Michael 迈克尔·布罗米奇 254
Brown, Gary 加里·布朗 111—114
Brown, Michael 迈克尔·布朗 58, 59
Bryant, Jamal 贾马尔·布赖恩特 65—66
Bureau of Alcohol, Tobacco, and Firearms 美国烟酒枪炮及爆炸物管理局 28
Burley, Umar 奥马尔·伯利
  background of 背景 7—8
  civil suit against BPD 对巴尔的摩市警察局的民事诉讼 257
  imprisonment 监禁 3, 44
  police stops and 和警察拦截盘查 7, 258—259
  public statement 公开声明 214
  vehicle crash 车祸 6—7
  Wise and Hines meeting 与怀斯和海因斯会面 201—202
  See also Burley cases 参见伯利案
Burley cases 伯利案
  arrest 逮捕 4—7
  Burley conviction vacated 伯利的定罪被推翻 214
  Burley plea deal 伯利的认罪协议 9
  Burley released 伯利被释放 202
  civil case 民事案件 44—47

drug evidence 毒品证据 7, 213, 219, 234, 247—48
manslaughter charge 非预谋杀人罪指控 8
victim impact statement 被害人影响陈述 247—248

Burns, John (LEO) 约翰·伯恩斯（执法人员）122, 148

Byrnes, John Carroll 约翰·卡罗尔·伯恩斯 45—47

Cain, Phosa 弗萨·凯恩 7, 247
Cannady, Shawn 肖恩·坎纳迪 109—110
Carter, Jill 吉尔·卡特 110
Childs, Gary T. (LEO) 加里·T.蔡尔兹（执法人员）228, 229, 230—232
Cirello, Robert (LEO) 罗伯特·奇雷洛（执法人员）21—23
Clark, Kevin P. (LEO) 凯文·P.克拉克（执法人员）17—18
Clewell, John (LEO) 约翰·克莱威尔（执法人员）106, 155, 156—157, 166, 191, 199, 252
Cogen, Samuel (LEO) 塞缪尔·科根（执法人员）75
commander's results expectations (BPD)（巴尔的摩市警察局）部门负责人对成果的期待
　　aggressive culture promotion 提倡激进的文化 19—20, 110, 229
　　arrests and complaints 逮捕和投诉 122

intelligence meetings and 和情报会议 24—25
plainclothes police squads and 和便衣警察小队 4, 81—82, 124, 145, 148
productivity and 和业绩 115, 183, 197
CompStat 纽约治安信息管理系统 14—15, 25
Conaway, Byron (LEO) 拜伦·科纳韦（执法人员）79
corruption collateral damage 腐败的附带伤害 7, 125—126, 171—172, 200
Cummings, Elijah E. 伊莱贾·E.卡明斯 213—214
Curry, Donna 唐娜·柯里 107—108
Curry home invasion investigation (BPD)（巴尔的摩市警察局）对柯里家入室抢劫案的调查 107—108, 115, 199
custody deaths 羁押期间死亡 55—56, 64, 66, 69—70, 151

Danielczyk, Dennis 丹尼斯·丹尼尔奇克 40, 78
Daniels, Ronald 罗纳德·丹尼尔斯 81
Davis, Andre 安德烈·戴维斯 15—16
Davis, Elbert, Sr. 老埃尔伯特·戴维斯, 7, 45, 244
Davis, Kevin (LEO) 凯文·戴维斯（执法人员）
　　Broken Boundaries case and 和无边界联盟的案件 191, 192, 194—195

on consent decree 评论双方同意的判决 173—174

Gray death investigation and 和格雷死因调查 67, 70, 162

interview of 采访 220

meeting with Jenkins 和詹金斯见面 90—91

plainclothes units and 和便衣警察组 81—82, 196, 220

Suiter shooting and 和苏特枪击案 207, 210, 211, 212, 214

Dawson, Angela 安杰拉·道森 17

Dawson, Carnell 卡内尔·道森 17

DEA (Drug Enforcement Agency) 美国缉毒局

cooperating witnesses 和目击者合作 253

gang drug raid 帮派毒品突击搜查 265

Hamilton cocaine shipment and 和汉密尔顿运输可卡因 149

looted drugs report 关于被抢劫的毒品的报道 74

Stepp arrest assistance 协助逮捕斯特普 217, 218

Stevenson arrest and 和史蒂文森的逮捕 132

Suiter death investigation 苏特死因调查 210, 232, 234, 236, 238

task forces and 和特别工作组 116, 145, 146, 191, 200, 229

See also Baltimore County Police; Baltimore/Harford counties drug investigations 参见巴尔的摩县警察局；巴尔的摩/哈福德县的毒品调查

deconfliction databases "消除冲突"数据库 37, 101, 105, 164, 179

DeForge, Nicholas 尼古拉斯·德福尔热 137—140

De Sousa, Darryl (LEO) 达里尔·德索萨（执法人员）87, 90, 177—178, 221, 226—228

Diamond Standard training "钻石标准"培训计划 25

Diggins, Kenneth 肯尼斯·迪金斯 100—101

Dixon, Sheila 希拉·狄克逊 24

"do not call" lists "禁止出庭"名单 27, 55—56, 114

Double D Bail Bonds 双 D 保释服务公司 42

drug dealers 毒贩们

Aaron Anderson 阿龙·安德森 100, 104—106, 117—118, 199

Hamilton and 和汉密尔顿 148—150, 155—159, 223—224

Washington 华盛顿 100, 101

See also Baltimore/Harford counties drug investigations; Shropshire investigation; Stepp, Donald Carroll Jr.; Stevenson, Oreese 参见巴尔的摩/哈福德县的毒品调查；对施罗普希尔的调查；小唐纳德·卡罗尔·斯特普；奥里斯·史蒂文森

369

drug seizures 查获毒品 18—19, 29—30, 31—32, 85, 162—164, 218—219

Eldridge, Jeremy 杰里米·埃尔德里奇 232, 236—238, 239, 241, 243

Ellis, Lavern (LEO) 拉文·埃利斯（执法人员）72

Enemy of the State (Scott)《国家公敌》(斯科特执导) 98

FBI (Federal Bureau of Investigation) 联邦调查局
    case entrance of 案件起点 106
    King and Murray sting 针对金和默里的诱捕行动 18—19, 179
    Laronde and 和拉龙德 91
    Sieracki and 和西拉基 117, 135
    Suiter death investigation and 和苏特死因调查 214
    See also Broken Boundaries case 参见无边界联盟的案件

Finnegan, Thomas 托马斯·芬尼根 108

Floyd, George 乔治·弗洛伊德 269

Force Investigation Team 使用武器情况调查团队 48, 50—51

Fowler, David 戴维·福勒 242

Fraternal Order of Police 警察兄弟会 57

Frazier, Thomas (LEO) 托马斯·弗雷泽（执法人员）14

Frieman, Ben (LEO) 本·弗里曼（执法人员）48—49, 50, 51—54, 91, 252

Fries, Michael (LEO) 迈克尔·弗里斯（执法人员）20—21, 22, 23, 252

Fuller, Joyce 乔伊丝·富勒 7

Garner, Eric 埃里克·加纳 57—58

George, Justin 贾斯廷·乔治 67

German, Marjorie (LEO) 玛乔丽·杰曼（执法人员）196

Giordano, Jason (LEO) 贾森·乔达诺（执法人员）109—112

Gladstone, Keith (LEO) 基思·格拉德斯通（执法人员）
    Baltimore county narcotics and 和巴尔的摩县麻醉品 95
    evidence planting 栽赃证据 50
    FBI investigation of 联邦调查局的调查 249—252
    indictment of 起诉 15—16
    as Jenkins's mentor 作为詹金斯的导师 28—29
    Price case 普赖斯案 51—54
    retirement of 退休 250
    Shropshire case and warrant 施罗普希尔案和逮捕令 179—180
    Simon case 西蒙案 49—50, 250—251
    team body cameras 团队随身摄像机 179
    violent repeat offender squad assignment 暴力惯犯小队的任务 34

Glenn, Shelley 谢利·格伦 52, 53

Glover, Ethan (LEO) 伊桑·格洛弗（执法人员）132, 133
Gondo, Momodu (LEO) 莫莫杜·贡多（执法人员）
 arrest 逮捕 194
 background of 背景 114
 body camera assignment 随身摄像机任务 167
 DeForge arrest 德福尔热的逮捕 137—140
 FBI investigation of 联邦调查局调查 118, 120—121, 136—138, 169—171, 172, 198, 200
 fear of being investigated 担心正被调查 189—190
 Hamilton and 和汉密尔顿 149, 150, 155—156, 157, 158
 investigation rumors and 和调查的传闻 146—147
 on Jenkins 评论詹金斯 152—153
 prison sentence 宣判 252
 racketeering charges 有组织敲诈勒索罪的指控 197
 Shropshire and 和施罗普希尔 118—119, 120, 135—136, 137, 181, 195
 testimony on Suiter 针对苏特的证词 225, 239—240
 trial testimony 庭审证词 224—225
 See also Shropshire investigation 参见对施罗普希尔的调查
Goodson, Caesar (LEO) 西泽·古德森

（执法人员）67, 68—69, 77, 152, 162
GPS devices 全球定位系统追踪器 105—106, 149, 150, 199
Gray, Freddie 弗雷迪·格雷 61
 arrest video 逮捕录像 63—64
 autopsy of 尸检 76, 151
 background of 背景 64—65, 125
 civil unrest after death of 死后引发的骚乱 71—74, 75, 263—265
 death investigations 死因调查 67—70, 75, 76, 77—78, 79, 165
 death of 的死亡 64, 66
 detained by Miller 被米勒扣押 62, 68
 initial police report 警方最初的报告 63
 police van ride 警方驾驶面包车 63
 protests after death of 死后引发的抗议 65—66, 70—71, 142
 Western District station arrival 到达西区警察局 63
Gray death trials 格雷之死相关案件的庭审 142—143, 152, 160, 161
Gueye, Serigne 塞里涅·盖耶 171—172
Guinn, Ryan (LEO) 瑞安·吉恩（执法人员）
 Broken Boundaries case and 和无边界联盟的案件 202, 213
 Burley case 伯利案 5—7, 213
 career of 的事业 27—28, 34, 49, 120, 213, 255, 256—257
 complaint against Gondo 举报贡多 118—120

371

grand jury testimony 大陪审团证词 209

IAD investigation 内务部调查 255

as inaugural GTTF member 作为枪支追踪特别工作组最初的成员 27—28，34

medical leave 带薪病假 256—257

promotion to sergeant 晋升为警司 49

resigns GTTF 离开枪支追踪特别工作组 120

Simon case and 和西蒙案 49，50

suspensions of 停职 213，255

Gun Tracing Task Force (GTTF) 枪支追踪特别工作组

  additions to squad 加入小队的新人 121，122，145

  changes in 变化 34，114—115，141—142

  creation of 组建 24—26

  Davis and 和戴维斯 196，220

  FBI interest in 联邦调查局感兴趣 106

  ignores car accident 无视车祸 171—172

  Jenkins named supervisor 詹金斯被任命为主管 145

  Kostoplis and 和科斯托普利斯 37—38，177—178，184—185，258—259

  Maryland State Police and 和马里兰州警察局 27—28，34

  mission of 任务 28，34，115

  as model 作为模范 174

  Rayam and 和拉亚姆 114，136

  unconstitutional stops and searches and 与违宪的拦截盘查和搜查 166—169

U.S. Attorney's Office case dismissals 美国联邦检察官办公室撤销的案件 175

See also Gun Tracing Task Force (GTTF), investigations of; robberies by police 参见对枪支追踪特别工作组的调查；警察实施抢劫

Gun Tracing Task Force (GTTF), investigations of 对枪支追踪特别工作组的调查

  convictions and 和定罪 252

  FBI on 联邦调查局参与 117—119，147

  fouled convictions and 和丑陋的定罪 248

  overtime theft 骗取加班费 153，190—191，196，197，221，222，254，259

  prison sentences 宣判 252

  squad arrests 小队被逮捕 194—195

  trials 庭审 221—226

Gupta, Vanita 瓦尼塔·古普塔 165

Hamilton, Ronald 罗纳德·汉密尔顿 148—150，155—159，223—224

Harford County Police. *See* Baltimore/Harford counties drug investigations 哈福德县警察局，见巴尔的摩县/哈福德县的毒品调查

Harrison, Michael (LEO) 迈克尔·哈里森（执法人员）242，254

Hendrix, Evodio (LEO) 伊沃迪奥·亨德里克斯（执法人员）186，197，198，199，252

  See also Stevenson, Oreese 参见奥里斯·史蒂文森

Hersl, Daniel (LEO) 丹尼尔·赫斯勒（执

arrest 逮捕 194

body camera and 和随身摄像机 166—167, 169

career history 职业经历 91, 121, 122

charges 变化 197, 200

DeForge arrest 对德福尔热的逮捕 137—140

fear of being investigated 担心正被调查 189—190

Hamilton and 和汉密尔顿 155, 156, 158

IAD complaints 内务部投诉 91, 121—122

Jenkins and 和詹金斯 185

jury verdict 陪审团裁决 226

Oakley case and 和奥克利案 30—32

prison sentence 宣判 252

trial 庭审 221—226

unconstitutional stops and searches 违宪的拦截盘查和搜查 169

Hersl, Jerome 杰罗姆·赫斯勒 199

High-level drug dealers. *See* drug dealers 毒枭, 见毒贩

Hill, Keith 基思·希尔 110

Hill, Rodney (LEO) 罗德尼·希尔（执法人员）90, 193, 194

Hilton, Alex 亚历克斯·希尔顿 226

Hines, Derek 德里克·海因斯 117, 170—171, 198

Hogan, Larry 拉里·霍根 74, 214

Holder, Eric 埃里克·霍尔德 117

Holloway, Keona 基奥娜·霍洛韦 130, 131

Horgan, Dan 丹·霍根 14

Hunt, Andre 安德烈·亨特 80

Hyatt, Melissa (LEO) 梅利莎·海厄特（执法人员）71

Iamele, Domenic 多梅尼克·亚梅莱 21

illegal stops and searches. *See* unconstitutional stops and searches 非法的拦截盘查和搜查, 见违宪的拦截盘查和搜查

Independent Review Board (IRB) 独立审查委员会 229, 230—232, 233—234

institutional corruption 系统性腐败 198—199, 249, 253, 254

collateral damage of 附带伤害 7, 125—126, 171—172, 200

Internal Affairs (IAD) 内务部

Gary Brown robbery investigation 加里·布朗抢劫案的调查 110—114

Frieman misconduct 弗里曼的不当行为 54

Hersl complaints 针对赫斯勒的投诉 91, 121—122

Jenkins intimidation and 和詹金斯的威胁 91—92

limiting power of 限制权力 25—26

plainclothes police squads and 和便衣警察小队 112, 118—119, 222

Price case and 和普赖斯案 51—54, 72, 90, 124

Simon case and 和西蒙案 48—51，250—251

Jackson, Jacqueline 杰奎琳·杰克逊 63
Jackson, Kenneth "Kenny Bird," 肯尼思·"肯尼·伯德"·杰克逊 222
jailitis "监狱炎" 63
Janowich, Andy 安迪·亚诺维奇 11
Jenkins, Lloyd "Lee," 劳埃德·"李"·詹金斯 11
Jenkins, Lucas Colton 卢卡斯·科尔顿·詹金斯 89
Jenkins, Wayne (LEO) 韦恩·詹金斯（执法人员）
 background of 背景 11，12—13，14，16，23，30
 Baltimore/Harford counties drug investigations and 和巴尔的摩县/哈福德县的毒品调查 95，96—97，162—164
 bar case 酒吧案 32—33
 Broken Boundaries case and 和无边界联盟的案件 147，150，194，218—219
 Burley case 伯利案 4—7，8—9，34，213
 charges 指控 54，72，197，200
 command emails of 给上司的信 144—145，159—160
 constructive criticism and 和有建设性的批评 171—173
 drug seizures and 和没收毒品 29—30，162—64，218—19

fatal shooting involvement 卷入枪击致死事件 58
Gladstone connection 和格拉德斯通的联系 28—29，49—50，51，179，250—251
Gondo on 贡多的评论 152—153
GPS device 全球定位系统追踪器 35
Gray unrest and 和对格雷的逮捕 66，72—73
Guinn and 和吉恩 33，120，147，202
gun court cases dropped 枪支案撤诉 174
Hamilton robbery and 和对汉密尔顿的抢劫 155—156，157，158—159，223—224
IAD intimidation complaint 内务部投诉遭威胁 91—92
Jensen on 詹森的评论 147，259—260
jury manipulation and 和操纵陪审团 21
Kostoplis and 和科斯托普利斯 37—38，177—178，184—185，225
McCaffity case and 和麦卡菲案 126
morale and 和士气 78
Oakley and 和奥克利 30—32
overtime theft 骗取加班费 153，190—191，196，197，221，222，254，259
personal losses 个人损失 89，182—183
police brutality and 和警察滥权 20—23
Price case 普赖斯案 51—54，72，90，124
prison sentence 宣判 9，244—248，252
promotions and awards 晋升和奖金 23，29，36，48，144，145
public statements from jail 从监狱发的公

开声明 260—261

Shropshire and 和施罗普希尔 96—97, 101

Simon case and 和西蒙案 48—51, 250—251

Sneed and 和斯尼德 21—23

Stepp reference letter 斯特普的推荐信 41—42

street patrol work 街头巡逻 36—37

victim impact statements 被害人影响陈述 244—245, 247—248

violent repeat offender squad assignment 暴力惯犯小队的任务 33—34

Ward on 沃德的评论 84—85, 87—89, 127, 147, 185

Warrant Apprehension Task Force and 逮捕令特别工作组 183—184

Wilson promotion and 和威尔逊的晋升 28—29, 91

Woods and 和伍兹 30—33, 249

See also Stevenson, Oreese; unconstitutional stops and searches 参见奥里斯·史蒂文森；违宪的拦截盘查和搜查

Jensen, Erika 埃丽卡·詹森

cancels sting operation 取消诱捕行动 141

on case options 评论案件的选择 140

case progress and 和案件进展 121

charge preparation 准备起诉 190

on confidential informants 评论秘密线人 120—121

DeForge and 和德福尔热 137—140

Gondo car bugging and 和监控贡多的车 170—171

GTTF ignoring car accident and 和枪支追踪特别工作组无视车祸 172

on Hamilton robbery 评论对汉密尔顿的抢劫 158

on Jenkins 评论詹金斯 147, 259—260

on jury verdict 评论陪审团裁决 226

as lead agent 作为首席探员 117

nickname of 绰号 139

takedown operation 抓捕行动 192—194

Jessamy, Patricia C. 帕特里夏·C. 杰萨米 27

Johnson, Gordon (LEO) 戈登·约翰逊（执法人员）195

Johnson, James (LEO) 詹姆斯·约翰逊（执法人员）39

Johnson, Shirley 雪莉·约翰逊 245

Jones, Jonathan (LEO) 乔纳森·琼斯（执法人员）203, 242—243

Jones, Kevin (LEO) 凯文·琼斯（执法人员）144

jumpout boys. *See* plainclothes police squads 突然出现的家伙们，见便衣警察组

Kilpatrick, Scott (LEO) 斯科特·基尔帕特里克（执法人员）95, 96, 101—102, 147, 180

King, Martin Luther, Jr. 小马丁·路德·金 10

King, William (LEO) 威廉·金（执法人

员）18—19

knockers. *See* plainclothes police squads 敲门人，见便衣警察组

Knoerlein, William (LEO) 威廉・克诺林（执法人员），252

Kostoplis, James (LEO) 詹姆斯・科斯托普利斯（执法人员）37—38, 177—178, 184—185, 225, 258—259

Kowalczyk, Eric (LEO) 埃里克・科瓦奇克（执法人员）19—20, 71, 82

Laronde, Fabien (LEO) 法比安・拉龙德（执法人员）91—92

Layman, Jenifer 珍妮弗・莱曼 52, 53

Lee, Antonio 安东尼奥・李 32

Lee, Charles 查尔斯・李 21

Lee, Robert 罗伯特・李 21

Leibovitz, Annie 安妮・莱博维茨 79

Levin, Steve 史蒂夫・莱文 244

Mantegna, Anna 安娜・曼泰尼亚 195

Martin, Trayvon 特雷沃恩・马丁 66

Maryland Court of Appeals 马里兰州上诉法院 254

Maryland House of Delegates 马里兰州众议院 15

Maryland State Police 马里兰州警察局 27—28, 34, 148, 157

Matthews, Brent 布伦特・马修斯 6, 8, 201, 214

McCaffity, Malik 马利克・麦卡菲 124—126

McCaffity, Oliver 奥利弗・麦卡菲 124

McDougall, David (LEO) 戴维・麦克杜格尔（执法人员）99—100, 101—102, 105—106, 147

McDowell Federal Correctional Institution 麦克道尔联邦惩教所 3

Metz, Jason (LEO) 贾森・梅茨（执法人员）163—164

Miller, Garrett (LEO) 加勒特・米勒（执法人员）61, 62, 68, 75, 77, 160

Miller, Sean (LEO) 肖恩・米勒（执法人员）66, 160, 196

Moore, Kevin 凯文・穆尔 63

Mosby, Marilyn 玛丽莲・莫斯比
  controversial actions 有争议的行动 79
  Gray death investigation and 和格雷死因调查 75, 76—77, 161
  institutional corruption and 和系统性腐败 253
  prosecutor's criminal strategies unit 检察官的罪案策略组 62
  state's attorney campaign of 州检察官竞选活动 55, 56—57
  Suiter homicide case and 和苏特自杀案 242
  swearing-in speech 就职演说 59—60

Murphy, Billy 比利・墨菲 71

Murray, Antonio (LEO) 安东尼奥・默里（执法人员）18—19

376

Myers, Kristy 克丽丝蒂·迈尔斯 12, 90

NAACP (National Association for the Advancement of Colored People) 全美有色人种协进会 110, 152

Nero, Edward (LEO) 爱德华·尼罗（执法人员）61, 143

New York Times《纽约时报》75, 159

Norris, Ed (LEO) 埃德·诺里斯（执法人员）14—15, 18

Oakley, Mickey 米基·奥克利 30—32

O'Connor, Tim 蒂姆·奥康纳 20—21

O'Malley, Martin 马丁·奥马利 14—15, 17, 19, 24

Operations Intelligence Section 行动情报科 78—79, 144

 See also plainclothes police squads 参见便衣警察组

opioid overdoses 滥用阿片类药物 96, 99, 102

O'Ree, Chris (LEO) 克里斯·奥瑞（执法人员）174, 183, 197

Organized Crime Division 有组织犯罪部 23

overtime theft 骗取加班费 153, 190—191, 196, 197, 221, 222, 254, 259

Palmere, Dean (LEO) 迪安·帕尔梅雷（执法人员）71, 81, 87, 159—160, 196, 197, 224

Pantaleo, Daniel (LEO) 丹尼尔·潘塔莱奥（执法人员）58

Pauling, Donte 唐特·波林, 241

Peisinger, Albert 艾伯特·佩辛格 173

Perez, Eric (LEO) 埃里克·佩雷斯（执法人员）212

Pineau, Paul 保罗·皮诺 52, 53

plainclothes police squads 便衣警察组

 aggressive tactics of 激进战术 4—5, 28, 47

 commander's results expectations and 和部门负责人对成果的期待 4, 81—82, 124, 145, 148

 criminal cases and 和罪案 30

 Davis and 和戴维斯 81—82, 196, 220

 De Sousa and 和德索萨 226—227

 disbanded 解散 196

 GTTF arrests and 和枪支追踪特别工作组的逮捕 194—195

 IAD and 和内务部 112, 118—119, 222

 illegal choke holds by 非法锁喉 57—58

 independence of 独立 5

 Jones and 和琼斯 144

 Kostoplis and 和科斯托普利斯 37—38, 177, 178, 184—185, 258—259

 McCaffity and 和麦卡菲 124—126

 overtime and 和加班 4, 84, 87, 147

 overtime theft 骗取加班费 153, 190—191, 196, 197, 221, 222, 254, 259

 police shootings and 和警察枪击 26—

377

27，58，109—110

Price case and 和普赖斯案 51—54，72，90，124

Simon and 和西蒙 48—51，250—251

Special Enforcement Section 特别执法科 48，83—84

Suiter and 和苏特 203—206

training and 和训练 17，28—29

transparency and 和透明性 79

Ward on 沃德的评论 85—87

See also Burley cases; Gun Tracing Task Force; Violent Crimes Impact Division 参见伯利案；枪支追踪特别工作组；暴力犯罪影响部

Plank, Kevin 凯文·普兰克 81

Polansky, Paul 保罗·波兰斯基 50

police brutality 警察滥权

    Anthony Anderson and 和安东尼·安德森 56

    city lawsuit settlements for 市政府达成和解协议 59，121—122

    excessive force in Justice Department report 司法部报告中的滥用武力问题 165—166

    national concerns 全国范围的关切 57—58

    national protests against 全国抗议 65—66

    O'Connor and 和奥康纳 20—21

    Simon and 和西蒙 48—51，250—251

    Sneed and 和斯尼德 21—23

See also Gray, Freddie 参见弗雷迪·格雷

police commissioners 警察局局长

    Bealefeld 比勒菲尔德 24—25，27，28，29，47，106

    Clark 克拉克 17—18

    De Sousa 德索萨 87，90，177—178，221，226—228

    Harrison 哈里森 242，254

    Norris 诺里斯 14—15，18

    See also Batts, Anthony; Davis, Kevin 参见安东尼·巴茨；凯文·戴维斯

police drug seizures 警察没收毒品 18—19，29—30，31—32，85，162—164，218—219

police home invasion 警察入室抢劫 107—108，115，199

Police Integrity Section 警察风纪科 52

police shootings 警察枪击 26—27，58，109—110

Politics of Crisis, The (Kowalczyk)《危机政治》（科瓦尔奇克）20—21

Porter, William (LEO) 威廉·波特（执法人员）63，142—143，161

Price, Barbara (LEO) 芭芭拉·普赖斯（执法人员）112

Price, Walter 沃尔特·普赖斯 51—54，124

Public Corruption Task Force (FBI and BPD) 公共反腐特别工作组（联邦调查局和巴尔的摩市警察局）106，116，117

Pugh, Catherine E. 凯瑟琳·E. 皮尤 214，

221

Pulver, Michael 迈克尔·皮尔韦 22
Purpura, William 威廉·普尔普拉 221

Rahim, David 戴维·拉希姆 108
Rahman, Hasim 哈西姆·拉赫曼 124
Rathell, Jason 贾森·拉塞尔 14
Rawlings-Blake, Stephanie 斯蒂芬妮·罗林斯－布莱克 34，47—48，75—76，79，80—81
Rayam, Cherelle 谢瑞尔·拉亚姆 109
 Aaron Anderson connection 和阿龙·安德森的联系 117—118
 background of 背景 108—109
 Broken Boundaries case and 和无边界联盟的案件 113，117—118，150，172，194，198，200
 Gary Brown case and 和加里·布朗案 110—114
 career of 事业 109，114
 charges 指控 197
 Curry home invasion case and 和柯里家入室抢劫案 107—108，115，199
 DeForge arrest 对德福尔热的逮捕 137—140
 Hamilton and 和汉密尔顿 148—150，155—159，223—224
 investigation rumors and 和调查传言 146—147
 police shootings by 警察枪击 109—110

prison sentence 宣判 252
 Sylvester and 和西尔韦斯特 110，111—112，113，114
 trial testimony 庭审证词 224
Rice, Brian (LEO) 布莱恩·赖斯（执法人员）160
robberies by police 警察实施的抢劫
 Gary Brown and 和加里·布朗 110—114
 DeForge and 和德福尔热 137—140
 Hamilton and 和汉密尔顿 148—150，155—159，223—224
 McCaffity and 和麦卡菲 124—126
 Oakley case and 和奥克利案 30—32
 Robinson and 和罗宾逊 200
 series of 连环案 168—169
 Whiting and 和怀廷 223
Robinson, Davon 达文·罗宾逊 200
Rodriguez, Jerry (LEO) 杰里·罗德里格斯（执法人员）64，119
Rosenstein, Rod 罗德·罗森斯坦 194—195
Ross, Brandon 布兰登·罗斯 62—63，66
rough van rides 面包车粗暴驾驶 69—70，151
Ryckman, Matthew (LEO) 马修·里克曼（执法人员）253

Scalea, Thomas 托马斯·斯卡利亚 208
Schaefer, William Donald 威廉·唐纳德·谢弗 10—11
Schatzow, Michael 迈克尔·沙措 151，152
Seidel, Patrick 帕特里克·塞德尔 241—242

Sessions, Jeff 杰夫·塞申斯 182
Shelly, Charles 查尔斯·谢利 263—265, 266—268
Shipley, Richard 理查德·希普利 66
Shore, Jeffrey 杰弗里·肖尔 107
Shropshire, Antonio 安东尼奥·施罗普希尔 96, 97—99, 104, 252
See also Shropshire investigation 参见对施罗普希尔的调查
Shropshire, Antonio, Jr. 小安东尼奥·施罗普希尔 97—98
Shropshire investigation 对施罗普希尔的调查
    federal charges 联邦指控 179—182
    Gladstone and 和格拉德斯通 179—180
    Gondo and 和贡多 118—119, 120, 135—36, 137, 181, 195
    Jenkins and 和詹金斯 96—97, 101
    proffer statement 证据出示时的陈述 180—182
    undercover officer introduction 引入卧底警察 103—104
    Wells and 和韦尔斯 96, 97, 136, 137
    wiretap 监听 120—121, 135—136
Sieracki, John (LEO) 约翰·西拉基（执法人员）117, 135—136, 198, 209
Simmons, Lascell 拉塞尔·西蒙斯 228
Simon, Demetric 德米特里克·西蒙（执法人员）48—51, 250—251
Skinner, John (LEO) 约翰·斯金纳（执法人员）26
Slater, Laura 劳拉·斯莱特 139
Smith, Andrea 安德烈娅·史密斯 116, 117
Sneed, George 乔治·斯尼德 21—23
Snell, Eric (LEO) 埃里克·斯内尔（执法人员）110
Special Enforcement Section 特别执法科 48, 83—84, 87
Stepp, Donald Carroll, Jr. 小卡罗尔·唐纳德·斯特普
    arrest of 逮捕 217
    background of 背景 38—40, 42
    Baltimore/Harford counties drug investigations and 和巴尔的摩县/哈福德县的毒品调查 43, 162—164, 217
    Broken Boundaries case and 和无边界联盟的案件 164, 215—218
    court testimony 法庭证词 129, 130
    drug confiscation laundering by 贩卖没收的毒品 39, 42—43, 74
    drug pilfering 偷窃毒品 128—129, 162—164
    Jenkins communications 和詹金斯的交流 128, 145
    Jenkins reference letter 詹金斯的推荐信 41—42
    trial testimony 庭审证词 222—223
Stern, Jared 贾里德·斯特恩 216
Stevenson, Oreese 奥里斯·史蒂文森

arrest of 逮捕 126—128, 130—131, 132

background of 背景 128, 134

case dismissed 撤诉 175

hires attorney 雇用律师 174

home searches 搜查其住宅 129—130, 131—133, 185—186

statement by 陈述 190

trial testimony 庭审证词 223

Stewart, James "Chips" (LEO) 詹姆斯·"奇普斯"·斯图尔特（执法人员）230

Stop Fucking Snitching (DVD)《别告密了》（光盘）18

Suiter, Nicole 妮科尔·苏特 234—236

Suiter, Sean (LEO) 肖恩·苏特（执法人员）34, 84, 123, 203, 225, 239—240

See also Suiter shooting and death aftermath 参见苏特的枪击和死亡的后续

Suiter shooting and death aftermath 苏特的枪击和死亡的后续

De Sousa panel announcement 德索萨的委员会声明 227

Eldridge on 埃尔德里奇评论 238—239, 241

Investigations 调查 6, 208—209, 210, 232, 234, 236, 238, 241—42, 243

IRB analysis 独立审查委员会的分析 229, 230—232, 233—234, 239

Jones theories 琼斯的想法 242—243

shooting 枪击 9, 203—208, 210, 211, 212, 214

Sydnor, Marvin (LEO) 马文·西德诺（执法人员）230

Sylvester, Michael (LEO) 迈克尔·西尔韦斯特（执法人员）110—114

Tasher, Avraham (LEO) 亚伯拉罕·塔希尔（执法人员）105

Taylor, Dawnyell (LEO) 道耶尔·泰勒（执法人员）152

Taylor, Marcus (LEO) 马库斯·泰勒（执法人员）84—85, 185, 194, 197, 200, 252

trial, 221—226

See also Stevenson, Oreese 参见奥里斯·史蒂文森

Toland, Christopher (LEO) 克里斯托弗·托兰（执法人员）215

Torbit, William H., Jr. (LEO) 小威廉·H.托比特（执法人员）229

Turner, Leedra 莉德拉·特纳 125

Turner, Lori 洛丽·特纳 124, 125

unconstitutional stops and searches 违宪的拦截盘查和搜查

Adams and 和亚当斯 167—168

Aaron Anderson and 和阿龙·安德森 105

Gary Brown case and 和加里·布朗案 110—114

Burley and 和伯利 7, 258—259

Andre Davis on 安德烈·戴维斯评论 15—16

381

DeForge and 和德福尔热 137—139

GTTF and 和枪支追踪特别工作组 166—169

Justice Department report 司法部报告 165—166

Oakley case and 和奥克利案 30—32

Price and 和普赖斯 51—54

Sylvester sting 西尔韦斯特诱捕行动 113—114

See also Stevenson, Oreese 参见奥里斯·史蒂文森

undercover operations 卧底行动 5，103—104，229

U.S. Attorney's office 美国联邦检察官办公室 116—117，175，194—95，216

U.S. Justice Department 美国司法部 79，83，165—166，173—174，182

Vanity Fair《名利场》79

Vaughn, Bruce (LEO) 布鲁斯·沃恩（执法人员）162—164

Vignola, Carmine (LEO) 卡尔米内·维尼奥拉（执法人员）250，251

Violent Crimes Impact Division (VCID) 暴力犯罪影响部 5，26，47，48，81—82，109，195—196

Ward, Marcellus "Marty" (LEO) 马塞勒斯·"马蒂"·沃德（执法人员）228

Ward, Maurice (LEO) 莫里斯·沃德（执法人员）

arrest 逮捕 194

background of 背景 85—86

charges 指控 197

guilty conscience of 内疚 133—134

on Jenkins 评论詹金斯 84—85，88—89，127，147，185

on plainclothes police squads 评论便衣警察小队 85—87

plea deal 认罪协议 198

police corruption and 和警察腐败 85—87，89

prison sentence 宣判 252

Special Enforcement Section and 和特别执法科 83—84，87

See also Stevenson, Oreese 参见奥里斯·史蒂文森

warrantless searches 在没有搜查令的情况下搜查 15—16，31，110—11，127—30，150，169，210

warrants 搜查令/逮捕令

Aaron Anderson 阿龙·安德森 104

Gary Brown 加里·布朗 110—111

county follow-up 县警察跟进 162—164

county screening of 县警察检查 95—96

Curry 柯里 107，108，115

falsifying of 虚假信息 91

Gondo 贡多 170，240

GPS devices and 和全球定位系统追踪器 106，116

382

Hamilton and 和汉密尔顿 157

Jenkins tactics 詹金斯的战术 85, 88

Oakley 奥克利 31

Shropshire 施罗普希尔 179—180

Stepp 斯特普 43, 217

Stevenson 史蒂文森 130, 131

Sylvester 西尔韦斯特 113

writing of 发布 37

Washington, Antoine 安托万·华盛顿 100, 101, 199

Webb, Molly 莫莉·韦布 51—52, 90

Wells, Glen Kyle 格伦·凯尔·韦尔斯 96, 97, 120—121, 136—138, 150, 152, 159

West, Tyrone 蒂龙·韦斯特 55—56, 59, 229

West, Westley 韦斯特利·韦斯特 66

West Baltimore's Gilmor Homes 巴尔的摩西区吉尔摩之家公共住宅区 61—62

White, Alicia (LEO) 艾丽西亚·怀特（执法人员）162

Whiting, Shawn 肖恩·怀廷 223

Willard, Rick (LEO) 里克·威拉德（执法人员）203

Williams, Barry 巴里·威廉斯 142, 174—175

Wilson, Darren (LEO) 达伦·威尔逊（执法人员）58

Wilson, Thomas (LEO) 托马斯·威尔逊（执法人员）15, 16, 91, 252

Wise, Leo 利奥·怀斯 117, 139, 198—199, 209, 221—26, 227, 251

Woods, Richard C. B. 理查德·C. B. 伍兹 30—33, 249

Worley, Richard (LEO) 理查德·沃利（执法人员）160